L'ÉTUDE

DU

DROIT ROMAIN

COMPARÉ

AUX AUTRES DROITS DE L'ANTIQUITÉ

L'ÉTUDE

DU

DROIT ROMAIN

COMPARÉ

AUX AUTRES DROITS DE L'ANTIQUITÉ

PAR

J. GILSON

Docteur en droit.

PARIS

Librairie de la Société du Recueil des Lois
et des Arrêts et du Journal du Palais
Ancienne M^{on} L. LAROSE et FORCEL
22, rue Soufflot, 22
L. LAROSE, Directeur de la Librairie

STRASBOURG

Karl J. TRÜBNER
LIBRAIRE-ÉDITEUR
9, Place de la Cathédrale, 9

1899

PREMIÈRE PARTIE

LE CARACTÈRE INTERNATIONAL DU DROIT ROMAIN

PREMIÈRE PARTIE

LE CARACTÈRE INTERNATIONAL DU DROIT ROMAIN

Une des maximes favorites de M. Rivier était que, « pour être bon juriste, il faut être humaniste », c'est-à-dire connaître tout ce qui est afférent au droit.

Des découvertes récentes tendent à transformer les bases de notre connaissance du droit romain.

Depuis quelques années, la lecture des inscriptions égyptiennes et assyriennes a fait renaître des documents relatifs aux droits orientaux ; les fouilles des sanctuaires de la Grèce et de l'Asie Mineure ont mis au jour des textes de loi grecs ; l'exhumation de tessères et de papyrus a permis de connaître de nombreux contrats datant de la domination romaine.

Absorbé par ses travaux, M. Rivier n'a pu s'occuper de ces nouveaux contingents fournis au droit. Il a eu la bienveillance de nous les signaler et de nous engager à en faire l'objet d'un travail spécial. Nous les avons étudiés, sous sa direction, pendant deux ans, et nous avons, à cet effet, séjourné à Berlin, à Heidelberg et à Paris.

Avant de publier *in extenso* les résultats de nos recherches, nous avons cru qu'il ne serait ni sans intérêt ni sans utilité d'exposer, dès à présent, le cadre qu'elles seront appelées à remplir.

I

Les nombreux et importants ouvrages qui, depuis la Renaissance, ont été consacrés à l'explication des doctrines juridiques et des monuments législatifs de l'ancien empire romain, sont unanimes dans leur appréciation du droit romain. Tous l'envisagent comme un édifice splendide et harmonique, comme un système essentiellement rationnel où chaque disposition s'explique nécessairement par les autres, et concorde avec elles dans une unité parfaite, sans que jamais la logique de leurs rapports puisse être prise en défaut. C'est, en un mot, le triomphe de la raison abstraite et de la déduction mathématique.

Pourtant, l'esprit scientifique du XIXe siècle devait amener de profondes perturbations dans ce domaine comme dans tous les autres, plus tardivement, il est vrai, tant les conceptions juridiques, profondément enracinées en nous, ont de peine à se transformer.

Tandis, en effet, que, dans les autres sciences, les antiques notions sont abandonnées depuis un demi-siècle et ont passé dans le domaine de l'histoire, la conception surannée du droit romain se retrouve encore dans les écrits et les leçons d'éminents romanistes : pour eux, la science est restée stationnaire.

D'aucuns, toutefois, sont entrés dans la voie que leur traçaient l'archéologie, la philologie et l'épigraphie. Ils ont constaté l'existence, dans l'antiquité, de droits autres que le droit des Quirites, et cela même dans les limites du monde romain.

On a mis au jour, après de longs siècles, de significatives inscriptions, dont on est parvenu à établir le sens et la portée. Elles ont ouvert des horizons nouveaux. Des dispositions juridiques qu'on croyait nées dans l'esprit des juristes de l'ancienne Rome, y ont été retrouvées.

Et, avec cette tendance si commune à grossir les résultats d'une découverte, on en est arrivé à conclure que le droit romain, déchu de sa grandeur traditionnelle, n'était qu'un conglomérat de dispositions empruntées aux anciennes législations et simplement juxtaposées.

Souvent les opinions les plus contraires se succèdent : après avoir été tout, le droit romain ne fut plus rien. Chaque savant le fit découler tout entier du droit étranger qui venait de se révéler à lui. Les uns n'y virent plus que du droit grec, les autres que du droit égyptien ou chaldéen « déformé par l'avide Quirite ».

Devant ces oppositions étranges et ce bouleversement

de tout un ordre d'idées, l'esprit reste inquiet. Si les influences étrangères lui paraissent irréfutablement établies, il est cependant saisi du caractère éminemment personnel de la législation romaine. On lui montre la diversité des origines, et l'unité grandiose s'impose.

Alors surgit la notion de l'organisme.

Le droit romain ne serait-il pas semblable à un être organisé, vivant sans doute d'une vie personnelle et indépendante, mais soumis aux influences de l'époque à laquelle il a pris naissance, du lieu où il a vécu, des circonstances dans lesquelles il s'est développé, en un mot, du milieu dans lequel il a grandi ?

L'être, en effet, emprunte les éléments de sa substance, qui sans cesse se renouvelle, aux éléments qui l'entourent et au milieu desquels il se meut. Ce sont ces éléments infiniment divers qui viennent en quelque sorte s'incorporer en lui, qui sont la matière qui le compose. Et cependant l'organisme a sa personnalité distincte et son unité nettement déterminée. Il est lui-même, à la fois *plus* et *autre chose* que les éléments dont il semble uniquement constitué.

Tel aussi nous apparaît le droit romain. Il n'a pas grandi hors du temps et de l'espace. Il n'est pas un produit de laboratoire. Il est issu de la réalité, il s'y est développé.

Né en Italie, il s'est étendu sur d'autres pays qui, tous, avaient subi et conservé l'empreinte profonde de législations anciennes et d'idées traditionnelles. Au contact de ces idées juridiques étrangères dont la persistance est aujourd'hui nettement établie, il a renouvelé sa substance.

Mais, comme les organismes, il s'est assimilé ces éléments étrangers. Ceux-ci n'ont pas déformé le système romain, ils l'ont, au contraire, vivifié et rajeuni.

Tous ces droits étrangers furent fondus ensemble dans le creuset de Rome. Ils passèrent par le moule de l'esprit éminemment juridique qui fut l'un des plus beaux apanages de cette race, puissante et forte parce qu'elle sut évoluer. Ils en portèrent dès lors la marque indélébile.

C'est parce qu'il fut ainsi nourri d'éléments empruntés à tous les peuples qu'il régissait, que le droit romain fut éminemment un droit universel.

Cette notion du droit romain est grande et féconde. Elle montre, à la fois, l'erreur des écrivains qui virent uniquement en lui un système philosophique et celle des auteurs qui, égarés par les détails, n'en virent plus la suprême unité et ne l'envisagèrent que comme une mosaïque savante d'éléments disparates.

Elle rend au droit romain la dignité à laquelle il peut légitimement prétendre. Elle en fait un droit vivant.

Dès lors, elle trace leur voie aux romanistes. Ce droit, s'il est vivant, il faudra le suivre à travers les phases de son existence, dans sa grandeur et dans sa décadence ; il faudra rechercher comment il a vécu ; à quels besoins il répondait ; suivant quelles lois il a évolué ; à quelles influences il a obéi.

Il faudra assigner aux législations anciennes la part qui

leur revient dans la formation du droit romain, déterminer leur rôle ; dire s'il fut prépondérant et à quelle époque il s'est exercé.

Ainsi l'horizon s'élargit ; les investigations vont plus loin et plus profondément.

Le sens des textes sera précisé et mieux compris. Les controverses, reléguées à l'arrière plan, seront éclairées d'un nouveau jour : on fera appel pour les résoudre aux récentes données historiques et exégétiques. Les conjectures de textes ne seront admises que si elles se basent sur des faits. Au lieu d'échafauder de bizarres systèmes pour concilier les antinomies, on y verra la trace de pratiques judiciaires différentes.

L'enseignement du droit tout entier sera renouvelé. Il s'en dégagera des conceptions juridiques tout aussi raisonnées, certes, que les précédentes, mais plus fortes, plus vraies. On saura que quand tout change et se transforme, le droit seul ne reste pas stationnaire et immuable.

Il en résultera aussi pour les légistes de l'avenir d'utiles leçons. Ils verront comment, et par quels moyens, leurs prédécesseurs ont pu, en tenant compte des nécessités des temps et des lieux, faire œuvre forte et durable.

II

Si elle est exacte, cette notion du droit romain énerve singulièrement les objections que l'on a souvent élevées dans notre pays contre son étude.

« Pourquoi, dit-on, consacrer tant d'heures à une législation étrangère, morte et pédantesque ? » Nous répondons qu'on y trouve un organisme universel, vivant et pratique.

Ces deux conceptions du droit romain sont inconciliables.

Mais, nous n'avons fait, jusqu'à présent, qu'opposer une affirmation à une autre. D'ailleurs, partisans et adversaires du droit romain s'en sont, en général, tenus là. Est-il donc étonnant que, malgré la passion qu'ils ont mise de part et d'autre à défendre leur opinion, la question n'ait guère fait un pas depuis cinquante ans ?

Notre époque est réaliste : elle n'admet que l'idée qui se dégage de faits constatés et contrôlés, et repousse tout jugement *a priori*. Aussi ne suffit-il point d'avancer une vérité, il faut la démontrer.

Il nous incombe donc de prouver que le droit romain est un organisme vivant et universel, c'est-à-dire qu'il possède des caractères permanents et personnels, bien qu'il soit composé d'éléments empruntés aux législations anciennes et se renouvelant sans cesse.

La preuve de ces différents postulats peut, il est vrai, présenter des difficultés, mais, il est désormais possible de les surmonter, les sciences naturelles nous ayant dotés d'une méthode nouvelle excluant la spéculation pour ne se baser que sur des faits.

La méthode scientifique comprend trois opérations : observation, comparaison, coordination.

Nous entendons en faire l'application à notre matière. Il nous faudra pour cela étudier le corps des lois de Rome et l'opposer aux autres législations de l'antiquité pour en déduire les caractères généraux du droit romain.

Puis, passant à l'étude des dispositions prises isolément, nous aurons à déterminer chacune d'elles. En examinant les concepts juridiques de l'époque et du lieu où elles ont été édictées, nous pourrons en connaître l'origine.

Dès lors, l'existence de caractères propres au droit romain sera démontrée, et la nature de ses divers éléments constitutifs nettement établie.

Sans doute, en affirmant que le droit romain diffère des autres droits de l'antiquité, nous nous exposons au reproche d'énoncer une banale vérité.

Il nous suffira, pour nous justifier, de rappeler que certains jurisconsultes non romanistes n'ont pas hésité à contester qu'il y eût rien de propre au droit romain.

« Rien de plus dissemblable, écrit M. Revillout, sous « le rapport des contrats, que l'Égypte et Babylone. Et « c'est cependant à ces deux sources que les droits célè- « bres de la Grèce et de Rome ont pris indifféremment. « A l'Égypte, les Quirites empruntèrent d'abord leur « droit civil primitif ; à Babylone, leur droit prétorien « et commercial. » — Et encore : « Le droit égyptien « était toute une philosophie, très élevée, très large d'al- « lure, très immatérielle dans son point de départ : et les « premiers fondateurs de la ville éternelle qui le copiè-

« rent servilement formaient bien la horde la plus ma-
« térielle pour ainsi dire, dans ses conceptions, de tous
« les peuples d'alors (1). » Enfin, dans la même préface il donne comme le but de son ouvrage de : « bien mettre
« en lumière le caractère des deux grands peuples à qui
« tout le droit romain (et par suite le nôtre) a été em-
« prunté. »

Le droit romain n'aurait donc rien de personnel : il serait un amalgame de lois égyptiennes et de lois babyloniennes, copiées servilement, et auxquelles tout aurait été emprunté.

Pareille affirmation de la part du créateur de la science du droit égyptien mérite examen (2).

Recherchons, à cet effet, les caractères que revêt le droit romain, afin de les mettre en regard des caractères propres aux autres droits anciens, au droit égyptien, par exemple.

Mais, ici, une difficulté se présente ; au cours de sa longue existence, le droit romain a nécessairement subi d'importantes modifications.

Dans le discours (3) qu'il prononçait, en 1874, comme recteur de l'Université de Bruxelles, M. Rivier insistait

(1) E. Revillout, *La Créance et le Droit commercial dans l'Antiquité.* Paris, 1897, page II.

(2) E. Revillout, *La Propriété, ses Démembrements, la Possession et leurs Transmissions en Droit égyptien comparé aux autres Droits de l'Antiquité.* Paris, 1897, page III.

(3) A. Rivier, *Introduction historique au Droit romain.* Bruxelles, 1881, page 52.

sur la distinction à établir entre l'ancien *ius ciuile* et le droit de Justinien : « Un millier d'années, disait-il, sépare « Justinien des Douze Tables, et, dans ces mille années, « la coutume, les préteurs, les édiles, les jurisconsultes, « les empereurs ont transformé le droit civil et ont fait « partout triompher l'équité sur le droit strict. »

L'on est amené à se demander, s'il est réellement des caractères propres au droit romain, ou, si l'on ne se trouve pas, plutôt, en présence d'une succession de droits ayant chacun leurs caractères propres et différant essentiellement les uns des autres.

L'unité du droit est affirmée par Justinien en ces termes :

...repperimus autem omnem legum tramitem, qui ab urbe Roma condita et Romuleis descendit temporibus, ita esse confusum, ut in infinitum extendatur et nullius humanae naturae capacitate concludatur (1).

Mais, ce n'est qu'en considérant dans leur ensemble toutes les dispositions en vigueur à chaque époque, que nous pouvons résoudre la question, et, en évitant toute confusion, nous assurer de la persistance de certains caractères à travers toutes les phases du développement de notre droit.

Nous prendrons pour exemples deux époques extrêmes, essentiellement différentes et, à première vue, sans aucune analogie : celle du vieux droit local des Quirites et celle

(1) Constitution DEO AUCTORE, § 1.

des empereurs chrétiens. Nous relèverons dans le droit de chacune de ces deux périodes, une série de traits distinctifs, et nous les comparerons entre eux. Nous verrons ainsi que certains caractères se retrouvent dans les deux phases de l'évolution juridique; d'autres, au contraire, sont propres à l'une d'elles.

Nous aurons ainsi discerné les caractères temporaires et les caractères permanents de la législation romaine.

Nous indiquerons, dans la suite, avec preuves à l'appui, quelques qualités qui ont persisté, tel l'esprit pratique du droit romain. Nous nous bornerons à citer ici, à titre d'exemple, comme caractère temporaire, le style bref et lapidaire de la loi des XII Tables, auquel les anciens aimaient à rendre hommage. C'est ainsi qu'Aulu-Gelle écrivait :

Eas leges cum Sex. Caecilius, inquisitis exploratisque multarum urbium legibus, eleganti atque absoluta breuitate uerborum scriptas diceret (1).

« La législation des empereurs chrétiens, en effet, était « marquée par une décadence technique tout à fait sail« lante » (2).

Quand nous aurons déterminé ce qu'il y a de permanent dans le droit romain, nous pourrons le comparer aux autres droits de l'antiquité et établir sa personnalité. Si le droit romain est bien effectivement différent des

(1) Aulu-Gelle, XX, 1.

(2) P. Fr. Girard. *Manuel élémentaire de Droit romain*. Paris, 1898, page 67, note 1.

autres, comme l'isolement de la Rome primitive le fait présumer, nous pourrons déterminer quels caractères lui sont propres.

Nous venons d'indiquer pourquoi nous entendons procéder en groupant, par époques, toutes les dispositions législatives qui s'y rapportent.

Remarquons ici, quitte à y revenir plus longuement dans la suite, que ce groupement présente encore une grande utilité à un autre point de vue : il est de première importance pour l'interprétation des dispositions juridiques particulières.

Exposant sa théorie des milieux, M. Taine faisait ressortir comme quoi « le point de départ de cette méthode « consiste à reconnaître qu'une œuvre d'art n'est pas « isolée, par conséquent, à chercher l'ensemble dont elle « dépend et qui l'explique (1) ». De même, chaque disposition juridique fait partie d'un premier ensemble, l'œuvre du législateur qui l'a édictée, qui lui sert de commentaire.

Ainsi, une constitution de Constantin enlève au père qui se remarie l'usufruit des biens de sa femme défunte :

Imp. Constantinus A. ad Seuerum Comitem Hispaniarum. *Ideoque placet, ne quis pater receptis deinceps matrimoniis earum rerum, quae prioris coniugis fuerunt, sibi ius defendendum existimet, nisi tutelae uice, donec minores probata aetate esse uideantur. His autem moderatio nostra cuncta iubet seruari atque restitui* (a° 334) (2).

(1) H. Taine, *Philosophie de l'Art.* Paris, 1883, page 2.
(2) C. 3 C. Th. *de maternis bonis* (VIII, 18).

Elle marque une évolution du droit qui s'explique par la tendance grécisante de cet empereur, qui avait réglé, d'après un modèle grec, les droits de l'époux survivant sur les biens de sa femme, par une constitution, qui en assurait, en cas de décès, la nue-propriété aux enfants.

Imp. Constantinus A. Consulibus Praetoribus Tribunis plebis Senatui salutem dicit. *Cesset itaque in maternis dumtaxat successionibus commentum cretionis, et res, quae ex matris successione fuerint ad filios deuolutae, ita sint in parentum potestate atque dominio, ut fruendi pontificium habeant, alienandi eas licentia derogetur.*

L'empereur introduisait par là le droit dotal grec qui ne donnait pas au mari la propriété, mais seulement l'usufruit de la dot.

L'influence hellénique résulte des analogies de la constitution avec la loi de Gortyne, où la question reçoit la même solution.

μεδε τον πατερα τα το
ν τεκνον α τι κ' αυτοι πασού
ται ε απολακοντι μεδε τα τ
ας γυναικος τον ανδρα απο
δοθαι μεδ επισπευσαι μεδ'
υιον τα τας ματρος (2).

Αι δε κ α
ποθανει ματερ τεκνα καταλιπο
νσα τον πατερα καρτερον εμεν
τον ματροιον αποδοθαι δε με
μεδε καταθεμεν, αι κα με τα τεκ
να επαινεσει δρομεες ιοντε (ς) (3).

(1) C. 1 § 1 *eodem titulo.*
(2) *Loi de* GORTYNE, VI, 6.
(3) *Loi de* GORTYNE, VI, 31.

Suit la sanction : nullité et amende du double pour le vendeur, plus les dommages et intérêts. C'était innover του δε προθθα με ενδικον εμεν (1).

De plus, chaque disposition fait également partie d'un tout plus vaste, de toute la législation de la période.

L'œuvre juridique d'un roi, d'un préteur ou d'un empereur n'est pas isolée : elle applique, supplée et corrige un tout, un droit, en qui sont fondés sa raison d'être et les motifs de son existence. Ce droit tout entier fait voir sous un jour vrai et nouveau chaque disposition particulière.

Les rois ne faisaient pas que créer des règles nouvelles : ils appliquaient et développaient la coutume existante. Dès avant Romulus, depuis la fondation de la ville, il y avait un droit, mais incertain.

Pomponivs libro singulari enchiridii *Et quidem initio ciuitatis nostrae populus sine lege certa, sine iure certo primum agere instituit omniaque manu a regibus gubernabantur* (2).

Mais, à en croire Tacite, il ne tarda pas à être autre chose que l'arbitraire des rois.

Nobis Romulus ut libitum imperatiuerat ; dein Numa religionibus et diuino iure populum deuinxit ; repertaque quaedam a Tullio et Anco : sed praecipuus Seruius Tullius sanctor legum fuit, quis etiam reges optemperarent (3).

(1) Pour le surplus, cf. L. Mitteis, *Reichsrecht und Volksrecht in den östlichen Provinzen des römischen Kaiserreichs*. Leipzig, 1891, page 238 et E. Revillout, ouvrage cité.

(2) L. 2 § 1 *de O. I.*

(3) Tacite, *Annales*. III, 26.

Nulle part n'est dit plus clairement à quel point les dispositions nouvelles se rattachent aux règles juridiques existantes, que dans la définition du droit prétorien.

PAPINIANVS libro secundo definitionum *Ius praetorium est, quod praetores introduxerunt adiuuandi uel supplendi uel corrigendi iuris ciuilis gratia propter utilitatem publicam* (1).

Les *iura* ne sont que les corollaires des principes contenus dans la loi. Le texte de Gaius qui les définit marque bien l'interdépendance des sentences des Prudents.

Responsa prudentium sunt sententiae et opiniones eorum quibus permissum est iura condere. quorum omnium si in unum sententiae concurrunt, id quod ita sentiunt legis uicem optinet; si uero dissentiunt, iudici licet quam uelit sententiam sequi ; idque rescripto diui Hadriani significatur (2).

L'activité juridique des empereurs se manifeste surtout par des constitutions. Or, une constitution s'appuie toujours sur le droit existant.

« *Constitutio*, écrit M. Schulin, ist die Aufstellung eines « Rechtssatzes, der nichts Neues sein will, sondern nur « auf dem Weg der Interpretation aus dem bestehenden « Recht gefunden ist » (3).

A partir de Constantin l'esprit de réforme commence à se marquer.

(1) L. 7 § 1 *de I. et I.*

(2) GAIUS, I, 7. Les différentes formes que revêt l'activité juridique des prudents et leurs principaux écrits sont donnés dans A. RIVIER, *Introduction historique.* page 349.

(3) F. SCHULIN, *Lehrbuch der Geschichte des Römischen Rechtes.* Stuttgart, 1889, page 102.

Leges nouae a Constantino Caesare coeperunt et reliquis succedentibus (1).

Quelle aide précieuse, en effet, pour comprendre le droit des empereurs chrétiens que de connaître le caractère indécis et souvent contraditoire de leur législation (2).

Une constitution de Julien subordonne à une dénonciation l'effet de l'entrée d'une femme libre dans le *contubernium* d'un esclave.

Imp. Iulianus A. Secundo Pf. P. Senatus consultum Claudianum firmum esse censemus, omnibus constitutionibus, quae contra id latae sunt, penitus infirmatis, ut libera mulier. siue procuratori siue actori priuato siue alii cuilibet seruili conditione polluto fuerit sociata, non aliter libertate amissa nexu conditionis deterrimae adstringatur, nisi trinis fuerit denuntiationibus ex iure pulsata. Quod quidem circa priuatas personas conuenit obseruari ; nam eas mulieres, quae fiscalibus vel ciuitatis seruis sociantur, ad huius sanctionis auctoritatem minime pertinere sancimus (a° 362) (3).

Cette mesure ne se comprendrait pas, si nous n'avions conservé un rescrit de Constantin qui, dans ces conditions, rendait la femme esclave *ipso iure*.

.... *Quaecumque mulierum post hanc legem serui contubernio se miscuerit, et non conuenta per denuntiationes, sicut ius statuebat antiquum, statum libertatis amittat* (a° 331) (4).

(1) Isidore, V, 1.

(2) Sur le caractère confus de la législation des empereurschrétiens voir L. Mitteis, *Reichsrecht und Volksrecht*. page 204.

(3) C. 6 C. Th. *ad Sc. Claudianum* (IV, 11).

(4) C. 5 *eodem titulo*.

Mais, la détermination précise de toutes les dispositions législatives relatives au droit privé, en vigueur aux deux époques de l'histoire du droit romain que nous avons prises pour exemples, présente de sérieuses difficultés.

III

La permanence de certains caractères du droit romain serait, nous semble-t-il, suffisamment établie si nous constations leur existence dans la Rome primitive et dans l'empire byzantin.

Il suit donc bien de là que, même si les dispositions du droit romain étaient toutes empruntées à des législations étrangères — ce que rien n'autorise à admettre — l'édifice même du droit, quoique bâti de matériaux venus de toutes parts, serait original, si les qualités que nous avons relevées, dans le monument juridique que Rome a édifié, ne sont pas inhérentes à toute législation.

D'autre part, nous ne pourrons affirmer avoir affaire à un organisme distinct, que si ses caractères lui sont propres et l'individualisent.

La comparaison avec les anciens droits peut seule résoudre la question. On nous objectera, peut-être, que les anciennes législations sont imparfaitement connues. Cela est vrai. Nous croyons néanmoins pouvoir montrer, dès maintenant, que la connaissance de certains d'entre eux est suffisante pour qu'on puisse en déterminer les principes dominants.

Chaque nouvelle découverte qui développera la connaissance des anciens droits, fera faire un pas au droit comparé.

Mais l'étude des droits anciens autres que le droit romain est fort difficile. La codification de Justinien est, en quelque sorte, chose unique dans l'antiquité.

Rome a surtout brillé par ses jurisconsultes ; ce qui nous reste de leur littérature est assez important pour nous renseigner parfaitement sur les moindres questions de droit romain.

Par suite les travaux publiés sur ce sujet sont considérables et peu de matières sont aussi connues et aussi systématiquement exposées.

Si le juriste veut sortir de ce domaine, il est arrêté, dès l'abord, par la pénurie des sources : l'antiquité ne lui a pas légué de code grec ou égyptien.

Il doit patiemment se mettre à l'école des philosophes, entendre chanter les poètes, écouter plaider les avocats, prendre connaissance des contrats, ou s'armer des connaissances épigraphiques pour rassembler les précieux fragments au moyen desquels il doit reconstruire l'édifice juridique dont le plan même ne lui est guère connu.

Est-il étonnant qu'un travail aussi délicat et difficile n'ait encore tenté que peu de personnes, et que presque tout soit encore à faire ?

Pour certaines législations, pareil travail serait même

prématuré : on en est encore dans la phase où les questions connues sont si rares, qu'il serait hasardeux de vouloir sur elles édifier un système.

Pour d'autres, au contraire, les documents abondent : il ne reste plus qu'à en faire usage. Cela n'est pas toujours facile, néanmoins.

« L'abondance des textes, disait M. Dareste (1) il y a « déjà dix ans, et la multiplicité des langues sont des « obstacles qui ne peuvent être surmontés qu'au prix de « longs efforts. Mais rien ne saurait arrêter le mouve- « ment de la science, et s'il reste encore beaucoup à « faire, on aperçoit dès à présent de grands résultats « acquis. »

Le droit égyptien est la chose de M. E. Revillout (2), qui a condensé ses recherches dans le cours qu'il professe au Louvre.

Ses œuvres sont écrites dans un esprit d'enthousiasme, bien naturel, pour le droit égyptien et d'hostilité au droit romain qui a pu parfois lui faire méconnaître la valeur

(1) R. Dareste, *Études d'Histoire du Droit*. Paris, 1889. Préface, page VIII.

(2) L'ancien droit de l'Égypte n'a guère été étudié *ex professo* que par M. E. Revillout. Si l'on cite, en outre, la thèse de M. Paturet, *La Condition juridique de la Femme dans l'ancienne Égypte*. Paris ; celle de M. Wiedermann, *Die Milchverwandtschaft im alten Ægypten (Ur-Quellen*. III, 9, page 259-672), 1892, et celle de M. Spiegelberger, *Studien zum Rechtswesen des Pharaonen Reichs der Dynastie XVIII*e*-XXI*e. Hannover, 1892, et les ouvrages si intéressants de M. F. Ll. Griffith, *The Petrie Papyri from Kahun and Gurob (principally of the Middle Kingdom)*. London, 1898, et, *Wills in ancient Egypt*. London, 1898, la bibliographie en sera presque complète. Quant au chapitre relatif à l'Égypte dans les *Études d'Histoire du Droit*, c'est un résumé des travaux de M. E. Revillout.

intrinsèque de ce dernier. L'étude consciencieuse des ouvrages (1) de M. Revillout ne nous a pas toujours permis d'admettre les conclusions de l'auteur.

Les publications de textes (2) qu'il avait commencées, et dont l'importance eût été considérable, auraient seules permis de se former une opinion personnelle sur les détails du droit égyptien.

La plupart des jugements généraux que M. Revillout porte sur les caractères du droit égyptien resteront probablement debout, et ce sera sur ses appréciations que nous assierons maintenant notre comparaison avec les caractères du droit romain, nous réservant de formuler un juge-

(1) Les ouvrages principaux de M. Revillout relatifs au droit forment son Cours de Droit égyptien ; ce sont : *L'État des Personnes* (chez Leroux), 1886 ; *Les Obligations en Droit égyptien comparé aux autres Droits de l'Antiquité* (chez Leroux), 1886 ; *La Créance et le Droit commercial dans l'Antiquité* chez Leroux), 1897 ; *La Propriété en Droit égyptien comparé aux autres Droits de l'Antiquité* (chez Leroux), 1897 ; *Les Notices des Papyrus démotiques avec une Introduction complétant les Origines du Droit égyptien* (chez Maisonneuve), 1896 ; *Les Actions en Droit égyptien* (chez Maisonneuve), 1897 ; *Mélanges sur la Métrologie, l'Economie politique et le Droit* (chez Maisonneuve) ; *La Revue égyptologique*, et particulièrement le tome VIII (chez Leroux) ; chez Maisonneuve beaucoup de tirages à part.

(2) M. Revillout avait entrepris avec M. Eisenlohr la publication d'un *Corpus papyrorum Ægypti*, dont le tome I était consacré aux papyrus démotiques du Louvre et le tome II aux papyrus démotiques du British Museum. Quelques fascicules seulement ont paru. Ce sont trois fascicules du tome I et un fascicule du tome II. Le tome III est intitulé *Papyrus grecs du Louvre*. Le premier fascicule paru reproduit le *Plaidoyer d'Hypéride contre Athénogène*. Cette publication est malheureusement arrêtée et a peu de chances d'être continuée.

Nous n'aurions plus été obligés de rechercher les textes dans les différentes publications relatives à l'égyptologie. Nous avons d'ailleurs déjà des recueils de textes juridiques fort utiles de M. E. Revillout, *Chrestomatie démotique*. Paris, 1880, et *Nouvelle Chrestomatie démotique*. Paris, 1878.

ment définitif le jour où la publication systématique des sources nous mettra à même de le faire.

Les caractères du droit assyrien et du droit babylonien sont infiniment moins bien connus, et il ne nous est guère possible de trancher la question de savoir jusqu'à quel point ils se confondent, combien l'ancien droit touranien de Babylone a contribué à former les règles juridiques que nous tirons des actes assyriens, et la mesure dans laquelle le droit du nouvel empire babylonien s'est — par une réaction dont l'histoire nous a légué de nombreux exemples — imprégné à son tour de concepts juridiques sémitiques.

Ces législations ne nous sont parvenues qu'à l'état fragmentaire, dans des contrats, dont le sens, toujours difficile à fixer, est souvent incertain et parfois même indéterminable.

Dans ces conditions, il serait téméraire de parler de caractères généraux.

Aussi l'alt Meister, dont les hautes connaissances philologiques ont une autorité suprême pour la compréhension de ces textes, et que son esprit juridique si fin semble désigner comme étant seul compétent pour résoudre les questions de droit, M. Oppert, n'a-t-il pas cru devoir entreprendre de faire un traité de droit assyrien.

En revanche, les articles qu'il a publiés (1) sur des

(1) La liste des principaux articles de M. Oppert ayant une portée juridique comprend surtout ceux qui ont été publiés dans le *Zeitschrift für Keils-*

questions spéciales, sont des modèles de monographies qui ont d'autant plus de valeur que l'auteur se cantonne absolument dans le domaine des certitudes, sans entrer dans celui de l'hypothèse. Car, à son grand savoir, M. Oppert joint la plus scrupuleuse conscience scientifique.

M. Kohler (1), dont l'activité s'étend à toutes les bran-

chriftforschung und verwandte Gebiete. I, 1884, page 45, *Un Acte de Vente conservé en deux Exemplaires* ; dans la *Zeitschrift für Assyriologie und verwandte Gebiete*. I, 1886, page 304, *Explication de quelques Formules juridiques* ; page 429, *Jugement* ; II, 1887, page 325, *Quelques Explications complémentaires aux Formules juridiques* ; III, 1888, page 17, *Une Femme gardienne de son Mari* (en 558 avant J.-C.) ; page 174, *Les Documents cunéiformes* ; VI, 1891, page 281, *U-an-tim* " *Créance* „ *Idéogramme de l'Assyrien Rasût* ; page 329, *Is-ru-la ou* " *Isqu* „ *Rente* ; VII, 1892, page 66, *Renonciation à une Créance devant un Collège composé d'Hommes libres* ; VIII, 1893, page 360, *La Fondation consacrée à la Déesse Nina* ; X, 1895, page 49, *Laldi* " *moins* „ *et Niggas* " *un peu en moins* „. Dans les *Comptes rendus de l'Académie des Inscriptions et Belles-Lettres*, séances des 2 et 6 avril 1888, *La Condition des Esclaves à Babylone et un Contrat rappelant la Légende de Sardanapal* ; dans les *Proceedings of the Society for Biblical Archaeology*, notamment l'article paru dans le tome XX, intitulé : *Noli me tangere* ; dans les *Extraits des Actes du VIIIe Congrès des Orientalistes tenu en 1889*. Leyde, 1893, Section I, Sémitique (B), page 251 et suivantes, *Les Inscriptions du Pseudo Smerdis et de l'Usurpateur Nidintabel fixant le Calendrier perse*, et dans ceux du Xe congrès, session de Genève, 1894, Leyde, 1896, page 125. *Textes juridiques babyloniens*. Quelques renseignements juridiques peuvent être puisés dans les *Mémoires divers relatifs à l'Archéologie assyrienne*. Paris, 1886, du même auteur ; des traductions de contrats dans Oppert et Ménant, *Documents juridiques de l'Assyrie et de la Chaldée*. Paris, 1877. Au cours des leçons professées par M. Oppert, en 1898, il a donné des traductions inédites de contrats datant de Nabonid et portant chez le P. Strassmaier, les numéros 142 et 1113. Ne peuvent servir qu'à des philologues, les 2870 contrats et autres documents juridiques autographiés par le P. Strassmaier, S. J., qui servent de base aux traductions des assyriologues auxquels elles donnent une quantité de matériaux.

(1) J. Kohler, Une notice juridique dans F.-E. Peiser, *Babylonische Ver-*

ches du droit, a publié des travaux relatifs au droit privé babylonien qui font preuve d'un esprit juridique remarquable. Mais, l'auteur s'est basé sur des traductions de contrats qui laissent peut-être à désirer.

Les autres ouvrages relatifs au droit de l'Assyrie et de la Babylonie, sont avant tout des traductions de textes juridiques. Il n'ont pas la haute valeur des travaux de M. Oppert (1), parce qu'ils émanent de philologues qui ne

träge des Berliner Museums. Berlin, 1890.— J. Kohler et F.-E. Peiser, *Aus dem babylonischen Rechtsleben*. Leipzig, 1890-1898. Citons encore du même auteur les articles parus dans la *Zeitschrift für vergleichende Rechtswissenschaft*. III, page 201 et suivantes, *Assyrische und babylonische Rechtsurkunden*, et V, page 370 et suivantes, *Ueber zwei babylonische Rechtsurkunden*.

(1) Nous n'avons pas la prétention de donner ici une liste complète des articles qui ne traitent pas *ex professo* des questions juridiques, mais où il est possible de puiser des renseignements relatifs au droit. Pour ne pas encombrer cette bibliographie, nous ne citerons pas les critiques relatives aux ouvrages dont la nomenclature suit, et nous éviterons de nommer les articles de vulgarisation comme les plaquettes de J. Krall, *Demotische und assyrische Contracte*. Wien, 1881 et de Léon de Lantsheere, *Le Droit à Babylone et l'Évolution juridique*. Bruxelles, 1894, qui ne font que reproduire ces ouvrages sans rien nous apprendre de nouveau. Comme livres nous n'avons guère à signaler que Haupt, *Die summerischen Familiengesetze*. 1879 ; Golénischeff, *24 Tablettes cappadociennes* ; A. Boissier, *Recherches sur quelques Contrats babyloniens*. Paris, 1890 ; K.-L. Talqvist, *Die Sprache der Contracte Nabu Naïds*, Helsinfors, 1890, et *Babylonische Schenkungsbriefe*, 1891 ; Conder, *The Tell el Armana Tablets*. London, 1894. L'on trouvera la traduction de contrats découverts les plus anciens à Tel-sifr, Tel-loh et dans les différentes villes de la Babylonie où l'on a, d'ailleurs mis au jour, des milliers d'actes relatifs au nouvel empire babylonien, à Kujundsik en Assyrie, et dans les environs de Césarée, et dont la collection la plus importante appartient au British Museum, tandis que des dépôts moins considérables se trouvent au Louvre, dans les musées de Berlin et de Constantinople et à l'Université de Pensylvanie ou entre les mains de particuliers, dans beaucoup de revues périodiques dont la principale est, à notre point de vue, la *Zeitschrift für Assyriologie*, dans laquelle on peut signaler : I, 1886, page 25, Joh. Latrille,

sont pas en même temps des jurisconsultes. En outre, leur exactitude même est fort controversée. Ce n'est cependant pas le cas pour les livres bien ordonnés de M. Bruno Meissner (1).

Ensuite, des traductions de textes juridiques ont été réunies dans le recueil de M. Schrader, la *Keilinschriftliche Bibliothek*, par M. Peiser (2), auteur de plusieurs études sur le droit babylonien.

Der Nabonidcylinder von Rawlinson 64 ; page 198, Theo.-G. Pinches, *Two Contract Tablets from Babylon* ; III, 1888, page 69, F.-E. Peiser, *Studien zum babylonischen Rechtswesen* ; page 211, E.-A. Wallis Budge, *On some recently acquired Babylonian Tablets* ; page 365, F.-E. Peiser, *Eine babylonische Verfügung von Todteswegen* ; V, 1890, page 25, D. Feuchtwang, *Studien zum babylonischen Rechtswesen I* ; page 137, H. Zimmern, *Briefe aus dem Funde in El Armana in Transcription und Uebersetzung* ; page 276, H.-A. Sayce, *Babylonian Contract-Tablet belonging to the Imperial Academy of Sciences at St-Petersburg* ; VI, 1891, page 437, D. Feuchtwang, *Studien zum babylonischen Rechtswesen II* ; VII, 1892, page 117, L. Abel, *Tafel von El Armana* ; IX, 1894, page 62, J. Jensen, *Die kappadocischen Keilschrifttäfelchen* ; page 264, H. Nöldeke, *Palmyrenische Inschrift* ; page 385, Y. Legac, *Quelques Inscriptions assyro babyloniennes du Musée Lycklama, à Cannes*.

Ensuite dans les *Proceedings of the Society for biblical Archaeology*, par exemple, V, 1882, page 250, Theo.-G. Pinches, *Assyriological Gleanings* ; dans les *Actes du VIIIe Congrès des Orientalistes*, notamment section I, sémitique (I, B), page 279 et suivantes, J.-N. Strassmaier, S. J., *Einige kleinere babylonische Keilschrifttexte aus dem British Museum* ; et aussi dans la *Nouvelle Revue historique de Droit français et étranger*, X, page 134 et suivantes, l'article de M. Lapouge, *Le Dossier de Buanitun*. Enfin des renseignements utiles aux juristes peuvent être récoltés dans les articles parus dans le *Journal asiatique*, la *Zeitschrift der morgendländischen Gesellschaft*, etc , signés des noms de MM. Winckler, Bezold, Delitzsch, Lehmann, Halevy et du P. Delttre.

(1) Bruno Meissner, *De seruitute babylonico assyriaca*. Leipzig, 1892, et *Beiträge zum altbabylonischen Privatrecht*. Leipzig, 1893.

(2) E. Schrader, *Keilinschriftliche Bibliothek*. IV, F.-E. Peiser, *Texte juristischen und geschäftlichen Inhalts*. Berlin, 1896.

Outre les ouvrages déjà indiqués du même auteur, citons sa thèse *Juris-*

Citons enfin les travaux du docteur V. Revillout (1).

Les caractères du droit israélite sont bien définis et parfaitement connus (2) : il ne se composait guère, jusqu'à la conquête romaine, que de principes généraux condensés dans quatre ou cinq chapitres du Pentateuque (3). Il continua alors de se développer, les Juifs aimant à soumettre leurs différends à leurs patriarches dont les jugements furent déclarés susceptibles d'exécution sous les empereurs.

Imppp. Gratianus Valentinianus et Theodosius AAA. Eutychiano pp. *Si qui uero ex his communi pactione ad similitudinem arbitrorum apud Iudaeos in ciuili dumtaxat negotio putauerint litigandum, sortiri eorum iudicium iure publico*

prudentiae babylonicae quae supersunt. Cöthen, 1890, et renvoyons aux *Sitzungsberichte der Berliner Akademie*, 1889, XXXVIII, page 824 ; et surtout aux *Keilschriftliche Aktenstücke aus Babylonischen Städten*. Berlin, 1889.

(1) V. Revillout, *Appendice sur le Droit de la Chaldée au* XXIIIe *Siècle et au* Ve *Siècle avant notre Ère*, faisant suite aux *Obligations en Droit égyptien* de M. E. Revillout ; E. et V. Revillout, *A Settlement of Accounts in Nabopolassar's Time* ; *Contrats de Mariage et d'Adoption dans l'Égypte et dans la Chaldée* ; *L'Antichrèse non immobilière dans l'Égypte et dans la Chaldée* ; *Antichrèse in solutum* ; *Sworn Obligations under Egyptian and Babylonian Law* ; *Mélanges assyro-babyloniens*.

(2) J. de Pavly, *Code civil et pénal du Judaïsme, traduit pour la première fois sur l'Original chaldéo-rabbinique*. Paris ; David Farbstein, *Das Recht der unfreien und freien Arbeiter nach jüdisch-talmüdischem Recht*. Frankfurt, 1896. Beaucoup d'autres ouvrages encore ont trait au droit israélite dont les principaux sont renseignés dans R. Dareste, *Études d'Histoire du Droit*. chapitre II, et dans Schulin, *Lehrbuch*. page 3.

(3) La Bible contient en outre des relations de transactions juridiques, objet d'intéressantes monographies dues à la plume de jurisconsultes, qui ont été ainsi de précieux auxiliaires pour l'interprétation de son texte. Citons, par exemple, l'étude de M. Hitzig, relativement à un passage de Jérémie.

non uetentur. Eorum etiam sententias iudices exsequantur, tamquam ex sententia cognitoris arbitri fuerint attributi (a° 398) (1).

Cependant ces décisions n'émanaient pas de juges.

Impp. Diocletianus et Maximianus AA. et CC. Iudae. *Priuatorum consensus iudicem non facit eum, qui nulli praeest iudicio, nec quod is statuit rei iudicatae continet auctoritatem* (a° 293) (2).

Les règles de droit, résultant de l'application des principes du Pentateuque par les rabbins dans leurs décisions, ont été rassemblées dans deux recueils : la *Mischna*, publiée à Jérusalem en l'an 189 p. C. n. et la *Gemarah*, publiée à Babylone en l'an 499 de notre ère.

Le droit celtique nous est connu par les travaux de M. d'Arbois de Jubainville (3), le savant professeur au Collège de France, qui en a cherché les règles tant dans les restes de la littérature que dans les ouvrages historiques, et dans ce qui constitue la source principale de nos connaissances en la matière, les recueils de lois faits en Irlande au moyen âge (4).

(1) C. 8 § 1, 2 *de Iudaeis*.

(2) C. 3 *de iurisdictione omnium iudicum*.

(3) Dans son *Cours de Littérature celtique*, M. d'Arbois de Jubainville consacre deux volumes au droit celtique (H. d'Arbois de Jubainville, *Études sur le Droit celtique*. Paris, 1895). On y trouvera renseignée toute la bibliographie antérieure. Pour les travaux les plus récents, ils se trouvent indiqués dans la *Revue celtique*.

(4) On les trouvera réunis dans les *Ancient Laws and Institutions of Ireland*. 4 volumes, London.

Le droit gaulois a été l'objet d'excellents articles de M. F.-P. Bremer (1).

Aucun droit, si ce n'est le droit romain, n'a été plus étudié que le droit germanique. Il me serait difficile de justifier l'indication de tel ouvrage (2) plutôt que de tel autre pour y puiser les caractères si marqués, si différents de ceux du droit romain, si peu conformes aux notions d'un romaniste, dont la connaissance est la meilleure initiation aux études de législation comparée.

Le droit pérégrin qui joua le plus grand rôle dans le monde romain, est manifestement le droit grec.

La question de l'unité du droit grec a longtemps été résolue négativement (3). Il y a une quinzaine d'années, un auteur pouvait encore écrire : « A vrai dire, il « n'y a pas eu de droit grec ; il y a eu le droit de la Crète, « le droit de Sparte, le droit d'Athènes (4) ».

Depuis lors, la thèse affirmative a été soutenue au moyen d'arguments des plus sérieux par M. Mitteis : « Wenn wir dagegen finden, dass in breiten Rechtsge- « bieten ganze Massen griechischen Rechts erhalten sind, « wie das Erbrecht des syrischen Rechtsspiegels, die « Lehre von der Executivurkunde und vom Dotalrecht

(1) F.-P. Bremer dans la *Zeitschrift für Rechtsgeschichte*, XV (1881), page 134 et suivantes, et XVII (1883), page 84 et suivantes.

(2) Voir le *Grundriss des deutschen Privatrechts* de M. Schröder. Heidelberg, 1897. Citons, en outre, l'ouvrage excellent de M. H. Brunner, *Deutsche Rechtsgeschichte*. 1887-1892.

(3) En ce sens encore, F. Hofmann, *Beiträge zur Geschichte des griechischen und römischen Rechts*. Wien. 1870, préface.

(4) G. Barilleau, *Des Sources du Droit grec*. Paris, 1883, page 4.

« zeigen werden, oder wenn vielfach das römische Recht « in der nachclassichen Zeit unter dem Einfluss griechis- « cher Rechtsanschauung geradezu entartet und gebeugt « wird, so können wir diesen Vorgang nurdann vollkom- « men verstehen, wenn wir uns klar gemacht haben, dass « die ganze östliche Reichshälfte ein einziges, von über- « einstimmenden Auschauungen beherrschtes Rechts- « gebiet darstellt, und dass es sich bei dieser Reception « nicht um die Beseitigung einiger *leges moresque peregri-* « *norum*, sondern um den Kampf zweier Welten handelt, « welche sich mit gleicher Culturmacht gegenüber- « stehen (1). »

Aujourd'hui la controverse doit être considérée comme définitivement tranchée dans le sens de l'existence d'un droit grec. C'est ce que, dès 1893, constatait M. Lipsius : « Noch vor zwei Jahrzehnten durfte ein Forscher über « hellenisches Recht dessen « particularistische Zersplit- « terung » beklagen ; heute hat die Erschliessung reichhal- « tiger neuer Rechtsquellen durch epigraphische Funde « dieser Klage mehr und mehr den Boden entzogen (2) ».

Il n'est désormais plus douteux, ensuite des lois mises au jour par les fouilles récentes, qu'il y ait eu des principes juridiques communs aux différentes cités grecques.

Au premier rang de ces découvertes, il faut citer celle des deux lois de Gortyne, fragments de deux codes, qui complétaient une codification plus ancienne, dont il n'est

(1) L. Mitteis, *Reichsrecht und Volksrecht*. page 81 et suivantes.

(2) J.-H. Lipsius, *Von der Bedeutung des griechischen Rechts*. Leipzig, 1893, page 8.

rien resté, lois présentant la plus grande analogie avec le droit attique.

La question d'emprunt fait au droit crétois par Solon et Lycurgue est tranchée dans un sens plutôt affirmatif par M. L. Mitteis : « Das Reich des Minos ist altberühmt we- « gen seiner weisen Gesetze ; es ist wohl mehr als Legende « darin zu suchen, wenn Solon und Lykurg hier den Stoff « zu ihren Gesetzgebungen gesucht und gefunden haben « sollen (1) » ; elle est résolue négativement par M. Lipsius : « Aber von Solon berichtet das nicht einmal die Legende, « sondern nur späte Erfindung (2). »

Dans l'antiquité, la notion générale du droit grec n'était pas inconnue et l'on rencontre les expressions κοινὸι νόμοι, κοινὰ δίκαια τῆς Ἑλλάδος chez Dion Chrysostome (3), et Ἑλλήνων νόμιμα est fréquemment employé par différents auteurs (4), notamment par Hérodote (5) et Xénophon (6).

Cette unité de conception juridique est surtout marquée dans le droit de famille. Ainsi Euripide opposait, dans son *Andromaque* (7), le mariage grec à celui des Barbares ; Strabon rapproche à ce point de vue les Lusitaniens des Hellènes (8), et Denys d'Halycarnasse parle du rapt des femmes comme d'un ἑλληνικὸν καὶ ἀρχᾶιον ἔθος (9).

(1) L. Mitteis, *Reichsrecht und Volksrecht*. page 79.
(2) Lipsius, *Von der Bedeutung des griechischen Rechts*. page 26.
(3) Dion Chrysostome (Edition Morelli), XXXVII, page 459.
(4) Ces auteurs sont cités par M. Schömann, dans son *Hellenistische Alterthumskunde*. II, 2.
(5) Hérodote, I, 94.
(6) Xenophon, *Memorabilia*. IV, 4, 15.
(7) Euripide, *Andromaque*. vers 213 et suivants.
(8) Strabon, III, 6, 155.
(9) Denys d'Halycarnasse, *Antiquités romaines*. II, 30.

Ensuite, en matière de successions, il y avait des idées juridiques admises d'une manière générale par les Grecs. Varron a pu écrire : « *Venio nunc ad alterum genus testamenti quod dicitur physicum, in quo Graeci belliores quam Romani nostri* » (1).

Mais dans le domaine des droits réels (2), et dans celui des obligations (3), on trouve également des règles communes.

La connaissance du droit grec ne cesse de s'étendre. Il y a une quinzaine d'années, il fallait surtout l'apprendre de la bouche des littérateurs (4).

En effet, le droit grec n'était pas toujours écrit, *apud Graecos* : τῶν νόμων οἱ μὲν ἔγγραφοι οἱ δὲ ἄγραφοι (5), comme disait Justinien qui remarque qu'à Athènes régnait surtout la loi, tandis qu'à Sparte, dominait la coutume.

Et non ineleganter in duas species ius ciuile distributum uidetur. nam origo eius ab institutis duarum ciuitatium, Athe-

(1) Varronis *fragmenta*. 312, 313 ; Voir Isée, *De Meneclis hereditate*. II, 24.

(2) Citons à titre d'exemple la nécessité du consentement des héritiers naturels dans les ventes immobilières et les affranchissements. La preuve de l'existence de βεβαιωταί dans tout le monde grec est donnée dans Mitteis, *Reichsrecht und Volksrecht*. chapitre XIV, page 2.

(3) De même les règles relatives aux peines conventionnelles et aux syngraphai sont générales. Mitteis, chapitre XIV, page 3, et *Zeitschrift für Privat-und öffentliches Recht der Gegenwart*, XVII, pages 559-581. R. Dareste, Reinach et Haussoulier, *Recueil des Inscriptions juridiques grecques*. fascicule 2, 1893.

(4) Dans Telfy, *Corpus iuris attici*. on trouvera 283 fragments relatifs au droit privé.

(5) § 3 *de iure naturali et gentium et ciuili*.

narum scilicet et Lacedaemonis, fluxisse uidetur : in his enim ciuitatibus ita agi solitum erat, ut Lacedaemonii quidem magis ea, quae pro legibus obseruarent, memoriae mandarent, Athenienses uero ea, quae in legibus scripta reprehendissent, custodirent (1).

Mais, ces lois éparses devaient presque toutes disparaître par l'action du temps, car ce droit ne fut jamais codifié, si ce n'est à l'état embryonnaire (2) et à une époque si reculée que, non plus que pour les XII Tables, aucun exemplaire n'en a pu subsister.

Les écrits latins qui nous donnent le plus de renseignements sont, à côté de ceux des Térence (3) et des Cicéron (4), ceux des jurisconsultes, comme Gaius (5), et les constitutions impériales (6).

(1) § 10, 1 *hoc titulo.*

(2) A Athènes, la période de floraison du droit privé fut le temps des ora. teurs. C'était encore un droit bien primitif que celui de Dracon et de Solon·

(3) Les comédies de Térence serrent de plus près la vie grecque que celles de Plaute. Aussi, celui-ci est-il des plus importants pour la connaissance de l'ancien droit romain, tandis que Térence nous fait connaître les institutions juridiques grecques. Ainsi, l'obligation imposée par Solon aux agnats de marier la fille épiclère est visée dans les *Adelphi.* vers 655 et suivants, 664 et suivants, 675.

(4) Cicéron, comme proconsul de Cilicie, fut appelé à appliquer le droit grec. Aussi, les lettres qu'il écrit de sa province sont bien intéressantes : ainsi ses lettres *ad Atticum.* V, 21, 12 et VI, I-3, qui parlent des *syngraphai.* Nous avons été amenés plusieurs fois à parler de la comparaison que Cicéron faisait entre le droit grec et le droit romain et nous invoquerons encore son témoignage dans la suite.

(5) Gaius, probablement jurisconsulte provincial, avait souvent occasion de parler des anciens droits du pays où il professait. Un exemple de ces rappels de droit grec se rencontre dans Gaivs *libro quarto ad legem XII tabularum* l. 4 *de collegiis et corporibus.*

(6) Nous devons réserver pour la suite de ce travail les questions si com-

Les écrivains grecs (1) en sont une source beaucoup plus importante ; mais, ils donnent plus de renseignements pour le droit public que pour le droit privé.

Pour le connaître, il faut surtout consulter les trente-trois plaidoyers civils de Démosthène et les scholies qui s'y rapportent, onze plaidoyers d'Isée relatifs à des successions, auxquels il faut ajouter quelques fragments, et cinq des plaidoyers d'Isocrate relatifs à des affaires judiciaires. Les autres orateurs ne présentent guère d'intérêt sous ce rapport.

Une heureuse découverte nous a restitué le fameux discours d'Hypéride contre Athénogène, infiniment instructif au point de vue de la vente et du dol (2).

Est de toute première importance pour qui veut commencer son initiation en cette matière, le *Traité des Lois* de Platon (3), dont la législation idéale reproduit souvent le droit sous lequel il vivait. Ses autres ouvrages, même la *République*, ne sont d'aucune utilité pour en reconstituer les dispositions.

plexes des traces de droit pérégrin dans les constitutions impériales, ainsi que celle de la réception du droit grec en Orient et de sa persistance sous la domination romaine pour nous borner à citer, pour illustrer notre affirmation, une constitution qui fait mention de l'*apoceryxis* grecque. Impp. Diocletianus et Maximianus AA. Hermogeni c. 6 *de patria potestate.*

(1) Il suffit de renvoyer à G. Barilleau, *Des Sources du Droit grec.* pour la bibliographie relative à ces auteurs.

(2) E. Revillout, *Revue égyptologique*, 6e année, 1891, page 155 ; 7e année, 1892, page 1. Pour l'interprétation du texte, Diels, *Sitzungsberichte der Berliner Akademie*, 1889, page 660 et suivantes.

(3) Un excellent guide pour l'étude des lois de Platon est C. Ritter, *Platos Gesetze* (*Darstellung des Inhalts, Kommentar zum griechischen Text*). Leipzig, 1896.

L'Αθεναιῶν πολιτεία (1) est, parmi les ouvrages d'Aristote, celui qui contient les renseignements les plus utiles au jurisconsulte (2).

Peut-être le plus considérable des ouvrages juridiques que nous a légués la Grèce est le *Traité des Lois*, de Théophraste (3).

Plutarque, Diogène Laërce, surtout Stobbée, et les auteurs de l'ère chrétienne connaissaient, nous le savons, les institutions dont ils parlaient, puisque la persistance du droit grec et maintement établie.

Homère, les tragiques et surtout Aristophane sont de grande utilité.

Les historiens grecs, sans être quantité négligeable, donnent peu de renseignements juridiques.

Les lexicographes de l'ère chétienne : Pollux, Harpocration, Hesychius, Suidas, etc., en constituent, par contre, l'une des sources les plus riches.

Remarquons encore les *Anecdota*, édités par M. Bekker et le *Lexicon rhetoricum Cantabrigiense*. Leyde, 1870

Mais, parmi toutes les sources grâce auxquelles on peut reconstituer le droit grec, ce sont les inscriptions qui occuperont bientôt la première place, tant à cause des textes de lois que les études épigraphiques nous y révèlent,

(1) Edition Reinach. Paris.

(2) G. Barilleau, *opere citato*, page 16, donne la liste des autres ouvrages d'Aristote où l'on peut puiser des renseignements juridiques.

(3) R. Dareste, *Revue historique de Droit français et étranger*, 1870-1871, page 262.

qu'à cause des nombreuses applications de droit qu'elles fournissent.

Les anciens recueils généraux d'inscriptions grecques sont toujours utiles à consulter (1) ; il faut surtout citer le *Corpus inscriptionum Graecarum* et le *Corpus inscriptionum Atticarum* qui ne dispensent pas de recourir aux revues périodiques dont le *Bulletin de Correspondance hellénique*, les *Mittheilungen des deutschen Archäologischen Institutes in Athen* et l'*Hermes* sont les principales.

Les textes de droit les plus importants ont été rassemblés dans le *Recueil des Inscriptions juridiques grecques* de MM. Dareste, P. Haussoulier et Th. Reinach (2).

Aujourd'hui, les papyrus gréco-égyptiens (3) ont une

(1) Ils sont énumérés dans G. Barilleau, *loco citato*, page 30 et suivantes, Il faut y ajouter : Cauer, *Delectus inscriptionum graecarum propter dialectum memorabilium*. Leipzig, 1883 ; *The Collection of Ancien Greck Inscriptions in the Bristish Museum*. II. Oxford, 1883 ; Collitz, *Sammlung der griechischen Dialektinschriften*. Göttingen, 1884 et suivantes ; Dittemberger, *Sylloge inscriptionum graecarum*. Leipzig, 1883 ; Frænkel. *Die Inschriften von Pergamon*. Berlin, 1890 ; Kaibel, *Inscriptiones Graecae Siliciae et Italiae*. Berlin, 1890 ; Larfeld, *Sylloge inscriptionum Boeoticarum dialectum popularem exhibentium*. Berlin, 1883.

(2) *Recueil des Inscriptions juridiques grecques*, par R. Dareste, P. Haussoulier et Th. Reinach. Paris, 1891-1898.

(3) R. Dareste, *Les Papyrus gréco-égyptiens*. dans le *Journal des Savants*, mars 1883, indiquait les principaux recueils anciens. Mais, son énumération doit être complétée par suite des publications récentes qui sont données, pour autant qu'elles soient antérieures à 1891, par M. Mitteis, page 37 en note. Depuis lors, les principales publications de papyrus sont : K. Wessely, *Mittheilungen aus der Sammlung der Papyri Erzherzog Rainer*. Wien, 1887-1897, et les *Ægytische Urkunden aus den königlichen Museen zu Berlin, herausgegeben von der Generalverwaltung*. Berlin, 1892 et suivantes, qui ont été commentés dans de nombreux ouvrages cités par L. Mitteis, *Zur Berliner Papyruspublication*. dans l'*Hermes*, XXX, 1895. Pour le surplus, il

importance capitale : ils deviendront un des moyens les plus considérables pour la connaissance du droit de l'Égypte hellénisée.

Inutile de signaler combien il est difficile de discerner dans ces textes ce qui est grec et ce qui est produit du milieu égyptien ou de la domination romaine.

Ce ne sont pas des documents généraux, mais une foule d'actes particuliers qui, lorsqu'ils sont nombreux et concluants, peuvent donner des renseignements solides pour la connaissance du droit appliqué en Égypte à cette époque.

En sortant de là, il est bien malaisé de ne pas entrer dans le domaine de l'hypothèse ; d'ailleurs, la comparaison de ce droit avec les droits égyptien, romain et grec peut nous faire trouver des applications et des confirmations du droit grec, mais non des principes nouveaux.

Remarquons, avant d'abandonner cette question, que l'étude spéciale du droit grec a été fort négligée. Pourtant, les éléments d'une pareille science, quoique dispersés, sont aujourd'hui connus. L'utilité en serait grande au point de vue de la reconstitution de la vie des Grecs.

faut recourir aux périodiques. Citons ici encore : K. Wessely, *Studien über das Verhältniss des griechischen zum ägyptischen Recht im Lagiden Reich* dans les *Sitzungsberichte der kaiserlichen Akademie der Wissenschaften*, Wien, 1896 ; Th. Reinach, *La Représentation en Matière de Successions féminines dans le Droit égyptien, grec et romain* dans la *Nouvelle Revue historique de Droit*, XVII, 1894, page 5 ; V. Wilcken, *Zu den ägyptischen Prozessprotokollen* dans la *Zeitschrift der Savigny-Stiftung für Rechtsgeschichte, Romanistische Abtheilung*, XVI, 1896, pages 155-166 ; Boudier, *Un Contrat inédit du Temps de Philopator*. Paris, 1897.

Au point de vue du romaniste, la connaissance du droit grec est plus importante encore.

Grâce à la méthode comparée, la philologie a fait les progrès qu'elle a réalisés et, alors même que les concepts juridiques de l'Hellas n'auraient exercé ancune influence sur le droit romain (1), l'histoire grecque pourrait servir à nous éclairer sur les règles qui ont présidé à l'évolution d'une législation sœur.

C'est à M. Dareste que la science du droit grec est le plus redevable, non seulement pour ses travaux définitifs sur maintes questions, mais surtout pour sa vigoureuse campagne, qui a attiré l'attention du monde savant sur cette discipline (2). Son œuvre comprend de consciencieuses traductions, d'importantes publications de textes et d'intéressantes études (3).

(1) La question sera examinée dans la suite ; elle demande, en effet, qu'on s'y arrête en présence des déclarations si affirmatives de nombreux auteurs latins dont la liste a été dressée par M. Hofmann dans ses *Beiträge*. Qu'il nous soit permis de remarquer, dès à présent, que la plupart des témoignages invoqués, notamment ceux qui ont trait à la rédaction de la loi des XII tables, se bornent à dire que les législateurs avaient connaissance du droit grec.

(2) En thèse générale, on peut dire que le droit grec n'a pas, au contraire du droit romain, été l'objet de recherches scientifiques. Cependant la liste des ouvrages qui y sont consacrés, qui d'ailleurs émanent plutôt de philologues et d'historiens que de jurisconsultes, est trop longue pour être donnée ici. Citons pourtant M. Caillemer, dont les travaux dans ce domaine ont rendu de grands services. Ces questions, d'ailleurs, sont plus à l'ordre du jour en France, comme le prouve encore l'ouvrage tout récent et très complet de M. L. Beauchet, *Histoire du Droit privé de la République Athénienne*. 4 volumes, Paris, 1897, qu'en Allemagne où l'on doit cependant signaler l'ouvrage intéressant d'un professeur de droit de Zurich, H.-F. Hitzig, *Das griechische Pfandrecht*. Münschen, 1895.

(3) Il serait superflu d'énumérer la liste des nombreux ouvrages de M. Da-

De la comparaison du droit romain avec ces différentes législations ressortira, dès l'abord, combien leurs caractères sont différents.

Cette étude comparative, que nous nous réservons de publier prochainement, révèlera à Rome un droit qui, malgré l'action des temps, a conservé son unité, dans lequel se rencontre à un suprême degré le souci utilitaire qui ferme la porte à l'abitraire et à la spéculation, et qui se marque par des règles claires et précises.

Ce droit était, en effet, éminemment un usage converti en loi. La plupart de ses dispositions étaient des solutions pratiques, conservées dans la forme première que leur avait donnée la jurisprudence.

Dans les autres droits de l'antiquité, au contraire, le souci pratique semble relégué à l'arrière plan et la porte est ouverte à la spéculation.

La contribution des peuples orientaux dans le domaine du droit, consiste en travaux philosophiques.

Ainsi, au sujet de la Grèce, M. Lipsius écrivait : « Wohl « wird so viel bereitwillig zugestanden werden, dass die « Lehre vom Staate und seinen verschiedenen Verfas- « sungsformen durch die griechische Philosophie ihre « wissenschaftliche Begründung erhalten hat (1) ».

Leur législation ne se compose que de principes géné-

reste. Mais, il faut cependant en signaler un, considéré à juste titre comme excellent pour qui commence son initiation en cette matière, c'est R. Dareste, *La Science du Droit en Grèce*. Paris, 1893,

(1) Lipsius, *opere citato*, page 8.

raux, comme chez les Israélites, dont tout le droit se condensait, avons-nous vu, dans quelques chapitres du Pentateuque. Aussi n'a-t-il pas le côté utilitaire, qui a assuré la persistance du droit romain et qui pour nous en a fait la grandeur.

D'aucuns préféreront d'autres qualités : « Le droit « égyptien était toute une philosophie très élevée, très « large d'allure, très immatérielle (1) », et concluront : « Le Romain était l'homme du fait, comme l'Égyptien « était l'homme du droit (2) ».

Cette appréciation est d'ailleurs infirmée par les témoignages d'auteurs contemporains dont voici un extrait (3) :

πάντες δή ᾄδουσι καὶ ῥήτορες καὶ σοφισταί, καὶ πάντα περαίνεται δι' ᾠδῆς : ὥστ' εἴ τις παρίοι δικαστήριον, οὐκ ἂν γνοίη ῥᾳδίως πότερον ἔνδον πίνουσιν ἢ δικάζονται.

C'est que nulle part le droit n'est, comme à Rome, sorti des entrailles mêmes de la nation. Nul autre peuple du monde antique n'a, à l'époque historique, pu grandir en pleine liberté, n'a confié à ses juges la mission de développer son droit, n'a au même degré tenu compte des besoins nationaux.

Au droit romain seul, peut-être, parmi les droits anciens, convient la définition d'usage converti en loi.

(1) E. Revillout, *La Créance en Droit égyptien.* Page ii.

(2) E. Revillout, *La Propriété, ses Démembrements, la Possession et leurs Transmissions en Droit égyptien comparé aux autres Droits de l'Antiquité.* Paris, 1897, page 8.

(3) Dion de Pruse, *Orationes.* (Édition Morelli), page 382.

IV

Nous croyons pouvoir ainsi résoudre la question de l'unité du droit romain en y montrant, par des exemples, l'existence des caractères permanents dans toutes les phases de son évolution, qui, remarquons-le également, ne sont point des caractères inhérents à tout droit, mais bien des qualités qui donnent au droit romain une individualité marquée.

Mais, il importe de rapprocher de cette unité nettement déterminée, la grande divergence, qui existe dans les éléments constitutifs, suivant les différentes périodes.

Au droit embryonnaire des XII Tables s'oppose le droit pleinement développé de Justinien, au petit livre de la *Lex*, l'œuvre considérable du *Corpus*.

Il y a donc eu, dans la suite des siècles, une foule de dispositions qui sont venues développer, corriger et remplacer les anciennes règles.

La question de l'origine de ces lois nouvelles se pose.

Evidemment, il se pourrait qu'il n'y eût là que les nombreux corollaires des anciens principes que l'on appliquait ainsi quand le besoin s'en faisait sentir (1).

L'école historique y a vu le produit des événements politiques et des idées philosophiques qui ont successivement régné.

(1) Accarias, *Précis de Droit romain*. Paris, 1886-1891. Introduction générale.

Mais, depuis que les arcanes des législations anciennes nous sont ouvertes, il est difficile de ne pas être frappé de l'analogie que présentent certaines dispositions, nouvellement révélées, avec les anciennes institutions des peuples entrés dans l'empire romain.

Pour s'en convaincre, il suffit, par exemple, de rappeler certaines dispositions de la loi des XII Tables relatives aux funérailles, notamment celles qui limitent le nombre de linceuils à trois et interdisent les cris funèbres.

Table X, 3 : « *Extenuato igitur sumptu tribus riciniis et tunicula purpurae et decem tibicinibus tollit etiam lamentationem* » (1).

4. MVLIERES GENAS NE RADVNTO, NEVE LESSVM FVNERIS ERGO HABENTO.

Elles rappellent non seulement les lois de Solon :

ἐξιέναι μὲν ἱματίων τριῶν μὴ πλέων ἐχόυσας κελέυσας...

'Αμυχὰς δὲ κοπτομένων κὰι τὸ θρηνεῖν πεποιημένα κὰι τὸ κωκύειν ἄλλον ἐν ταφαῖς ἑτέρων ἀφεῖλεν.

(οὐκ ἐίασεν) ὀυδὲ συντιθέναι πλέον ἱματίων τριῶν (2).

λευκὴν μὲν τὴν στολὴν ἔχειν πᾶσαν, θρήνων δὲ καὶ ὀδυρμῶν χωρὶς γίγνεσθαι.

δακρύειν μὲν τὸν τετελευκότα ἐπιτάττειν ἢ μὴ ἄμορφον, θρηνεῖν δὲ καὶ ἔξω τῆς ὀικίας ἐξαγγέλειν ἀπαγορεύσιν... (3)

mais encore, grâce aux découvertes récentes, la loi funéraire d'Iulis (4) :

(1) Cicéron, *De legibus*. II, 23, 59.

(2) Plutarque, *Solon*. 21.

(3) Platon, *Les Lois*. XII, 947 et 960.

(4) La loi sur les funérailles d'Iulis, du ve siècle, est reproduite a la page 11 du *Recueil des Inscriptions juridiques grecques*.

2. ἐν ἐμ [ατ] ιο [ις τρ
ι]σὶ λευκοῖς, στώματι κὰι ἐνδύματι [κὰι
'ε]τι ϐλέματι

10. Τὸν θανό[ν]τα [δὲ φέρεν
κ]ατακεκαλυμμένον σιωπῆι μέ[χ]ρι [ἐπὶ τὸ
σ]ῆμα

On a déjà remarqué les ressemblances de la *donatio ante nuptias* (1) et du droit dotal (2) de la dernière période, avec le droit grec en ces matières.

Peut-être certaines mesures fiscales des empereurs n'ont pas été sans précédents dans l'Égypte lagide (3).

C'était confirmer sur des points particuliers ce qu'avaient affirmé les Romains eux-mêmes. En effet, leurs jurisconsultes avaient été frappés de ces analogies et n'avaient pas hésité à proclamer qu'il y avait des emprunts faits à ces législations étrangères (4), que l'on comprit, sous l'empire, dans la notion de *ius gentium*.

C'était, peut-être, dira-t-on, s'avancer fort loin.

Au moment où le soi-disant emprunt aurait eu lieu,

(1) Francke, *Archiv für civilistische Praxis*, XXVI, page 63 et suivantes.

(2) A. Bechmann, *Dotalrecht*. I, page 122.

(3) Ainsi l'on peut rapprocher de la *centesima rerum uenalium* la τέλος ὠνῆς comme l'a fait M. Franz dans le *Corpus Inscriptionum Graecarum*. III, 297, et Lumbroso, *Recherches sur l'Economie politique de l'Égypte*. page 301.

(4) Les témoignages affirmant des emprunts au droit grec ont été rassemblés dans les *Beiträge*. I, de M. Hofmann qui, s'appuyant sur eux, admet dans la loi des XII tables jusqu'à vingt-quatre dispositions empruntées au droit grec. L'auteur réunit tous les éléments extrinsèques qui militent en faveur des affirmations romaines, mais n'a pas entrepris de faire du droit comparé, ce qui aurait été à peine possible à cette époque où le droit grec était encore bien peu connu.

les dispositions en question avaient pu disparaître de la législation à laquelle on les aurait empruntées.

Souvent, les peuples les plus éloignés ont des institutions analogues sur bien des points, et cela, dans des conditions qui écartent la possibilité de l'emprunt.

Y a-t-il là œuvre du hasard ou manifestations de la règle d'évolution? C'est une question essentielle tant pour l'étude que pour l'exposé du droit romain.

Il y a plus : le lecteur attentif du *Corpus* remarque qu'à côté des lois énonçant les principes juridiques applicables au monde romain, une série de dispositions déclarent contraires au droit des théories qu'elles rejettent.

L'opportunité de pareilles interdictions lui échappe, car il cherche en vain dans l'histoire un indice établissant que ces théories aient été soutenues à quelque moment que ce soit.

Prenons, par exemple, la constitution suivante:

Imp. Gordianus A. Caecilio militi. *Si pacto, quo poenam aduersarium tuum promisisse proponis, si placito non stetisset, stipulatio subiecta est, ex stipulatu agens uel id quod in conuentionem deuenerat, ut fiat, consequeris uel poenam stipulatione comprehensam more iudiciorum exiges. nam bona aduersarii tui in te transferri citra sollemnem ordinem frustra deprecaris* (a° 241). (1)

Pourquoi interdire spécialement au créancier de se sai-

(1) C. 14 *de pactis*.

sir sans jugement des biens de son débiteur quand jamais ce droit ne lui a été concédé ?

La justification de pareilles dispositions nous est parfois donnée par les empereurs eux-mêmes : une coutume qui n'était souvent que l'ancien droit qui avait persisté, continuait à régir certains peuples de l'empire ; il fallait leur marquer qu'elle était illégale.

Ainsi, quand une constitution interdisait l'apoceryxis, c'était, disait-elle, condamner une ancienne coutume grecque.

Impp. Diocletianus et Maximianus AA. Hermogeni. *Abdicatio, quae Graeco more ad alienandos liberos usurpabatur et apoceryxis dicebatur, Romanis legibus non comprobatur* (a° 289). (1).

Un esprit curieux ne pourrait guère résister au désir d'examiner attentivement ces dispositions qui, à propos d'un cas particulier, venaient confirmer des principes juridiques depuis longtemps admis : il se convaincra que ces répétitions n'ont rien d'arbitraire, et qu'elles ont écarté des théories de droit qui n'étaient pas celles des jurisconsultes romains, mais qui n'en avaient pas moins leurs défenseurs dans les limites de l'empire et leur application dans la pratique journalière, comme les actes de l'époque en font foi.

L'édit 11 de Justinien condamnait la fâcheuse coutume de n'accepter, que pour une moindre valeur, les pièces à

(1) C. 6 *de patria potestate.*

l'effigie des souverains précédents : il venait confirmer les constitutions du Code, où le titre *de ueteris numismatis potestate* y était consacré :

Impp. Valentinianus et Valens AA. Germano pp *Solidos ueterum principum ueneratione formatos ita tradi ac suscipi ab ementibus et distrahentibus iubemus, ut nihil omnino refragationis oriatur, modo ut debiti ponderis sint speciei probae : scituris uniuersis, qui aliter fecerint, haud leuiter in se uindicadum.*

Idem AA. et Gratianus A. ad Iulianum pp. *Pro imminutione, quae in aestimatione solidi forte tractatur, omnium quoque specierum pretia decrescere oportet.*

Impp. Gratianus Valentinianus et Theodosius AAA. Arintheo, pp. *Uniuersos auctoritas tua proposito edicto commoneat obryziacorum omnium solidorum uniforme pretium postulare, scilicet capitali supplicio puniendo, qui uel iussa nostrae maiestatis auaritiae caecitate contempserit, uel aeternales uultus, dum fraudibus studet, duxerit uiliores.*

Il résulte, en effet, des découvertes récentes que cet usage illégal existait dans la vallée du Nil, et que les empereurs avaient bien un but pratique en vue, quand ils légiféraient à ce sujet, comme l'attestent des papyrus égyptiens de la collection de l'archiduc Régnier, publiés y a quelques années (1).

Papyrus XX. πρ

ο εστιν χρυσιου νομισματια
δυο τριτον φωναικα

(1) K. Wessely, *Revue égyptologique*, 5e année, *Lettre à M. Revillout*. papyrus XX et XXa.

χρ / ν° β'γ φων / προς
εχειν το αυτο χορ
Papyrus XX[a]. χρυσιου νομισματια
χρ / ν° ϊ ρυπαρα
ειδια μου χειρι

Ce qui, dans bien des cas, motivait la nécessité de pareilles mesures, c'était l'ignorance des lois romaines dans laquelle vivaient la plupart des habitants de l'empire.

Les hommes de loi eux-mêmes ne possédaient guère qu'un petit nombre de textes juridiques et le tableau qu'Ammien Marcellin trace de leur peu de connaissances est effrayant.

Ita sunt rudes non nulli, ut nunquam se codices habuisse meminerint ; et si in circulo doctorum auctoris ueteris inciderit nomen, piscis aut edulii peregrinum esse uocabulum arbitrantur (1).

Cette constatation est également faite par Valentinien : *Notum est in quibusdam regionibus et causidicos et iudices defuisse, hodieque gnaros iuris et legum aut raro aut minime reperiri* (a° 451) (2).

C'est le désir de mettre les textes à la portée de leurs sujets qui incitèrent les empereurs à leurs codifications et ils ont eu le soin de le rappeler.

C'est ainsi que dans la constitution Saepe nostra qui ordonnait la confection de leur code, Théodose et Valentinien ont inscrit :

tam pauci raroque exstiterint, qui plena iuris ciuilis scien-

(1) Ammien Marcellin, XXX, 4.
(2) Novelle 31 § 5.

tia dilarentur, et in tanto lucubrationum tristi pallore, uix unus aut alter receperit soliditatem perfectæ doctrinae (a° 438) (1).

Et Justinien le constate également dans la constitution TANTA relative à sa collation des *iura :*

Mirabile autem aliquid ex his libris emersit, quod multitudo antiqua praesente breuitate paucior inuenitur. homines etenim, qui antea lites agebant, licet multae leges fuerant positae, tamen ex paucis lites perferebant uel propter inopiam librorum quos comparare eis impossibile erat uel propter ipsam inscientiam, et uoluntate iudicum magis quam legitima auctoritate lites dirimebantur (2).

Les empereurs n'ont pas seulement confirmé les dispositions que l'ignorance sans cesse grandissante des sources avait fait oublier, ils ont aussi rejeté des théories juridiques étrangères, qui persistaient en raison même des difficultés que rencontrait la réception du droit romain dans les provinces, ou qui tendaient à s'introduire, par suite des idées nouvelles ou des besoins étrangers aux Romains primitifs.

L'étude de ces dispositions est intéressante pour le romaniste à bien des titres, au premier rang desquels est la connaissance des éléments que le droit romain n'a pu s'assimiler, des idées qui ont pu influer sur son développement, des limites que rencontrait, en fait, son application.

(1) C. SAEPE NOSTRA, pr.
(2) C. TANTA § 17.

En résumé donc, l'objet des études qui s'imposent au romaniste consiste à rechercher l'origine des dispositions dont l'ensemble forme le droit romain : sont également intéressantes pour lui, celles qui confirment les anciens principes romains, à cause de l'élément négatif qu'elles contiennent, et celles qui infirment l'ancien droit, le corrigent et le modifient par l'introduction de théories nouvelles.

On y retrouve l'influence d'une civilisation plus avancée, de rapports plus complexes et d'idées plus récentes.

Nous croyons que se rencontrera ici, parmi les solutions données aux questions de droit, un certain nombre de dispositions juridiques qui sont en contradiction avec le point de vue romain ancien, mais identiques à des dispositions de législations étrangères, et qui ont été prises dans des circonstances telles, que l'idée de l'emprunt ne peut être écartée.

Il y aura lieu de les distinguer soigneusement des dispositions qui, quoique nouvelles, ne sont que le développement logique d'un principe. Cependant, sur le processus même, suivant lequel ce principe s'est développé, l'histoire comparée des droits pourra jeter de la lumière.

V

Ces considérations nous font espérer que les études que nous avons entreprises ne seront pas sans portée pratique. Elles n'ont toutefois chance d'aboutir qu'à la condition d'être poursuivies avec méthode et conscience.

Nous prendrons donc successivement chacune des dispositions du *Corpus*, que nous nous efforcerons de bien poser, c'est-à-dire, dont nous déterminerons la portée.

Chacune d'elles fait partie d'une législation qui lui sert de commentaire.

Le sens exact connu, nous rechercherons les circonstances dans lesquelles la mesure a été prise. Le caractère utilitaire du droit romain est suffisamment établi pour que nous puissions affirmer que les Romains ont presque toujours légiféré à l'occasion de cas spéciaux qui se sont effectivement produits.

D'ailleurs, toute loi est toujours, dans une certaine mesure, quoi qu'on en dise, une loi de circonstance, qui a été édictée lorsque le besoin s'en faisait sentir. Il ne faut donc pas séparer l'étude de la loi, de celle des circonstances qui l'ont fait décider.

En cela consiste la connaissance du milieu, dont M. Taine a montré l'importance. « Les productions de l'es-« prit humain, a-t-il écrit, comme celles de la nature « vivante ne s'expliquent que par leur milieu (1). »

La connaissance du milieu comprend trois éléments : celle de l'époque, celle du lieu, celle des conditions spéciales qui ont pu exercer leur influence sur la disposition. Là s'arrête le rôle de l'observation.

(1) H. Taine, *Philosophie de l'Art.* tome 1er, page 11.

Si nous voulons faire un pas de plus, il faudra comparer cette disposition avec l'usage qui existait avant qu'elle eût été prise, usage qu'elle a transformé en loi.

On aurait tort de croire que, pour déterminer cette coutume, il suffise de s'en rapporter aux anciennes dispositions de la loi romaine. Évidemment, elle en constitue un élément important et peut-être principal. Mais il y en a d'autres.

Le droit romain n'était pas seul applicable, et surtout appliqué, dans l'empire. Les anciens droits continuaient à être en vigueur dans les provinces : ce qui au début fut une tolérance, devint un abus après la Constitution Antonine.

Ensuite, les idées nouvelles, philosophiques ou religieuses, et les besoins économiques nécessitaient souvent l'application de règles juridiques différentes du droit officiel, qui, d'après Justinien, était surtout la coutume de Rome : *Sed et si quae leges in ueteribus libris positae iam in desuetudinem abierunt, nullo modo uobis easdem ponere permittimus, cum haec tantummodo obtinere uolumus, quae uel iudiciorum frequentissimus ordo exercuit uel longa consuetudo huius almae urbis comprobauit, secundum Saluii Iuliani scripturam, quae indicat debere omnes ciuitates consuetudinem Romae sequi, quae caput est orbis terrarum, non ipsam alias ciuitates. Romam autem intelligendum est non solum ueterem, sed etiam regiam nostram, quae deo propitio cum melioribus condita est auguriis* (1).

(1) C. Deo auctore, § 10.

C'est tout cet ensemble d'influences qui a façonné ce qu'on peut appeler la conscience juridique romaine.

La part qui lui revient sera déterminée en recherchant, dans chaque cas particulier, si la disposition nouvelle s'y est ou non conformée.

En outre, connaissant les éléments constitutifs de cette coutume, l'origine des institutions pourra être établie.

Au point de vue de telles recherches, il importe peu qu'elle soit italienne, grecque ou asiatique. Il n'y a point d'influence à démontrer ; par conséquent, point de parti pris à craindre.

Pareille étude peut paraître longue et fastidieuse : elle est nécessaire.

Les sciences naturelles n'ont fait de grands progrès que du jour où l'on a renoncé à formuler des théories hâtives pour se consacrer à des recherches laborieuses et souvent pénibles.

L'hypothèse peut servir à dissimuler une lacune dans une science : la constatation consciencieuse est seule génératrice de connaissances.

Les généralités, les faits l'ont prouvé, offrent d'ailleurs de grands inconvénients dans le domaine qui nous occupe : les données positives sont rares et l'on est naturellement tenté d'étendre à tout le droit ce qui peut n'être qu'une analogie de hasard dans un détail.

La science doit connaître ce qui est, non essayer de deviner ce qui pourrait avoir été.

L'auteur d'un traité de droit étranger est souvent tenté de terminer son livre par une apothéose, dans laquelle « l'aurore du droit oriental vient éclairer la sombre bar« barie de la loi des XII tables ».

Ainsi, d'après M. Lapouge, « les pérégrins vont faire « envier par les Romains leurs législations simples et pra« tiques et le préteur sera excité sans cesse à étendre aux « citoyens le droit des pérégrins (1) » et nous pourrons encore relever, chez M. Revillout, la phrase suivante : « Le droit égyptien, le droit babylonien, le droit grec, « bien supérieurs au droit des Quirites, sont devenus les « principales sources où puisaient les jurisconsultes de la « grande époque » (2).

Pareilles affirmations, quand elles ne sont pas appuyées sur des preuves, sont nécessairement stériles. D'ailleurs elles sortent du domaine scientifique. « La science, disait « M. Taine, ne proscrit ni ne pardonne ; elle constate et « explique (3). » Le rôle éducateur de la science n'y perd rien : la leçon qui se dégage de faits est la plus convaincante.

Nous venons d'indiquer brièvement l'ordre des divers points sur lesquels devront porter nos recherches.

Il nous reste à les reprendre en détail pour en déterminer l'importance, exposer les moyens d'arriver à les élucider, enfin les éclairer d'un exemple.

(1) Lapouge, *Dossier de Buanitun.*

(2) E. Revillout, *La Créance et le Droit commercial.* Première leçon, page 3.

(3) H. Taine, *Philosophie de l'Art*. page 14.

Ainsi, à propos de chaque cas particulier, il faut rechercher les conditions dans lesquelles la disposition a été prise et, pour cela, en préciser l'époque, le lieu et les circonstances particulières.

La fixation exacte de l'époque (1) présente les plus grandes difficultés, quand il s'agit de l'ancien droit romain. Il suffit d'ouvrir n'importe quelle histoire du droit pour se convaincre que la date des anciennes lois et coutumes n'a pas prêté à moins de conjectures et de controverses que l'intelligence du texte même. On peut, par exemple, comparer les différentes opinions relatives à l'ancienneté de la fiducia (2).

Une fois déterminés l'époque, le lieu et les circonstances dans lesquelles une mesure a été prise, il faudra la comparer avec l'usage juridique en ces temps et lieux.

Il est évident pour tous, quelle que soit l'école à laquelle on appartienne, qu'une loi est le produit de la conscience juridique du législateur ; c'est-à-dire, l'expression concrète de l'idée de justice de celui qui la promulgue.

En général, on peut donc dire que la disposition est née d'un état d'esprit dominant à un certain moment. Aussi avons-nous pu constater à plusieurs reprises, et pour différents peuples, le peu de viabilité des mesures

(1) Intéréssant à ce sujet le travail de M. PERNICE, *Geschichte und Quellen*. dans l'*Encyclopädie der Rechtswissenschaft* de M. DE HOLTZENDORFF, I. 5e édition, 1889, pages 95-183.

(2) KARLOWA, *Römische Rechtsgeschichte*, § 560 et suivants.

arbitraires. Si la volonté du législateur n'est pas d'accord avec la conscience juridique de la majorité, celle-ci ne tardera pas à prendre le dessus.

Mais, ici encore, il ne faut pas exagérer, comme l'a fait une théorie qui ne voyait dans le droit officiel d'un pays qu'un produit de sa conscience juridique.

Comme le remarquait fort justement M. Bernhöft, il n'est pas rare qu'un droit soit imposé à un peuple, quoiqu'il lui soit profondément étranger : « so könnte man den-« ken auf die Volksanschauung zurückzugreifen, aber in « anderen Fällen wird dem Volk ein ihm fremdes Recht « octroyirt » (1).

Nous ne parlerons pas ici de l'exemple classique de la réception du droit romain en Allemagne; mais, nous constaterons que le droit romain a rencontré des difficultés analogues pour sa réception dans les provinces. L'étude de cette question (2), déjà entreprise depuis longtemps, ne

(1) F. Bernhöft, *Staat und Recht*. page 29.

(2) L'état actuel des recherches dans ce domaine est exposé dans L. Mitteis, *Reichsrecht und Volksrecht*. Ier Theil. *Die Reception des römischen Rechts in der orientalischen Reichshälfte*. pages 83-105. Parus depuis lors, L. Denisse, *Recherches sur l'Application du Droit romain dans l'Égypte, Province romaine*. dans la *Nouvelle Revue historique de Droit*, XVI, page 673, et XVII, page 21 ; H. Erman, *Eine römisch-ägyptische Vormundschaftsache aus dem Jahre 147/8*. dans la *Zeitschrift der Savigny Stiftung für Rechtsgeschichte, Romanistische Abtheilung*, 1894, page 241. Dans la même revue, Mommsen, *Aegyptischer Erbschaftsprocess vom Jahre* 135. XIV, page 1 ; *Aegyptische Papyri*. XVI, 1895, page 181 ; *Aegyptisches Testament vom Jahre 189 nach Christus*. dans les *Sitzungsberichte der Akademie der Wissenschaften*, Berlin, 1894, page 47 ; R. Dareste, *Un Document juridique égyptien de l'Époque romaine. Revue grecque*, IX, 1896, page 175 ; J. Nicole, *Un partage d'Hoirie en Egypte l'An 350 après Jésus-Christ* (*Actes

laissera pas de nous arrêter quelques instants. Ici même, nous devons nous contenter de l'avoir mentionnée.

Il est toutefois permis, dès maintenant, d'affirmer que le droit appliqué avait d'autres bases que le droit officiel ; celui-ci n'en était qu'une des sources, évidemment la plus importante. Le droit local a cependant continué d'être observé : légalement avant la réforme de Caracalla, et sous forme de coutume après la Constitution Antonine.

Le droit est, en général, conservateur, et l'on trouve des traces d'anciennes législations longtemps après qu'elles ont cessé d'être en vigueur.

C'est que, si notre conscience juridique agit sur la formation d'une loi, la loi à son tour réagit sur la conscience juridique.

C'est pourquoi nous constatons, qu'à Rome également, les différences entre le droit officiel et le droit, tel que le concevaient les pérégrins dans leurs suppliques à l'empereur, doivent parfois leur origine aux anciens droits locaux.

La question du droit appliqué, « Volksrecht », dans la partie orientale de l'empire, fait l'objet du beau livre de M. L. Mitteis, *Reichsrecht und Volksrecht in den östlichen Provinzen des römischen Kaiserreichs.*, paru à Leipzig en 1891. Ce

du Xe congrès des Orientalistes, 1897. Section VI, page 3) ; Schulten, *Ein römischer Kaufvertrag auf Papyrus aus dem Jahre 186 nach Christus.* dans l'*Hermes*, XXXII, 1897, page 273 ; K. Wessely, *Ein griechischer Heiratskontrakt vom Jahre 136 nach Christus.* dans *Xenia Austriaca*, Wien, 1893, I, page 61.

n'est là qu'un premier travail qui fut essentiellement « bahnbrechend ». D'ailleurs l'auteur disait lui-même dans sa préface : « dass hier nicht so wohl das Vollenden, « als vielmehr das Anfangen, schlecht und recht, das « Nöthigste ist. » Le point de vue auquel s'est placé l'auteur est exclusivement hellénique. Son travail doit être complété par les découvertes récentes, pour lesquelles nous renvoyons aux quelques lignes consacrées à la science du droit grec.

Il y aura lieu de compléter également le travail de M. Mitteis au point de vue des droits pérégrins autres que le droit hellénique.

Nous estimons, comme lui, qu'il n'y a pas beaucoup à s'attarder à la partie occidentale de l'empire, sans vouloir, toutefois, en faire complètement abstraction. « Die « Landschaften des Westens sind durchaus williger und « durstiger Boden der Reception ; ihre niedrigere Cultur « hat sie, wie der Historiker weiss, zu einem wieder- « standlosen Object der Romanisirung gemacht, und wie « die Bevolkerung und ihre Sprache hier eine « romanis- « che » geworden ist, ist auch die erste Rechtscultur, die hier « tiefer in den Boden gesenkt wurde, eine römische » (1).

Mais, l'étude des droits orientaux est assez avancée, nous l'avons dit, pour qu'on puisse en rechercher la trace lointaine dans le monde romain.

Ceci nous amènera à examiner le plus considérable des monuments de droit local, le *Livre de Droit syro-romain*.

(1) L. Mitteis, *Reichsrecht und Volksrecht*. page 8.

Au point de vue de l'interprétation de ce livre, M. Bruns, dans le commentaire qui accompagne son excellente édition de ce recueil (1), n'y avait guère vu que du droit romain corrompu.

Ainsi, même en matière de successions, M. Bruns rejette toute influence de droit étranger, en se bornant à remarquer que « das eigentliche Griechenland ja längst, und « namentlich seit Constantin, vollständig das römische « Recht angenommen hätte » (2).

M. Mitteis rattache surtout au droit grec les dispositions qui dérogent au droit romain : « Das syrische Rechts« buch ist in seinen nichtrömischen Bestandtheilen, « deren Zahl und Bedeutung die Annahme von Bruns « jedenfalls weit übersteigt, vorwiegend griechischen « Ursprungs » (3).

C'est lui, qui le premier a eu le mérite de mettre en lumière les différences que les manuscrits plus récents présentent par rapport aux premiers, insistant d'ailleurs surtout sur l'influence du temps que marqueraient les divergences nombreuses que présente la version du VIe siècle opposée à celle du XIIe, qui, unique, a donné nais-

(1) Bruns et Sachau, *Syrisch-romisches Rechsbuch aus dem fünften Jahrhundert*. Leipzig, 1880. Cette édition renommée ne dispense pas de recourir, pour quelques points, à la traduction de J.-J. Land, theologiae doctor. *Leges seculares e sermone romano in Arameum translatae et e codice saeculi sexti ineuntis latine redditae*, dans ses *Anecdota syriaca*. Leyde, 1862, I, pages 43, 128-155, 184-198.

(2) Bruns, *Commentar*. page 315.

(3) Mitteis, *loco citato*, page 30. Les arguments, sur lesquels l'auteur base sa thèse, sont reproduits dans *Beilage* I.

sance aux trois autres manuscrits. Il constate toutefois : « dass in unseren vier Handschriften zeitliche und örtli- « che Variationen des Localrechts jener Gegenden zu « Tage treten » (1).

C'était marquer un progrès sur la critique antérieure. Ainsi M. Sachau écrivait encore : « Der materielle Inhalt « des Buches ist durch alle Versionen, durch alle Jahr- « hunderte hindurch derselbe geblieben. » (2).

Ce qu'on n'a peut-être pas encore fait ressortir, ce sont les divergences d'idées qu'accusent les différentes traductions du livre.

Il y a, sur bien des points, concordance entre les manuscrits syriaques, quoique l'un soit du VIe siècle et l'autre du XIIe, tandis que les traductions arménienne et arabe s'en écartent sensiblement.

Ces divergences de textes doivent donc avoir comme cause des divergences dans les idées juridiques de ces populations et ne peuvent s'expliquer par la seule action du temps.

L'usage juridique, répétons-le, avait comme éléments principaux le droit romain et les anciens droits locaux, dont la persistance, à l'époque romaine, peut être considérée comme établie. Cependant, ces droits autochtones avaient subi l'action du temps et, avant d'entrer en conflit avec le droit des Quirites, s'étaient transformés sous

(1) *Loco citato*, page 547. Le *Beilage* II fait ressortir quelques divergences dans les textes.

(2) SACHAU, *Commentar*. page 164.

l'influence hellénique (1). La domination grecque avait embrassé tout l'Orient, qui fut un empire grec, de même que plus tard il devait être romain.

Le droit s'était hellénisé alors, à peu près, dans les mêmes conditions que celles où il prit un caractère romain avant la Constitution Antonine.

L'étude comparative des contrats montre que sur bien des points du monde oriental, les dispositions grecques s'étaient substituées aux règles nationales.

M. Mitteis donne un bon exposé de la question, qu'il importe toutefois de compléter par les travaux récents, au premier rang desquels il convient de citer ceux de M. K. Wessely (2).

Dans la détermination d'une coutume locale, il faudra, lorsqu'on en viendra à l'élément « droit existant lors de la conquête », examiner la question de la réception du droit grec pour savoir si, dans la région, la question était tranchée par le droit autochtone ou par le droit hellénique.

Cette réception du droit grec en Orient n'est qu'une manifestation d'un phénomène, qui s'est produit maintes fois dans l'antiquité comme de nos jours : la substitution d'un droit, généralement celui du vainqueur, au droit autochtone.

(1) M. Mitteis, *Reichsrecht und Volksrecht.* pages 17-68 ; l'auteur y donne la liste des ouvrages parus antérieurement à 1891.

(2) Notamment parus dans les *Mittheilungen aus der Sammlung der Papyri Erzherzog Rainer* et *Revue égyptologique, passim.*

La question de savoir, si, et à quel point, elle a eu lieu est toujours délicate ; aussi comprend-on aisément, qu'alors que l'histoire nous conserve le souvenir de tant de conquêtes, dès l'antiquité la plus reculée, et que nous savons que les Babyloniens et les Perses, dans leurs vastes empires, avaient soumis à leurs lois la plupart des peuples de l'Asie occidentale, la question de la réception du droit grec seule ait, jusqu'aujourd'hui, été étudiée et d'ailleurs puisse seule l'être d'une façon complète.

Ainsi sont établis deux éléments qui contribuent à former l'usage juridique d'une localité : le droit officiel romain, certainement le plus important des deux, et l'ancien droit, toléré d'abord, appliqué quoique interdit ensuite, et qui peut être autochtone ou lui-même emprunté.

Mais, les idées philosophiques et religieuses, les conditions économiques, dont l'action est si puissante, les événements les plus trivials viennent aussi modifier la conscience juridique d'un peuple et influer sur ses coutumes.

C'est en premier ordre le cas pour les circonstances dont nous avons montré plus haut l'importance et esquissé les indices révélateurs.

A côté de ces événements fortuits, qui font dévier les institutions juridiques, entrent en ligne de compte les nécessités économiques qui n'ont rien d'absolu et qui, changeant avec les temps, obligent les lois à varier pour se conformer aux besoins qu'elles sont appelées à régir.

Les idées philosophiques ont toujours exercé la plus grande influence sur la formation de la conscience juridique d'un peuple. C'est donc en étudiant la philosophie et l'histoire que l'on trouvera la raison d'être, et, par suite, l'explication de la plupart des innovations dans le domaine dont nous nous occupons. « Isolé de la philosophie et « de l'histoire, écrivait M. Giraud, le droit n'est plus que « la froide analyse d'un texte ou d'un précepte, analyse « nécessaire, sans doute, mais insuffisante pour constituer la science qui inspira les jurisconsultes romains « et la mémorable école du XVIe siècle. »

Enfin, les idées religieuses ont toujours agi considérablement sur la législation.

A l'origine même, droit et religion se confondaient, et il est peu de peuples qui n'aient passé par une phase où les pontifes avaient l'administration de la justice.

Plus tard, quand la société se fut affranchie de la tutelle sacerdotale, il arriva souvent qu'une idée religieuse s'implanta dans un pays et vint lui dicter des lois.

Les bases mêmes de la conscience romaine furent renouvelées par le christianisme.

En résumé, l'usage juridique est formé d'éléments multiples dont les principaux sont : tout d'abord le droit officiel ; puis, des facteurs étrangers prenant d'autant plus d'importance qu'on s'éloignait davantage du centre, où le droit appliqué, s'il ne coïncidait pas avec ce droit devait finir par être admis comme tel. A mesure qu'on approchait des frontières, où des sujets de l'empire continuaient à vivre sous leurs anciennes lois, le droit appliqué s'écartait de plus en plus du droit officiel, souvent mal connu ou mal compris, et faisait une plus large part à ces facteurs étrangers.

De ces éléments constitutifs des usages pérégrins, celui dont l'action se fait le plus sentir est l'ancien droit national qui tantôt est autochtone, tantôt déjà emprunté.

L'ancien droit qui continuait à être appliqué, avait subi, tant avant l'incorporation à Rome que sous son empire, l'action du temps : les conditions économiques avaient changé, les idées philosophiques et religieuses avaient pris un nouveau cours, enfin, mille circonstances bien difficiles à définir s'étaient produites et avaient exercé leur influence perturbatrice.

Tels étaient les éléments qui entraient dans la composition des coutumes locales.

C'est ce droit appliqué, si varié, qui formait le milieu dans lequel évoluait la législation que nous voyons tantôt subir son influence, tantôt se défendre contre elle.

Cette législation, le droit romain, conservait cependant son unité et ses caractères propres, qui le rendent si profondément différent des autres droits. Développé par la pratique, disions-nous plus haut, il se prêtait admirablement aux applications journalières. Quand même il s'inspirait d'une idée qui lui était étrangère, il savait lui imprimer son caractère et la rendre applicable.

Connaître la vie du droit romain au milieu de peuples

dont les principes juridiques étaient tout différents, étudier son action sur eux et réciproquement celle qu'ils eurent sur lui, déterminer les domaines où les droits antiques ont substitué leurs règles aux siennes et ceux, bien plus nombreux, où il s'est subsitué à eux et a conservé leur place depuis des siècles, tel est le problème qui se pose aujourd'hui aux romanistes.

DEUXIÈME PARTIE

LE DROIT COMPARÉ ET LA MÉTHODE SCIENTIFIQUE

DEUXIÈME PARTIE

LE DROIT COMPARÉ ET LA MÉTHODE SCIENTIFIQUE

CHAPITRE PREMIER

LA « MASSE » DU DROIT ROMAIN A UNE ÉPOQUE DÉTERMINÉE

Nous avons indiqué, plus haut, la nécessité de faire la masse du droit romain à une époque déterminée, c'est-à-dire de grouper les dispositions juridiques qui ont régi les rapports des Romains à cette phase de leur évolution.

I

Pour pouvoir affirmer que telle formalité, bonne ou mauvaise, caractérise le droit romain, il faut évidemment rechercher si elle constitue un héritage traditionnel ou s'il n'y a pas plutôt là, une empreinte qui y fut imprimée quand sa sphère d'application, étendue au monde connu, en eût fait un droit universel.

L'interdépendance des différentes institutions est, d'ailleurs, telle qu'il est à peine possible de déterminer la portée de l'une d'elles sans connaître l'ensemble de la législation alors appliquée : telle disposition, qui, à l'origine, était générale, a vu sa sphère d'application progressivement restreinte par d'autres dispositions, dont l'objet principal appartenait peut-être à un autre ordre d'idées, mais, dont l'effet n'était pas moins de venir la limiter.

Dans d'autres cas, au contraire, la portée d'une mesure grandissait graduellement par la disparition des barrières sans lesquelles ses auteurs ne l'auraient pas voulu concevoir.

Quelques exemples feront mieux comprendre la portée de ces remarques :

La règle catonienne, nous le savons, n'a, originairement, eu trait qu'aux legs (1).

C'est ce que dit le fragment du Digeste, où la règle est formulée :

Celsvs libro trigesimo quinto digestorum *Catoniana regula sic difinit, quod, si testamenti facti tempore decessisset testator, inutile foret, id legatum quandocumque decesserit, non ualere* (2).

(1) Plus exactement « à certains legs » : l. 2 et 3 *de regula Catoniana.*

(2) L. 1 pr. *de regula Catoniana.*

Mais, on aurait tort de vouloir conclure, de là, qu'elle n'avait pas d'autre application.

En effet, toutes les règles régissant les legs furent étendues aux fidéicommis, quand les codicilles eurent été soumis à des conditions de forme, qui en assurèrent la solennité. — C'est ainsi que nous lisons, en tête des chapitres que les Pandectes y ont consacrés :

VLPIANVS libro sexagesimo septimo ad edictum *Per omnia exaequata sunt legata fideicommissis* (1).

Nous savons donc, par cette formule, qui, dans sa généralité, est de Justinien (2), qu'il faut faire rentrer les fidéicommis dans la sphère d'application des mesures originairement prises pour les seuls legs.

En revanche, l'antique disposition de la loi des XII tables « VTI LEGASSIT SVPER PECVNIA TVTELAVE SVAE REI, ITA IVS ESTO » (3) fut toujours maintenue, mais, bien restreinte dans son application par la suite.

POMPONIVS libro quinto ad Quintum Mucium *Verbis legis duodecim tabularum his* « VTI LEGASSIT SVAE REI, ITA IVS ESTO » *latissima potestas tributa uidetur et heredis instituendi et legata et libertates dandi, tutelas quoque constituendi. Sed id interpretatione coangustatum est uel legum uel auctoritate iura constituentium* (4).

Qu'il me soit permis d'ajouter encore un exemple qui

(1) L. 1 *de legatis.*
(2) *Infra.*
(3) Table V, 3.
(4) L. 120 *de V. S.*

peut contribuer à montrer combien la portée d'une disposition dépend de l'ensemble de la législation dont elle fait partie.

En matière de successions, les conditions illégales ou contraires aux bonnes mœurs tombent, sans vicier les institutions ou les legs mêmes :

MARCIANVS libro quarto institutionum. *Condiciones contra edicta imperatorum aut contra leges aut quae legis uicem optinent scriptae uel quae contra bonos mores uel derisoriae sunt aut huiusmodi quas praetores improbauerunt pro non scriptis habentur et perinde, ac si condicio heredati siue legato adiecta non esset, capitur hereditas legatumue* (1).

Est-il possible d'affirmer, d'une façon plus énergique, à propos d'une question spéciale, l'interdépendance des dispositions légales?

Comment, en effet, savoir, sans faire la masse du droit à une époque déterminée, *quae contra edicta imperatorum aut contra leges aut quae legis uicem optinent* ?

Et ne faut-il pas également connaître l'esprit d'une législation, pour établir la portée de cette règle *condiciones quae contra bonos mores inseruntur remittendae sunt* (2) ?

(1) L. 14 *de condicionibus institutionum.*
(2) PAULVS libro quadragesimo quinto ad edictum l. 9 *eodem titulo.*

II

De ce qu'un groupement de tout le droit d'une période est nécessaire, il ne suit point que pareil travail soit facile : bien au contraire, déterminer à quelle époque une institution a fait son apparition, ou à partir de quel moment elle est tombée en désuétude, présente de sérieuses difficultés.

Tantôt la pénurie des sources nous arrête : ainsi, pour la période qui suit l'époque à peine historique des rois (1), les Romains avaient condensé, dans un code peu étendu, toutes les règles juridiques obligatoires.

En effet, nous savons que les XII tables avaient un caractère assez complet, puisqu'au témoignage des anciens tout le droit y était rassemblé : *ordinata erat in XII tabulis tota iustitia* (2).

Mais, il ne faut pas oublier que ce monument ne nous est parvenu que dans un état bien fragmentaire (3).

Les archéologues n'ont guère retouvé d'inscription juridique remontant à cette époque.

(1) Pour la période royale, voir Fr. Bernhöft, *Staat und Recht der römischen Kaiserzeit im Verhältniss zu verwandten Rechten*. Stuttgart, 1882.

(2) Florus, I, 24.

(3) Des nombreux essais de restitution de la loi des XII Tables le plus scientifique est celui contenu dans les *Fontes* auxquel ont travaillé successivement MM. Dirksen, Schöll, Bruns et Mommsen. — *Fontes iuris Romani antiqui edidit C. G. Bruns, editio sexta cura Mommseni et Gradenwitz.* Freiburgi i/B. et Lipsiae, 1893, page 15 et suivantes. — Voir aussi M. Voigt, *Die XII Tafeln*. 1883.

L'existence d'un droit nous est cependant attestée par le souvenir, que certains auteurs ont gardé, de lois datant de la période royale ; mais, les textes ainsi conservés sont fort incomplets (1).

Ils se rapportent, du reste, à une époque, où la législation même n'était pas consignée par écrit.

ὁ Ρωμύλος νόμους καλοὺς — ἀγράφους μὲν τοὺς πλείστους, ἔστι δ' οὓς καὶ ἐν γράμμασι κειμένους, καταστησάμενος (2).

Le droit néanmoins se fixa par une longue suite de décisions uniformes.

τὰ μὲν — περὶ τὸ θεῖον νομοθετηθέντα ὑπὸ τοῦ Νομᾶ, — τὰ μὲν ἐγγράφοις περιληφθέντα νόμοις, τὰ δ' ἔξω γραφῆς εἰς ἐπιτηδεύσεις, ἀχθέντα καὶ συνασκήσεις χρονίους (3).

C'est surtout dans les matières relatives au droit de famille, et même dans les obligations, que les rois innovèrent, en ne se conformant plus aux anciens usages aryens (4).

τοὺς νόμους τούς τε συναλλακτικοὺς καὶ τοὺς περὶ τῶν ἀδικημάτων ἐπεκύρωσε ταῖς φράτραις (5).

Mais, il n'est pas sans exemple que ces lois nouvelles

(1) Bruns, *Fontes*. page 3 et suivantes.

(2) Denys d'Halicarnasse, II, 24.

(3) Denys d'Halicarnasse, II, 73-74.

(4) Des ouvrages ayant trait au droit de cette période archaïque, citons les ouvrages de M. Leist, *Altarisches ius gentium*. Iena, 1889, et *Altarisches ius civile*. Iena, 1894, puis les livres de M. A. Post, *Ursprung des Rechts*, *Anfänge des Staats-und Rechtslebens*, *Bausteine für eine allgemeine Rechtswissenschaft auf vergleichend-ethnologischer Basis*. condensés dans son *Grundriss der ethnologischen Jurisprudenz*. 1894. Un travail renommé est l'*Early Law* de M. Henry Sumner Maine, Oxford, 1883.

(5) Denys d'Halicarnasse, IV, 13.

furent condamnées par le successeur du prince qui les avait édictées.

Ὁ Ταρκύνιος τοὺς — νόμους τοὺς ὑπὸ Τυλλίου γραφέντας, καθ' οὓς — οὐδὲν ὑπὸ τῶν πατρικίων ὡς πρότερον ἐβλάπτοντο περὶ τὰ συμβόλαια, πάντας ἀνεῖλε· καὶ οὐδὲ τὰς σανίδας, ἐν αἷς ἦσαν γεγραμμένοι, κατέλιπεν, ἀλλὰ καὶ ταύτας καθαιρεθῆναι κελεύσας ἐκ τῆς ἀγορᾶς διέφθειρεν (1).

Le rôle que Denys d'Halicarnasse attribue à Tarquin, en faisant abroger, par ce roi étrusque, les réformes de Servius Tullius, pour en revenir à l'ancien droit, ne confirme guère la thèse de certains auteurs, qui veulent que ce soit à l'Étrurie que Rome a emprunté les éléments de ses lois nouvelles.

L'un d'eux, M. Casati, résumait ainsi cette opinion : « Qu'étaient les Romains à l'égard des Étrusques au « moment de la formation de la grandeur romaine ? Une « troupe de bandits vis-à-vis d'un peuple riche et ci- « vilisé, et si les brigands établis sur les rives sauvages « du Tibre ont tout emprunté à la civilisation étrusque, « ils ne l'avoueront certes pas » (2). Toute réfutation ne paraît-elle pas superflue ?

III

Pour la période des empereurs chrétiens par contre, ce

(1) Denys d'Halicarnasse, IV, 43.

(2) Charles Casati, *Fortis Etruria* (*Première Étude lue devant l'Académie des Inscriptions et Belles-Lettres le 28 octobre 1882*). Paris, 1883, page 6. — L'application de la méthode qui a conduit au jugement cité est faite dans la seconde partie. *Jus antiquum*. Paris, 1894.

groupement constitue un travail à faire, dont nous ne pouvons, vu le cadre de cette étude, donner qu'une esquisse. Ce travail ne pourrait, d'ailleurs, être encore que provisoire. Chaque année, de consciencieuses recherches archéologiques mettent au jour de nouveaux documents, qui viennent peu à peu combler les lacunes que présente le tableau que nous nous sommes efforcé de dresser aussi complet que possible.

Ainsi, dans les dernières années (1), ont été mis au jour l'*edictum Constantini de accusationibus* (2), des testaments (3) et des actes de vente (4) datant de cette époque.

Il se rencontre beaucoup de textes intéressant le droit romain dans les papyrus gréco-égyptiens des musées de Berlin, de Vienne, de Londres et de Paris, maintenant en cours de publication. Ce sont moins de nouveaux textes de loi que des *negotia*, c'est-à-dire des monuments relatifs à l'application du droit, dont ils font comprendre la pratique.

On peut, dès aujourd'hui, prévoir le moment où ces documents auront été trouvés et publiés en quantité suffisante pour illustrer d'exemples la plupart des règles de notre droit.

Pareil rapprochement est éminemment intéressant et instructif : intéressant, en faisant pénétrer dans la vie juridique des Romains, au lieu de restreindre les études à

(1) A. Rivier, *Introduction historique*. § 176, 199, 201 et 205 cite un grand nombre de monuments du droit connus en 1881.

(2) *Ephemeris epigraphica*, VII, page 416.

(3) *Corpus inscriptionum latinarum*, XIV, 312, 2934.

(4) *U. Wilcken*, XIX, page 417.

des discussions de textes abstraits; instructifs, en faisant comprendre le fonctionnement de maint institut, dont la portée, obscure en théorie, apparaît lumineuse dans la pratique.

A la fin de cette étude, nous nous proposons de montrer que pareil rapprochement est conforme à l'exposé d'une question de droit par un jurisconsulte romain : jamais il ne la concevait comme une discussion philosophique, mais, toujours comme l'examen d'une difficulté qui s'était effectivement produite.

Durant la période chrétienne, l'activité juridique s'est manifestée presque exclusivement par les commentaires des Prudents et l'œuvre législative des empereurs, au premier rang desquels figure Justinien.

De ces monuments du droit, la partie la plus intéressante et la plus considérable est celle qui eut une valeur obligatoire : les autres documents n'ont qu'une importance accessoire, et cela seulement dans les cas où ils confirment ou développent un principe juridique établi.

L'œuvre des empereurs chrétiens a été terminée et couronnée par la compilation de Justinien. Quelque large que soit la part faite par elle au droit existant, il convient, tout d'abord, de tracer le schema des innovations par elle introduites.

Les Institutes sont *totius legitimae scientiae prima elementa*.

Le droit qu'elles contiennent est, Justinien le dit expressément, emprunté à d'anciens manuels juridiques, surtout aux Institutes de Gaius, dont elles ont suivi le plan et le cadre.

Quibus breuiter expositum est, et quod antea optinebat et quod postea desuetudine inumbratum ab imperiali remedio illuminatum est. Quas ex omnibus antiquorum institutionibus et praecipue ex commentariis Gaii nostri tam institutionum quam rerum cottidianarum aliisque multis commentariis compositas cum tres praedicti uiri prudentes nobis optulerunt, et legimus et cognouimus et plenissimum nostrarum constitutionum robur eis accomodauimus (2).

Mais, elles ne sont pas une copie servile de ces anciens auteurs : l'étude comparative des textes (3) montre qu'ils furent, dans une large mesure, remaniés et complétés, pour être mis en rapport avec les idées juridiques nouvelles.

Les modifications ainsi apportées aux règles précédentes sont du *ius nouum*, et, constituent un des éléments du droit des empereurs chrétiens.

Les Pandectes sont essentiellement une codification du droit antérieur à Justinien. C'est du moins ce qui ressort des instructions par lui données aux auteurs de ce recueil.

Igitur post libros L digestorum seu pandectarum, in quos omne ius antiquum collatum est... (4).

(1) C. Imperatoriam maiestatem, § 4.
(2) *Eodem loco*, § 5.
(3) Gneist, *Syntagma institutionum*. 1858, 2e édition, 1880.
(4) *Loco citato*, § 4.

sed his L libris totum ius antiquum, per millesimum et quadringentesimum paene annum confusum et a nobis purgatum, quasi quodam muro uallatum nihil extra se habeat (1).

Justinien ordonna de conserver, dans son Digeste, ce qu'il y avait d'essentiel dans les écrits des Prudents auxquels avait été concédé le *ius respondendi* :

Iubemus igitur uobis antiquorum prudentium, quibus auctoritatem conscribendarum interpretendarumque legum sacratissimi principes praebuerunt, libros ad ius Romanum pertinentes et legere et elimare, ut ex his omnis materia colligatur, nulla secundum quod possibile est neque similitudine neque discordia derelicta, sed ex his hoc colligi, quod unum pro omnibus sufficiat (2).

nomenque libris imposuimus digestorum seu pandectarum, quia omnes disputationes et decisiones in se habent legitimas et quod undique fuit collectum, hoc in sinus suos receperunt, in centum quinquaginta paene milia uersuum totum opus consummantes (3).

Deux des auteurs dont les décisions ont été recueillies dans les Pandectes appartiennent à la période chrétienne : Hermogénien et Aristius Charisius, représentés l'un par cent sept, l'autre par six fragments (4).

(1) C. Deo auctore, § 5.
(2) C. Deo auctore, § 4.
(3) C. Tanta, § 1.
(4) Ces fragments sont réunis dans les collections où la matière est groupée par auteurs, comme dans l'ouvrage ancien C. F. Hommel, *Palingenesia librorum iuris ueterum*. Leipzig, 1767-1768 et dans le recueil récent O. Lenel, *Palingenesia iuris ciuilis*. 1889.

Ils trouvent leur place dans la masse du droit à l'époque chrétienne, et si leur rôle n'a pas été important, il ne peut en être fait complètement abstraction. Paraît partant légèrement exagérée l'appréciation de M. Schulin : « Die Weiterentwickelung des Rechts erfolgte aus« schliesslich durch kaiserliche Konstitutionen (1) ».

Ce que les Pandectes contiennent de vraiment neuf, ce sont les modifications apportées aux règles du *ius antiquum* sur l'ordre de Justinien.

Elles peuvent résulter de la simple suppression du contexte, qui précisait et limitait antérieurement sa portée. C'est ce que signifiait l'incise *superuacua similitudine semota* dans la constitution Deo auctore :

Sed et hoc studiosum uobis esse uolumus, ut, si quid in ueteribus non benc positum libris inueniatis uel aliquod superfluum uel minus perfectum, superuacua similitudine semota et quod imperfectum est repleatis et omne opus moderatum et quam pulcherrimum ostendatis (2).

Un exemple bien connu de cette manière de procéder est l'affirmation mise sous la plume d'Ulpien :

Vlpianvs libro sexagesimo septimo ad edictum *Per omnia exaequata sunt legata fideicommissis* (3).

Or, nous savons que cette règle n'a jamais pu être exprimée d'une manière générale par lui (4).

(1) F. Schulin, *Lehrbuch der Geschichte des Römischen Rechtes*. Stuttgart, 1889, page 114.

(2) C. Deo auctore, § 7.

(3) L. 1 *de legatis 1*.

(4) A. Rivier, *Traité élémentaire des Successions à cause de Mort en Droit romain*. Bruxelles, 1878, page 451.

Plus souvent, c'était le texte même qui subissait des remaniements. Les instructions impériales accordaient, en effet, ce droit à la commission.

hoc etiam nihilo minus obseruando, ut, si aliquid in ueteribus legibus uel constitutionibus, quas antiqui in suis libris posuerunt, non recte scriptum inueniatis, et hoc reformetis et ordini moderato tradatis : ut hoc uideatur esse uerum et optimum et quasi ab initio scriptum, quod a uobis electum et ibi positum fuerit, et nemo ex comparatione ueteris uoluminis quasi uitiosam scripturam arguere audeat (1).

Les pouvoirs des compilateurs, à ce point de vue, étaient si étendus, qu'ils portaient expressément *in fine* que ces modifications pouvaient faire dire au texte le contraire de ce qu'il exprimait originairement.

et in tantum uolumus eadem omnia, cum reposita sunt, optinere, ut si aliter fuerant apud ueteres conscripta, in contrarium autem in compositione inueniantur, nullum crimen scripturae imputetur, sed notrae electioni hoc adscribatur.

L'évolution du droit sous les empereurs chrétiens fut profonde : il était entré dans une phase novatrice et quasi-révolutionnaire. Ils avaient introduit une législation nouvelle qui forme le *ius principale :*

Leges nouae a Constantino Caesare coeperunt et reliquis succedentibus (2).

L'activité légiférante de Justinien vint couronner l'œuvre de ses prédécesseurs. Cinquante décisions trans-

(1) C. Deo auctore, § 7.
(2) Isidore, V, 1.

formèrent en lois des opinions douteuses et supprimèrent toutes controverses.

Postea uero, cum uetus ius considerandum recepimus, tam quinquaginta decisiones fecimus quam alias ad commodum propositi operis pertinentes plurimas constitutiones promulgauimus quibus maximus antiquarum rerum articulus emendatus et coartatus est omneque ius antiquum superuacua prolixitate liberum atque enucleatum in nostris institutionibus et digestis reddidimus (1).

La recherche de ces modifications, appelées jadis *emblemata Triboniani*, tribonianismes et aujourd'hui de préférence interpolations, est, de nos jours, fort en faveur.

L'état de la question en 1887 a été exposé dans l'ouvrage de M. O. Gradenwitz, *Interpolationen in den Pandekten*, auquel nous faisons plus d'un emprunt dans les pages suivantes. Depuis lors, de nombreux articles, dus notamment à la plume du même auteur ainsi qu'à celle de M. Eisele, ont consigné les recherches faites dans cette voie depuis cette époque (2).

Multiples sont les procédés au moyen desquels on les découvre.

C'est d'abord le cas où l'on sait positivement que le jurisconsulte n'a pas écrit ce qu'on lui fait dire : ainsi, une interpolation est certaine quand le fragment, inséré

(1) C. Cordi, § 1.

(2) Les ouvrages, où il est question d'interpolations, sont nombreux, presque tous les traités de droit romain ayant à en tenir compte. Anton Faber, dans ses *Rationalia*, s'est beaucoup occupé des tribonianismes. Les articles récents spécialement consacrés à cette recherche ont surtout paru dans la *Zeitschrift der Savigny-Stiftung für Rechtsgeschichte, Romanistiche Abtheilung.*

dans le Digeste, nous est conservé, dans sa forme primitive par un écrit antérieur.

Il paraît établi, par ce moyen, qu'il y a interpolation dans la loi 65 § 16 du Digeste, au titre *pro socio*, dont la provenance nous est connue par l'inscription : PAVLVS *libro trigensimo secundo ad edictum :*

Si unus ex sociis maritus sit et distrahatur societas manente matrimonio, dotem maritus praecipere debet, quia apud eum esse debet qui onera sustinet : quod si iam dissoluto matrimonio societas distrahatur, eadem die recipienda est dos, qua et solui debet.

Le texte de Paul fut retrouvé dans deux papyrus grécoégyptiens d'Angleterre, récemment publiés et restitués ainsi :

on[e]ra sustinet ; quod si iam
di]ssolut[o] matrimonio societas
distrahatu]r, isdem dieb(us) p(rae)
[cipi debet qui]b(us) et solui
debet. [Ita Se]r(uius) et Lab(eo)
scr(ibunt) (1).

L'interpolation a consisté essentiellement dans la substitution de *eadem die recipienda est dos* à *isdem diebus praecipi debet.*

Ce remaniement indique bien une évolution dans le droit.

(1) Ces textes ont été étudiés par MM. V. SCIALOJA, dans les *Rendiconti della Reale Accademia dei Lincei*, 1897, pages 236-240 ; PAUL KRÜGER, dans la *Zeitschrift der Savigny Stiftung*, XVIII, 1897, pages 224-226, dont le point de vue a été reproduit par M. P. COLLINET, dans la *Nouvelle Revue historique de Droit français et étranger*, pages 533-542.

En effet, Justinien avait édicté que l'*exactio dotis* aurait lieu en un jour.

Exactio autem dotis celebretur non annua bima trima die, sed omnimodo intra annum in rebus mobilibus uel se mouentibus uel incorporalibus : ceteris uidelicet rebus quae solo continentur ilico restituendis, quod commune utriusque fuerat actionis (1).

La pluralité des moments de restitution était de règle en droit classique, et voilà à quoi faisait allusion le *isdem diebus quibus et solui debet*, dont le commentaire est donné dans les *Regulae* d'Ulpien :

Dos si pondere numero mensura contineatur, annua bima trima die redditur, nisi si ut praesens reddatur conuenerit. reliquae dotes statim redduntur (2).

Ce changement dans la disposition a entraîné la suppression du renvoi à Servius et à Labéon, qui terminait le texte original de Paul.

Preuves non moins certaines d'interpolation, les divergences de rédaction qu'accusent certaines *leges geminatae*.

Il en est ainsi, par exemple, d'un extrait d'Ulpien *libro secundo de officio consulis* reproduit d'une façon assez complète dans la loi 1 § 2 au titre *de officio consulis* :

Consules apud se seruos suos manumittere posse nulla dubitatio est. sed si euenerit, ut minor uiginti annis consul sit, apud se manumittere non poterit, cum ipse sit, qui ex

(1) C. 1 § 7 a *de rei uxoriae actione.*
(2) *Vlpiani liber singularis regularum.* VI, 8.

senatus consulto consilii causam examinat : apud collegam uero causa probata potest.

Ce même texte est fortement tronqué dans la loi 20 § 4 du Digeste au titre *de manumissis uindicta* :

Consul apud se potest manumittere, etiamsi euenerit, ut minor annis uingenti sit.

Le second groupe des procédés, au moyen desquels se découvrent les interpolations, repose sur la recherche des cas où le jurisconsulte classique n'a pu écrire ce que les Pandectes lui ont attribué.

L'indice révélateur peut alors être une difficulté de fond, quand le texte constitue un anachronisme, comme dans le *per omnia exaequata sunt legata fideicommissis* précité.

Il arrive aussi, qu'une solution de continuité dans les idées oblige d'écarter la possibilité d'un travail fait d'un seul jet. C'est ce qui est arrivé à un fragment de Marcellus *libro septimo digestorum,* dans la loi 59 § 1 *de iure dotium,* comme le montre M. Gradenwitz (1).

Ce peut être également une raison de forme qui fera apparaître que l'auteur n'a pu écrire dans la langue qu'on donne comme sienne; tels des mots et tournures de bas latin, étrangères à l'époque classique. M. Gradenwitz en donne, comme exemples certains, *adimplere, coadunare, satisdationem dare, celebrare* (=*perficere*); probables, *cumulus* et *regressus* ; possibles, *in casu* et *licentiam habere* (2).

Certaines erreurs de forme, qui ne s'expliquent que par

(1) O. Gradenwitz, *Interpolationen in den Pandekten*. pages 23-26.

(2) Pages 45-103. — *Vocabularium iurisprudentiae Romanae*. de MM. Gradenwitz, Kübler et Schulze. en cours de publication depuis 1894.

un changement fait avec négligence, rentrent dans ce groupe d'indices d'interpolations. C'est évidemment le cas du pronom *eam* se rapportant à *pignus*, qui rappelle l'ancienne *fiducia*, dans le fragment de Pomponius *libro tricensimo quinto ad Sabinum* en la loi 8 § 3 *de pigneraticia* :

Si annua bima trima die triginta stipulatus acceperim pignus pactusque sim, ut nisi sua quaque die pecunia soluta esset, uendere eam mihi liceret, placet, antequam omnium pensionum dies ueniret, non posse me pignus uendere, quia eis uerbis omnes pensiones demonstrarentur.

Enfin, l'interpolation peut apparaître de la matière traitée par le jurisconsulte dans la partie de l'ouvrage d'où est tiré le passage, quand il y a eu transport à un nouvel institut, des solutions données pour celui qu'il a remplacé (1).

Le Code renferme 4652 fragments de constitutions d'empereurs païens et chrétiens :

multitudine quidem constitutionum, quae tribus codicibus Gregoriano et Hermogeniano atque Theodosiano continebantur, illarum etiam, quae post eosdem codices a Theodosio diuinae recordationis aliisque post eum retro principibus, a nostra etiam clementia positae sunt, resecanda, uno autem codice sub felici nostri nominis uocabulo componendo, in quem colligi tam memoratorum trium codicum quam novellas post eos positas constitutiones oportet (2).

(1) M. O. Lenel, dans son *Edictum perpetuum* et ses *Palingenesia* met ce fait en lumière.

(2) C. Haec, quae necessario, pr.

De ces constitutions, quinze cents environ, émanées de ces derniers, occupent la première place, celle de *ius principale,* dans le droit édicté pendant la période chrétienne. Nous avons dit ce qu'il faut penser de l'opinion généralement admise, qui veut qu'elles en restaient la seule source qui ne fut pas tarie et qui put continuer à développer le droit.

Dans cette évolution le rôle de Justinien est considérable : ses constitutions, au nombre de quatre cent deux, amenèrent une réforme assez radicale pour l'obliger de substituer, à une codification aujourd'hui perdue, un code nouveau qui est celui que nous possédons.

Sed cum nouellae nostrae tam decisiones quam constitutiones, quae post nostri codicis confectionem latae sunt, extra corpus eiusdem codicis diuagabantur et nostram prouidentiam nostrumque consilium exigere uidebantur, quippe cum earum quaedam ex emersis postea factis aliquam meliore consilio permutationem uel emendationem desiderabant, necessarium nobis uisum est... easdem constitutiones nostras decerpere et in singula discretas capitula ad perfectarum constitutionum soliditatem competentibus supponere titulis et prioribus constitutionibus eas adgregare (1).

Mais, il faut ajouter, comme faisant partie de l'œuvre de Justinien, des fragments qui ne portent pas sa signature : il fit mettre au point les constitutions de ses pré-

(1) C. Cordi, § 2.

décesseurs, surtout celles des empereurs païens, dont beaucoup étaient antiquées.

Quibus specialiter permisimus resecatis tam superuacuis, quantum ad legum soliditatem pertinet, praefationibus quam similibus et contrariis, praeterquam si iuris aliqua diuisione adiuuentur, illis etiam, quae in desuetudinem abierunt, certas et breui sermone conscriptas ex isdem tribus codicibus, nouellis etiam constitutionibus leges componere et congruis subdere titulis, adicientes quidem et detrahentes, immo et mutantes uerba earum, ubi hoc rei commoditas exigebat, colligentes uero in unam sanctionem, quae in uariis constitutionibus dispersa sunt, et sensum earum clariorem efficientes, (1)...

sed et si quae earundem constitutionum detractis uel additis uel permutatis certis uerbis, quod et ipsum praefatis excellentissimis uiris specialiter permisimus, compositae sunt, nulli concedimus ex libris ueteris iuris interpretatorum aliter eas habentes recitare, (2)...

Ces modifications font, elles aussi, partie de la législation de la période chrétienne.

L'étude de ces interpolations n'a pas été poussée avec la même vigueur que celle des tribonianismes des Pandectes. Dans de nombreux cas pourtant, ils sont constants, grâce surtout à la comparaison des textes reçus dans le *Corpus iuris* avec ceux du code théodosien, dont ils ont été extraits (3).

(1) C. Haec, qvae necessario, § 2.
(2) C. Svmma reipvblicae, § 3.
(3) Pratiquement l'édition du Code de M. Krüger établit un grand nombre

Parmi les multiples exemples qui sont à notre disposition nous n'examinerons que la première phrase d'une constitution d'Arcadius et Honorius, adressée à Eutychianus pp., qui se rattache à une matière étudiée, dans la suite, en détail. Le passage où se trouve une interpolation est conçu :

Si quis incesti uetitique coniugii sese nuptiis funestauit, proprias quamdiu uixerit teneat facultates, sed neque uxorem neque filios ex ea editos habere credatur (1).

Ce fragment, car le texte, tel que nous l'a conservé le code théodosien, est beaucoup plus complet, ne commençait pas la constitution. Mais nous ne reproduirons que la phrase corrélative :

si quis incestis (posthac) consobrinae suae uel sororis aut fratris filiae uxorisue uel eius postremo cuius uetitum damnatumque coniugium est, sese nuptiis funestarit, (designato quidem lege supplicio, hoc est ignium et proscriptionis), careat, proprias etiam, quamdiu uixerit, teneat facultates : sed neque uxorem neque filios ex ea editos habere credatur, (2)...

Le seul remaniement à considérer ici, est la suppression des mots *consobrinae suae uel sororis aut fratris filiae uxorisue*, qui venaient compléter et préciser le terme *incestis*.

Cette modification fut nécessitée par l'abrogation, en

d'interpolations en renvoyant aux passages correspondants du code théodosien. Citons encore un articlede M. O. Gradenwitz dans le *Bullettino dell' istituto di diritto Romano,* II, 1889, pages 3-15.

(1) C. 6 *de incestis.*

(2) C. 3 pr. C. Th. *de incestis nuptiis.* (III, 12) reproduit dans la suite intégralement.

405, par ces mêmes empereurs, d'une interdiction, conçue dans un esprit de réforme, introduite par Constantin et encore maintenue dans leur acte de 396.

Celebrandis inter consobrinos matrimoniis licentia huius legis salubritate indulta est, (1).....

Il faut rapprocher des constitutions insérées dans le Code celles qui nous sont parvenues par une voie autre que ce recueil.

Elles peuvent si peu servir à interpréter le droit romain dans son dernier état que Justinien en interdisait la lecture.

Repetita itaque iussione nemini in posterum concedimus uel ex decisionibus nostris uel ex aliis constitutionibus, quas antea fecimus, uel ex prima Iustiniani codicis editione aliquid recitare : sed quod in praesenti purgato et renouato codice nostro scriptum inueniatur, hoc tantummodo in omnibus rebus et iudiciis et obtineat et recitetur (2).

Mais, elles sont instructives en ce qu'elles montrent les tâtonnements et les hésitations d'un droit qui évolue.

Les principales collections de ces constitutions sont le *Code Théodosien,* recueil officiel de ces actes, allant de Constantin à 438, et les *Novelles Théodosiennes* et *Post-Théodosiennes* jusqu'en 476. L'une et l'autre ne subsistent plus qu'à l'état fragmentaire (3).

(1) C. 19 *de nuptiis.*
(2) C. Cordi, § 5.
(3) M. Haenel dans son *Corpus iuris de Bonn.* 1842 et 1844 a réuni les

Des écrits et des inscriptions nous ont conservé quelques *leges* de la période chrétienne, notamment sept rescrits de Valentinien et de Valens ajoutés au code Hermogénien (1); une dizaine émanant de Constantin insérés, avec une constitution de Valentinien, Valens et Gratien, dans les *Fragmenta Vaticana* (2) postérieurement à leur publication; ensuite celles du *Livre de Droit syro-romain* (3), celles dites de Sirmond (4) au nombre de dix-huit (vingt-un); enfin l'édit de Constantin *de accusationibus* (5), celui de Julien relatif aux juges pédanées (6) et l'édit *de consiliis Arelatensibus* (7).

Enfin, pour compléter notre esquisse du droit sous les empereurs chrétiens il faut mentionner les *negotia*, qui sont le droit appliqué et les écrits juridiques (8) des auteurs de cette période.

fragments de ces deux recueils. Cette édition doit être complétée par les *Codicis Theodosiani fragmenta Taurinensia* édités par M. Krüger. 1880.

(1) *Codices Gregorianus et Hermogenianus* édités par M. Paul Krüger dans la *Collectio librorum iuris anteiustiniani*. Berlin, 1890.

(2) *Fragmenta Vaticana* recognition de M. Th. Mommsen, dans la *Collectio*.

(3) Bruns et Sachau, *Syrischrömisches Rechtsbuch aus dem fünften Jahrhundert*. Leipzig, 1880.

(4) Dans le *Corpus iuris de Bonn*.

(5) Bruns, *Fontes*. page 249.

(6) Philippi, *Bullettino dell' istituto*, 1852.

(7) Wenck, *Codicis Theodosiani libri V priores*, Appendice III.

(8) Ce sont notamment la *Mosaïcarum et Romanarum legum collatio* (recognouit Th. Mommsen), la *Consultatio ueteris cuiusdam iurisconsulti* et les *Scholia Sinaïtica* (edidit P. Krüger dans la *Collectio*.), les *Sommaires du Vatican*, les *Hygini Gromatici libellus constitutionum* (Bruns, *Fontes*. II, page 89) et les autres recueils cités dans A. Rivier, *Introduction historique*. § 201.

Nous avons une foule de *negotia* (1), dont le nombre croit sans cesse, qui illustrent la plupart des règles de droit et nous font connaître la forme matérielle des actes. Les papyrus grecs, trouvés notamment en Égypte, nous ont conservé maint contrats rédigés sous l'empire de la loi romaine.

En dehors des fragments du Digeste, il ne nous est guère rien resté de la littérature juridique de l'époque.

Les témoignages des écrivains contemporains sont assez riches en données relatives au droit : il convient de citer en premier rang, à ce point de vue, les historiens, et tout particulièrement, les *scriptores historiae Augustae* et Ammien Marcellin ; ensuite, les érudits Boèce et Cassiodore, l'épistolographe Symmaque, le Père de l'Église Sidoine Apollinaire, et enfin un scholiaste, le Pseudo-Asconius. L'œuvre d'Isidore de Séville, bien qu'appartenant à une époque postérieure, contient des renseignements intéressants.

En résumé, les diverses manifestations de l'activité légiférante de l'époque chrétienne se réduisent : dans les Institutes, à des modifications apportées et à des controverses tranchées ; dans les Pandectes, à cent treize textes de jurisconsultes de la période et à des interpolations. L'esprit novateur ne se manifeste guère que dans les constitutions, dont, abstraction faite des tribonianismes,

(1) Krüger, *Quellen*. § 39. — Bruns, *Fontes*. I page 260 et suivantes. — Remarquons surtout Gaetano Marini, *Papyri diplomatici*. 1805.

environ quinze cents, émanant d'empereurs chrétiens, ont été recueillies dans le Code et dont un nombre assez considérable nous est parvenu par d'autres canaux. Tous ces textes dogmatiques sont illustrés par de nombreux exemples, tirés de *negotia* et d'ouvrages, juridiques ou non.

Cet ensemble de dispositions n'était pas isolé : il consacrait, complétait ou modifiait l'ancien droit, le *ius antiquum*, les *ueterae leges*, dont l'importance restait néanmoins prépondérante. Il suffit, pour s'en convaincre, de songer aux quinze cent mille *uersus* du Digeste et aux quatre mille six cent cinquante-deux constitutions du code :

nomenque libris imposuimus digestorum seu pandectarum, quia omnes disputationes et decisiones in se habent legitimas et quod undique fuit collectum, hoc in sinus suos receperunt, in centum quinquaginta paene milia uersuum totum opus consummantes (1).

IV

En cherchant à établir que le droit romain a conservé certains caractères à travers toutes les phases de son évolution et, malgré toutes les modifications qu'il a subies, à le montrer toujours logique, conservant le sentiment des nuances, pratique, utilitaire et conservateur, restant public et égalitaire, enfin sachant tenir

(1) C. Tanta, § 1.

compte des exigences de la religion et de la morale, sans méconnaître la distinction qui les sépare, on pourrait peut être s'exposer à s'entendre reprocher à juste titre de faire de la métaphysique.

Nécessairement ces qualités paraîtront philosophiques tant que l'étude comparative des instituts, pris individuellement, dans les différentes législations de l'antiquité, n'aura pas mis en lumière ce qui leur est propre, comme aussi ce qui leur est commun. Elle seule montrera comment chaque peuple a réglé, d'une façon originale, conforme à sa nature et à ses traditions, des rapports que nous trouvons régis dans tous les droits, parce qu'ils répondent à ses besoins communs.

Il est impossible de concevoir une civilisation assez avancée, sans acquisition de choses nécessaires par dation en échange de propres moins utiles ; sans abandon temporaire de jouissance, ou gratuit comme le précaire et certains prêts, ou rémunéré, comme dans la location et le prêt à intérêt; en un mot, sans certains droits et obligations.

Ces instituts sont communs, non pas à tous les hommes, (car pour qui cherche un droit commun à tous les hommes, il est vrai de dire *ius naturale est, quod natura omnia animalia docuit*) (1) mais, à tous les peuples qui ont un certain degré de culture, par conséquent nécessaires et de droit naturel avec cette restriction.

(1) Pr. *de iure naturali et gentium et ciuili.*

Ce qui fait la valeur relative d'une loi, c'est la forme dont elle les a revêtus, les règles juridiques qu'elle leur a données. La meilleure est celle qui les a faits les plus adéquats aux besoins du milieu qu'elle régit.

Faiblesse donc des instituts empruntés *ne varietur* à l'étranger, produits d'un autre milieu, auquel seul ils conviennent.

Capacité juridique, au contraire, des peuples qui savent concilier leur législation et le droit des populations qu'elles annexent.

Rechercher les modifications apportées aux institutions nationales ou empruntées pour les mieux adapter au milieu, à mesure que celui-ci se transforme, c'est faire l'étude du progrès dans le domaine juridique.

Ne peut-on pas, en effet, définir le progrès, une meilleure adaptation?

C'est donc par des travaux portant sur les dispositions prises individuellement, que l'on montrera la valeur intrinsèque des qualités des différentes législations. Ainsi seulement, on parviendra, avec certitude, à savoir si, et jusqu'à quel point, elles existent réellement.

CHAPITRE II

LA DÉTERMINATION D'UNE DISPOSITION

Dans la première partie de ce travail nous avons examiné quel doit être, en présence des découvertes récentes, l'objet des recherches qui s'imposent aujourd'hui.

Nous avons vu également quelle est la méthode scientifique et les différentes opérations qu'elle comprend : observation, comparaison, coordination.

Ensuite, l'énumération, succinte il est vrai, des contingents nouveaux fournis au droit a montré que la pénurie des sources, dont les romanistes pouvaient, à juste titre, faire état pour ne pas sortir de l'étude de leur discipline, n'existe plus désormais; que, bien au contraire, la multitude des matériaux mis à leur disposition est telle que l'espoir de ceux, qui croient qu'un travail comparatif mènera à une connaissance plus intime de loi romaine, paraît parfaitement fondé.

Enfin, le commencement de la seconde partie, où est faite

la masse des dispositions nouvelles d'une période, a établi que le droit n'a jamais cessé de se développer à Rome, même après que Rome eut été perdue pour l'empire.

Ce deuxième chapitre est consacré à montrer comment, et à quel point de vue, il convient d'observer notre droit, c'est-à-dire, à déterminer les conditions extrinsèques de l'existence des différentes dispositions qui le composent.

Ces conditions, qui sont l'époque, le lieu et les circonstances spéciales dans lesquelles une disposition est née, sont des éléments essentiels pour déterminer sa provenance.

En effet, une fois connues, la mesure peut être comparée au droit qui était appliqué au moment où elle a été prise et dans le milieu qui a agi sur elle.

Tantôt elle codifiera cette coutume, tantôt elle s'en écartera. Si elle est conforme à la pratique juridique, c'est sur cette dernière que porteront les recherches. Si elle la rejette, ce sont les circonstances, les idées nouvelles qu'il faut étudier.

Mais, dans l'un comme dans l'autre cas, ce qu'il importe d'étudier c'est l'époque, le lieu, les circonstances où une règle de droit a été formulée.

Une seconde série de recherches portera sur le droit antérieur, qui, dans la pratique, s'écartait notablement de celui que nous ont conservé les recueils officiels.

Enfin, nous verrons quelles sont les conditions nouvelles, qui peuvent avoir provoqué des modifications dans l'ancienne législation.

I

La question de savoir comment déterminer l'époque exacte, dont date une disposition donnée, peut être fort épineuse.

Il faut, assez généralement, conclure à l'impossibilité d'établir actuellement le moment précis où ont pris naissance les fragments de droit, antérieurs à l'empire, qui nous sont parvenus.

Il n'est guère de mesure législative dont la *praescriptio* ait été conservée : ainsi, le principal élément intrinsèque pour connaître la date nous fait défaut : en effet, c'était là que pouvaient être indiqués les noms des consuls, qui étaient les magistrats éponymes romains.

Nous trouvons mentionné chez Suétone un ancien senatusconsulte, relatif aux philosophes et aux rhéteurs, dont la date a ainsi été conservée :

C. Fannio Strabone, M. Valerio Messala cos.

M. Pomponius praetor senatum consuluit.

Quod uerba facta sunt de philosophis et de rhetoribus, de ea re ita censuerunt : ut M. Pomponius praetor animaduerteret curaretque, uti ei e republica fideque sua uideretur, uti Romae ne essent (1).

Mais, il suffit quelquefois du nom d'un consul, indiqué comme ayant rogé la loi, pour en connaître la date.

Dans la *praescriptio* de la loi Quinctia nous lisons :

(1) SUÉTONE, *de claris rhetoribus*. chapitre I.

T. Quinctius Crispinus cos. populum iure rogauit populusque iure sciuit in foro pro rostris aedis diui Iulii a. d. pr...... Iulias. Tribui Sergiae principium fuit, pro tribu Sex... L. f. Virro (1).

C'est la seule loi romaine qui nous soit parvenue entière avec sa *praescriptio* complète (2).

L'indication des consuls, d'un seul consul même, constitue un élément précieux pour connaître l'année d'une disposition légale (3). En effet, les Fastes consulaires permettent en général d'établir la concordance entre la chronologie romaine et la nôtre.

D'ailleurs, remarquons dès maintenant que les noms des magistrats qui ont proposé une loi peuvent souvent servir d'élément pour en déterminer l'époque.

Mais, on a, dans bien des cas, conclu trop légèrement, de ce que le nom d'une loi (4) ou d'un magistrat se retrouvait dans les textes, à l'identité de la personne du *rogator* avec celle d'un préteur ou d'un tribun connus, et l'on est arrivé à donner ainsi comme certaines des dates, qui n'ont qu'un caractère bien hypothétique.

En effet, nos listes de préteurs et de tribuns sont bien incomplètes pour les périodes où nous n'avons pas l'œuvre de Tite-Live, et, il suffit que dans les décades conservées

(1) Frontin, *de aquaeductibus urbis Romae*. Commentarius, chapitre 127.

(2) Bruns, *Fontes*. I page 115, 22.

(3) Sur la chronologie romaine, Mommsen, *Die römische Chronologie bis auf Caesar*. 2e édition, Berlin, 1859.

(4) P. Krüger, *Geschichte der Quellen des römischen Rechts*; O. Karlowa, *Römische Rechtsgeschichte*. 1, et Mommsen, *Römisches Staatsrecht*. VI, 1.

de cet auteur on trouve un nom de magistrat qui corresponde à celui de la loi, pour que d'aucuns veuillent conclure de là que la loi a été rogée par le tribun ou le préteur ainsi connu et qu'elle appartient à son époque.

M. Girard remarquait avec raison, au sujet de la détermination arbitraire d'une loi, basée sur une simple similitude de noms, alors que rien n'autorise à croire qu'il s'agit plutôt d'un des magistrats connus que d'un de ceux dont le souvenir est perdu, qu' « en outre le procédé « conduit à des résultats d'autant plus faux que le hasard « de notre tradition, notamment de la transmission de « l'œuvre de Tite-Live, nous fait être surtout renseignés, « en dehors des derniers temps de la République, sur la « période à laquelle s'arrêtent les manuscrits de Tite-« Live, qui, après une lacune s'étendant de l'an 461 à « l'an 536 de Rome, finissent en l'an 587. Par suite les « choix ont surtout été faits dans la période pour laquelle « nous l'avons, dans le IVe, le Ve et VIe siècles, alors que « les lois dont la date est certaine se placent presque « toutes entre le milieu du VIe siècle et du VIIe, qu'il y en « a seulement deux ou trois auparavant, qu'en bonne « logique ce serait donc là qu'on devrait placer la plu-« part (1) ».

Le nom seul est donc bien rarement une donnée certaine relative à la date, quand il s'agit de préteurs et de tribuns.

(1) P.-Fr. Girard, *Manuel élémentaire de Droit romain*. page 35 en note.

Mais, d'autres éléments intrinsèques peuvent contribuer à résoudre la question de l'ancienneté d'une disposition.

Il arrive que, soit des personnes, soit des événements, dont la place chronologique a été déterminée, soient mentionnés. Il y aura là un renseignement précieux pour qui sait se garder du danger d'opérer ici encore des rapprochements arbitraires.

Ainsi, dans la *lex coloniae Genetiuae Iuliae siue Vrsonensis* nous savons qu'il s'agit du moment de la fondation de la colonie :

Quos pontifices quosque argures G. Caesar, quiue iussu eius colon(iam) deduxerit, fecerit ex colon(ia) Genet(iua), ei pontifices eique augures c(oloniae) G(enetiuae) I(uliae) sunto, eiq(ue) ponti(fi)ces auguresque in pontificum augurum conlegio in ea colon(ia) sunto, ita uti qui optima lege optumo iure in quaque colon(ia) pontif(ices) augures sunt erunt (1).

Il suffit donc qu'on sache quand la colonie Genetiua Iulia a été fondée par César, pour savoir à quelle époque cette loi a été donnée (2).

La chute d'Ursao (3) date de la guerre contre Cn. Pompée, le fils, c'est-à-dire de la troisième dictature de César (4) et de l'année 709.

La mort de César arriva en l'an 710.

(1) *Lex coloniae Genetiuae Iuliae siue Vrsonensis*, chapitre LXVI dans Bruns, *Fontes*. I, 123.

(2) Au chapitre LXVII il est dit, en effet, *post h(anc) l(egem) datam*.

(3) César, *de bello Hispaniensi commentarii*. chapitres 22, 26, 28, 41, 42.

(4) *Eodem loco*, chapitre 2.

C'est entre ces deux termes que se place notre loi.

L'intérêt d'une pareille loi coloniaire, au point de vue du droit romain est bien exprimé par M. Mommsen quand il écrit : « Leges coloniarum et municipiorum quae su-« persunt hoc capite proponunter coniunctae propter « argumenti similitudinem. Sunt autem fere ex eo genere « legum, quod prope accedit ad edictum praetoris (*cf.* « *Staatsrecht 2³,609)* ; quales fuerunt Campanis ciuibus « Romanis factis leges datae a L. Furio praetore a. 436 « (*Liv. 9,20,5*) (1) ».

La nature même de la disposition peut contribuer à fournir les éléments nécessaires pour la solution du problème de l'époque à laquelle il faut rattacher une mesure. Rarement, il est vrai, sera-t-il possible de fixer ainsi l'année où elle a été prise ; mais, on pourra, du moins, fixer une période dans laquelle elle apparaît, avant laquelle elle n'a pu naître, après laquelle elle est donnée comme déjà existante.

M. Girard, qui se montre d'une rare prudence dans l'indication des dates des lois républicaines, expose, en quelques mots, la méthode qu'il a suivie, en disant que « scien-« tifiquement la date d'une loi, quand elle ne nous est « pas rapportée par des témoignages directs, doit-être « déterminée approximativement par l'établissement des « termes extrêmes, en dégageant du fond des institutions

(1) Th. Mommsen dans le Bruns, *Fontes*. 1, 122.

« le moment où elle ne peut pas encore exister et celui « où elle existe déjà nécessairement (1) ».

Il en a prouvé le fondement au sujet de la loi Aebutia (2) : « La procédure nouvelle existe nécessairement « en l'an 627 ou 628 dans lequel Cicéron, De or., 1,36,166 « atteste le droit du magistrat de *denegare legis actionem* ».

Mais dans le passage indiqué il n'est probablement pas question de la procédure formulaire. Tout au moins il n'est rien dit de pareil.

Cicéron, narrant une anecdote, expose un procès engagé devant le préteur M. Crassus, où les deux avocats, par leur ignorance du droit, compromettaient les intérêts de leur clients respectifs, l'un en se rendant coupable de *pluris petitio,* l'autre en s'efforçant d'empêcher qu'on accordât au premier ce qui lui eut fait perdre son procès.

Nos deux plaideurs sont devant le préteur *lege agendo* ; il s'agit de l'*actio rationibus distrahendis, sacramenti actio.*

Le préteur ne pouvait pas refuser l'action, puisqu'elle était légitime ; mais, il n'empêche qu'il y avait quelque chose à obtenir de lui : c'était la nomination d'un juge (3).

(1) P.-Fr. Girard, dans la *Revue internationale de l'Enseignement,* 1890, page 623 et suivantes.

(2) P.-Fr. Girard, dans la *Zeitschrift der Savigny-Stiftung für Rechtsgeschichte, Romanistiche Abtheilung,* XIV, 1893, pages 11-54.

(3) Tandis qu'à l'origine le magistrat jugeait lui-même, dans la suite cette fonction fut dévolue à un juge par Servius Tullius comme le dit Denys d'Halicarnasse, *Antiquités romaines.* IV, 25 : ἐκεῖνος διελὼν ἀπὸ τῶν, ἰδιωτικῶν (ἐγκλημάτων) τὰ δημόσια, τῶν μὲν εἰς τὸ κοινὸν φερόντων ἀδικημάτων αὐτὸς ἐποιεῖτο τὰς διαγνώσεις, τῶν δὲ ἰδιωτικῶν ἰδιώτας ἔταξεν εἶναι δικαστάς, ὅρους και κανόνας αὐτοῖς τάξαις, ὅυς αὐτὸς ἔγραψε νόμους.

Cicéron confirme l'existence dans les mains du roi du droit de juger lui-

C'est ce juge que l'avocat du pupille demandait quoique celui-ci eût du le débouter dans une action où il réclamait trop, et Cicéron pouvait donc dire de lui que « *a M. Crasso praetore contenderet, ut ei, quem defendebat, causa cadere liceret* » puisque *plus, lege agendo, petebat, quam quantum lex in XII Tabulis permiserat* ; *quod quum impetrasset, causa caderet.*

Ce que l'avocat du défendeur, du tuteur malhonnête, faisait, en s'opposant à la nomination de ce juge, c'était empêcher que le demandeur fût débouté « *recusaret, ne aduersarius causa caderet* ».

Voici d'ailleurs le texte entier qui, à notre avis, peut donc être étranger à la question de la loi Aebutia.

Potes igitur, inquit Crassus (ut alia omittam, innumerabilia et immensa, et ad ipsum tuum ius ciuile ueniam), oratores putare eos, quos multas horas exspectauit, quum in campum properaret, et ridens et stomachans, Scaeuola, quum Hypsaeus maxima uoce, plurimis uerbis, a M. Crasso praetore contenderet, ut ei, quem defendebat, causa cadere liceret: Cn. autem Octauius, homo consularis, non minus longa oratione recusaret, ne aduersarius causa caderet, ac ne is, pro quo ipse diceret, turpi tutelae iudicio, atque omni molestia, stultitia aducrsarii, liberaretur? — Ego uero istos, inquit (memini enim mihi narrare Mucium), non modo oratoris nomine, sed ne foro quidem dignos putarim. — Atqui non defuit illis patronis, inquit Crassus, eloquentia, neque dicendi

même dans son *de re publica*. V, 2 *Nec uero quisquam priuatus erat disceptator, aut arbiter litis; sed omnia conficiebantur iudiciis regis.*

ratio aut copia, sed iuris ciuilis prudentia : quod alter plus, lege agendo, petebat, quam quantum lex in XII Tabulis permiserat ; quod quum impetrasset, causa caderet : alter iniquum putabat plus secum agi, quam quod erat in actione, neque intelligebat, si ita esset actum, litem aduersarium perditurum (1).

Qu'il soit permis de remarquer, entre parenthèses, au sujet de la *legis actio sacramento* (2), que nous nous trouvons devant un de ces nombreux cas qui rappellent un état de civilisation par lequel, le droit comparé le montre, tous les peuples ont passé : c'est la phase dans laquelle le pouvoir se considère complètement étranger aux arrangements entre particuliers, et, où ceux-ci doivent l'intéresser personnellement pour obtenir qu'il soit fait justice : à cette fin, les contractants stipulaient, en Égypte,

(1) CICÉRON, *de oratore*. I, 36.

(2) Le chapitre 16 du livre IV de Gaius fournit un exemple intéressant d'une addition malheureuse de ses éditeurs qui, à l'endroit où elle se trouve, n'a pas de sens, mais, qui a été très généralement conservée par les auteurs qui citent Gaius. Au § 14 nous lisons : *Poena autem sacramenti aut quingenaria erat aut quinquagenaria. nam de rebus mille aeris plurisue quingentis assibus, de minoris uero quinquaginta assibus sacramento contendebatur ; nam ita lege XII tabularum cautum erat.* « *at* » *si de libertate hominis controuersia erat, etiamsi pretiosissimus homo esset, tamen ut L assibus sacramento contenderetur, eadem lege cautum est fauore scilicet libertatis, ne onerantur adsertores.* Au § 16 Gaius explique une action réelle, et donne comme exemple la revendication d'un esclave : *ipsam rem adprehendebat, ueluti hominem et ita dicebat* : HVNC EGO HOMINEM EX IVRE QVIRITIVM MEVM ESSE AIO SECVNDVM SVAM CAVSAM. SICVT DIXI, ECCE TIBI, VINDICTAM IMPOSVI .... ; *deinde qui prior uindicauerat, dicebat* QVANDO TV INIVRIA VINDICAVISTI, D AERIS SACRAMENTO TE PROVOCO ; *aduersarius quoque dicebat similiter* ET EGO TE ; *scilicet L asses nominabant*... Mais *exempli causa* l'éditeur ne crut-il pas devoir intercaler ainsi *scilicet* « si de re M aeris plurisue agebatur, D, si de re minoris, » *L asses nominabant* ce qui est un non-sens dans le § 16 et contraire au § 14 qui dit que dans toute vindication d'esclave le sacramentum est de L as.

des amendes au profit des temples et de l'État, de même, qu'à Rome, ils déposaient le *sacramentum ad pontem* (1) au profit de l'État.

L'intervention du pouvoir dans les cas de *sacramentum*, alors qu'il ne s'occupait pas des questions de propriété ni d'obligation, se basait, en droit, sur le consentement des parties, et était assurée par l'intérêt qu'il avait dans l'amende (2). Mais l'idée de l'État s'immixant dans les rapports purement privés n'entra jamais pleinement dans

(1) VARRON, *de lingua Latina.* V, 180 qui s'explique, soit par la correction *ad pontificem*, soit par le caractère sacré du pont Sublicius (MOMMSEN, *Staatsrecht.* III, page 78 note 3).

(2) Cette explication s'écarte de celle développée par MM. DANZ, *Der sacrale Schutz.* 1857, pages 151-221 ; et O. KARLOWA, *Der Civilprocess zur Zeit der Legisactionen.* 1872, pages 14-33 assez généralement admise en Allemagne et adoptée en France par MM. É. CUQ, *Les Institutions juridiques des Romains.* I, page 409, note 1 ; et P.-Fr. GIRARD, *Manuel élementaire du Droit romain.* pages 956-957.

Cependant elle n'est rien moins qu'hypothétique. Elle admet que « le *sacramentum* consistait probablement à l'origine en un serment, prêté par « chaque partie, de son bon droit, qui amenait le roi, à la fois à la tête des « affaires civiles et religieuses, à vérifier qui avait raison pour savoir qui « devait l'amende de son parjure. C'est un expédient inventé par l'ingéniosité « privée pour forcer le roi, chef civil et religieux, à statuer sur les litiges « privés sous couleur de délit religieux ».

Cette explication a ceci de caduque que rien n'autorise à admettre qu'il y ait jamais eu de serment ; par conséquent, c'est une supposition gratuite que de vouloir parler de parjure et de délit religieux.

Le *sacramentum* est l'argent consacré à être perdu par celui dont les affirmations sont reconnues erronées. L'État y a droit en suite de la convention judiciaire et intervient parce qu'il y a intérêt et y est invité. Cette thèse est d'ailleurs conforme à nos textes. VARRON, *de lingua Latina.* V, 180 : *Ea pecunia, quae in iudicium uenit in litibus, sacramentum a sacro* ; FESTUS : *Sacramentum aes significat, quod poenae nomine penditur, siue eo quis interrogatur, siue contenditur* ; GAIUS, IV, 13. *qui uictus erat, summa sacramenti praestabat poenae nomine, eaque in publicum cedebat praedesque eo nomine praetori dabantur.*

l'esprit romain : basée sur le consentement à l'époque des *legis actiones*, elle le fut encore dans la *litis contestatio* quand le régime formulaire se fut établi (1). Nous voyons aussi dans un passage de Cicéron une trace de cette soumission volontaire au jugement des rois :

Nihil esse tam regale quam explanationem aequitatis, in qua iuris erat interpretatio, quod ius priuati petere solebant a regibus (2).

Ce qu'il y a de bien romain dans l'institut du contrat judiciaire, c'est la fidélité à respecter cette règle essentielle des conventions à Rome qui, considérant l'obligation comme un lien de droit entre deux personnes déterminées n'admettait pas qu'on stipulât pour autrui. C'est pourquoi fut toujours vaine la clause dispensant de la *litis contestatio*, c'est-à-dire créant le droit d'intervention de l'État, ainsi que les stipulations au profit du fisc (3).

Subsidiairement, la date de 631 est proposée, par M. Girard comme un terme où, d'après les témoignages qui nous restent, la procédure formulaire devait exister déjà, puisque dès cette époque on a des vestiges des pouvoirs nouveaux du magistrat.

Cicéron écrit en effet : *M. Drusus, praetor urbanus, quod cum herede mandati ageretur, iudicium reddidit*; *Sex. Iulius non reddidit* (4).

(1) *Infra*, III.
(2) Cicéron, *de Republica*. V, 2.
(3) *Infra*, III.
(4) Cicéron, *Rhétorique ad Herennium*. II, 13.

Sex. Iulianus était préteur sous le consulat de T. Flamininus et de Q. Metellus (1).

La préture de M. Drusus se place entre son consulat, en 642, et son tribunat, en 632 (2), et il résulte des intervalles exigés entre ces magistratures qu'elle n'a pu avoir lieu avant 634 ni après 639.

Mais, toute l'argumentation repose sur l'idée que le préteur, en accordant cette action de mandat, sortait des pouvoirs qui lui étaient attribués au temps des Actions de la Loi.

Voilà précisément le point douteux. S'il est certain que le magistrat ne pouvait ni donner une action que la loi ne donnait pas, ni arrêter une action que la loi donnait, il n'est pas douteux qu'il lui appartenait d'apprécier précisément cette question.

Or, il n'est pas impossible que nous nous trouvions dans un des cas où des préteurs pouvaient accorder ou refuser le *iudicium*, selon qu'ils estimaient que, d'après la loi, l'action de mandat courait contre les héritiers, ou était strictement personnelle.

La loi des XII tables eût-elle même admis l'*actio mandati* contre les héritiers, il n'est pas bien certain que le préteur ne pût pas la refuser : le texte de Gaius, dans lequel des auteurs trouvent cette interdiction en raisonnant *a contrario*, se borne à dire que les préteurs ne pouvaient introduire d'actions nouvelles.

(1) Cicéron, *pro domo*. 53.
(2) Cicéron, *Brutus*. 28.

Atciones, quas in usu ueteres habuerunt, legis actiones appellabantur uel ideo, quod legibus proditae erant (quippe tunc edicta praetoris, quibus conplures actiones introductae sunt, nondum in usu habebantur), uel ideo, quia ipsarum legum uerbis accommodatae erant et ideo inmutabiles proinde atque leges obseruabantur (1).

Enfin, peut-on dire que l'*actio mandati cum herede* est une action nouvelle ?

Pour le surplus de la question de la date de la loi Aebutia, nous renvoyons à l'article de M. Girard : nous ne continuerons pas à discuter les conclusions relatives aux autres dates proposées par lui comme termes extrêmes entre lesquels doit se placer nécessairement la loi Aebutia. Si, au point de vue méthode, nous nous rallions entièrement à sa manière de voir, nous hésitons à nous déclarer convaincu par les applications qu'il en a faites ; ce n'est d'ailleurs pas l'inexactitude des dates proposées que nous nous sommes efforcés de montrer, mais, leur caractère contingent.

Ce à quoi doit tendre l'étude scientifique d'une question, c'est précisément à distinguer ce qui est, de ce qui est possible. L'hypothèse, nous l'avons déjà répété, non seulement n'a jamais rien fait connaître, mais, peut encore empêcher qu'on ne sache ce qu'il faut rechercher.

Tout travail, qui, même en ne proposant pas de solutions, contribuerait à montrer l'incertitude de celles qui sont admises, n'est donc pas inutile.

(1) Gaius, IV, 11.

En un mot, la méthode qui consiste, à défaut de données précises relatives à la date d'une loi, à établir celle où, en dernier lieu, il était impossible que la mesure fut déjà prise, et celle, où pour la première fois, son existence est constatée, est bonne, à condition qu'on ne veuille pas, dans le but de les trop rapprocher afin de préciser la date cherchée, se contenter de suppositions, quelque fondées, quelque vraisemblables qu'elles soient.

Ainsi, malgré la haute antiquité que d'aucuns prêtent à la loi Furia *de sponsu* (1), elle doit être postérieure à 513, date de l'érection de la Sicile en province (2).

En effet la loi Furia est postérieure à la loi Appuleia, au témoignage de Gaius :

Praeterea inter sponsores et fidepromissores lex Appuleia quandam societatem introduxit. nam si quis horum plus sua portione soluerit, de eo quod amplius dederit aduersus ceteros actiones constituit. quae lex ante legem Furiam lata est, quo tempore in solidum obligabantur (3).

Or, contrairement à la loi Furia, la loi Appuleia est applicable dans les provinces, d'après la suite du même texte :

unde quaeritur, an post legem Furiam adhuc legis Appuleiae beneficium supersit. et utique extra Italiam superest. nam lex quidem Furia tantum in Italia (4) *ualet, Appuleia uero etiam in ceteris prouinciis.*

(1) Gaius, III, 121 : *Item sponsor et fidepromissor lege Furia biennio liberantur.*

(2) Mommsen, *Römische Geschichte.* tome I, 8e édition, page 541 et suivantes.

(3) Gaius, III, 122.

(4) Gaius, III, 121a : *Sed quum lex Furia tantum in Italia locum habeat,*

Il est donc bien certain que la loi Appuleia, qui implique l'existence de provinces, est postérieure à 513, date de la fondation de la première province. La loi Furia *de sponsu*, qui fut votée plus tard, ne pouvait donc exister encore.

D'autre part, à défaut de trace de cette loi au VIe siècle, il faut remarquer qu'elle appartient nécessairement à l'époque des *legis actiones*, car elle donne lieu à une *manus iniectio pro iudicato* :

Postea quaedam leges ex aliis quibusdam causis pro iudicato manus iniectionem in quosdam dederunt : sicut lex Publilia in eum, pro quo sponsor dependisset, si in sex mensibus proximis, quam pro eo depensum esset, non soluisset sponsori pecuniam ; item lex Furia de sponsu aduersus eum, qui a sponsore plus quam uirilem partem exegisset ; et denique conplures aliae leges in multis causis talem actionem dederunt (1).

Une loi peut être citée dans une œuvre littéraire dont l'époque est connue ; et, dans ce cas, non seulement elle lui est nécessairement antérieure, mais il peut encore résulter du texte une possibilité de la dater approximativement. Ainsi la loi Plaetoria est donnée comme récente (2) dans le Pseudolus de Plaute, représenté pour la première fois en 563.

...... *an non tum lex me perdidit, quina uicenaria ?*

euenit ut in ceteris prouinciis sponsores quoque et fidepromissores proinde ac fideiussores perpetuo teneantur et singuli in solidum obligentur,....

(1) Gaius, IV, § 22.

(2) Plaute, *Pseudolus*. I, 3, 69.

Metuunt credere omneis. — Eadem'st mihi lex, metuo credere.

Aussi n'avons-nous guère de dates précises, si ce n'est celles que les restes de la littérature antique nous ont conservées, pour certaines mesures législatives. Nous possédons, par exemple, le témoignage de Cicéron, qui nous apprend que la loi Cincia *de donis et muneribus* est de 550 : *Quaestor deinde quadrienno post factus sum, quem magistratum gessi consulibus Tuditano et Cethego* ; *quum quidem ille* (*Q. Maximus*) *admodum senex suasor legis Cinciae de donis et muneribus fuit* (1).

Il en est tout autrement des lois reçues dans le *Corpus iuris*, et, en général, de toute la législation impériale. Si nous prenons la masse du droit romain à cette époque, nous la trouvons composée d'éléments très divers, mais dont il est possible d'établir la chronologie.

En effet, pour ce qui est œuvre personnelle de Justinien, les dates nous ont été conservées.

La suscription de la constitution IMPERITORIAM MAIESTATEM qui forme le prooemium des Institutes nous en donne le moment exact : « *Data undecimo kalendas Decem*- « *bres Constantinopoli domino nostro Iustiniano perpetuo Au*- « *gusto tertium consule* » c'est-à-dire le 21 novembre 533.

Les interpolations dans les Pandectes ont nécessairement été faites entre le jour où Justinien ordonnait la révision du *ius antiquum*, et celui où il promulguait son Digeste.

(1) CICÉRON, *de senectute*. 4.

L'ordre d'apporter des modifications aux textes des anciens jurisconsultes est contenu dans la constitution DEO AVCTORE « *data octauo decimo kalendas Ianuarias Cons-* « *tantinopoli Lampadio et Oreste uiris clarissimis consulibus* », c'est-à-dire le 15 décembre 530 ; tandis que la publication est faite par la constitution TANTA « *data septimo decimo kalen-* « *das Ianuarias Constantinopoli domino nostro Iustiano per-* « *petuo Augusto tertium consule* », donc le 16 décembre 533.

Quant aux interpolations dans le Code, elles ne peuvent être antérieures au premier travail de codification des *leges*, ordonné par la constitution HAEC, QVAE NECESSARIO « *data idibus Februariis Constantinopoli domino nostro Iusti-* « *niano perpetuo Augusto secundum consule* », soit le 13 février 528 ; ni postérieures à la promulgation du second code par la constitution CORDI, dont la suscription se lit : « *Data sexto decimo kalendas Decembres Constantinopoli* « *domino nostro Iustiniano perpetuo Augusto quartum et Paulino uiro clarissimo consulibus* », par conséquent au 17 novembre 534.

Les mesures de réforme de Justinien qui ont trouvé place dans le Code, ont été prises évidemment entre le 1er avril 527, époque à laquelle il fut associé à l'empire, et ce 17 novembre 534.

Nous sommes, d'ailleurs, renseignés de la façon la plus précise sur la date des constitutions, tant celles de Justinien que celles des autres empereurs.

Dans la mesure du possible, l'indication des jours et

des consuls (1) a été conservée: au surplus, l'ordre chronologique a été adopté, comme Justinien l'apprend lui-même par les indications qu'il donnait à la commission chargée de la confection de son code :

ita tamen, ut ordo temporum earundem constitutionum non solum ex adiectis diebus et consulibus, sed etiam ex ipsa compositione earum clarescat, primis quidem in primo loco, posterioribus uero in secundo ponendis et, si quae earum sine die et consule in ueteribus codicibus uel in his, in quibus nouellae constitutiones receptae sunt, inueniantur,... (2).

C'est surtout lorsque manque l'inscription, qu'il faut recourir à l'ordre chronologique pour déterminer l'époque approximative d'une constitution.

A défaut de conservation de la suscription, et d'indication résultant de la place du fragment dans l'ordre du Code, le nom de l'empereur ou des empereurs de qui il émane donne deux dates extrêmes entre lesquelles il se place nécessairement : celle de l'avènement et celle de la mort du législateur.

Soit, par exemple, à déterminer l'époque de ce rescrit :

Imp. Antoninus A. Auitiano Uxor tua si mortuo patre tuo, cui dotem numerauerat, cum heres ei exstiteris, adhuc in matrimonio tuo fuit, familiae erciscundae actionem ad exsequendam dotem secundum iuris pridem placitum aduersus cohe-

(1) L'édition du Code de Krüger a traduit en années de notre ère l'indication des consuls et dispensé ainsi de recourir aux Fastes.

(2) C. Haec, quae necessario § 2.

redes tuos nactus es eamque retines, etiam si postea, dum tibi nupta est, decessit. PP. II id. Febr. (1).

Cette constitution est la deuxième du titre *Familiae erciscundae* et n'a qu'une suscription mutilée. L'ordre chronologique suivi la place entre les constitutions 1 et 8, dont les consuls ont été conservés et dont les dates respectives sont 197 et 243. Mais l'inscription donne comme empereur, Antoninus, adjoint au trône en 198, mort en 217.

Comme il n'est fait mention que de Caracalla, il est vraisemblable qu'elle n'émanait que d'un seul empereur. Or, Sévère régna jusqu'en 212. Il est donc probable que le rescrit fut promulgué entre 212 et 217 (2).

Mais, ce serait s'exposer à des mécomptes que de tabler sur une pareille probabilité : de ce qu'il n'est fait mention que d'un empereur, on ne peut tirer la conclusion qu'il régnât nécessairement seul.

C'est ainsi que nous lisons :

Impp. Arcadius et Honorius AA. Longiniano pp.......
... Multi naues suas diuersorum nominibus....................
.... D. III id. Ian. Rauennae Arcadio A. VI et Probo conss. (3).

Cette constitution, la suscription nous l'apprend, date

(1) C. 2 *Familiae erciscundae.*

(2) Ici encore, l'édition de M. Krüger dispense de bien des recherches, en indiquant, pour la plupart des constitutions, les dates extrêmes des empereurs législateurs. Mais, dans certains cas, elles manquent ; et il faut recourir aux ouvrages relatifs à la chronologie, dont un des plus récents est celui de M. G. Goyau, *Chronologie de l'Empire Romain*. Paris, 1891.

(3) C. 1 *de nauibus non excusandis.*

de 406. Mais l'inscription n'a conservé que les noms d'Arcadius et d'Honorius, alors que, dès 402, Arcadius s'était adjoint Théodose II à l'Empire d'Orient.

En étayant son raisonnement sur un argument *a contrario* comme beaucoup d'auteurs l'ont fait, on aurait conclu erronément de l'inscription que la constitution était antérieure à 402.

Si l'on veut préciser davantage, à défaut de suscription complète et de renseignements fournis par l'ordre chronologique des différents actes émanant d'un empereur, on trouvera parfois un élément d'appréciation dans la personne à qui ils s'adressent.

C'est surtout le cas pour les deux mille constitutions qui datent de la période chrétienne : elles sont, en effet, pour la plupart, adressées à des fonctionnaires dont l'époque nous est connue par des documents littéraires ou épigraphiques.

Quand l'inscription nous a conservé le nom du correspondant de l'empereur avec l'indication de son titre, il est possible de préciser la date chaque fois que les années où la personne exerçait ses fonctions, nous sont connues.

Soit, par exemple, la constitution d'Arcadius et d'Honorius réglementant la vente du sel. Nous lisons :

Impp. Arcadius et Honorius AA. Lampadio pu (1) *Si quis sine persona mancipum, id est salinarum conductorum, sales emerit uendereue temptauerit, siue propria audacia*

(1) pp. *Krüger* (*Cf. Orelli inscr. 3, 7215 a*), pu. *Cohn.*

siue nostro munitus oraculo, sales ipsi una cum eorum pretio mancipibus addicantur (1).

A lire le nom des empereurs, on serait tenté de placer ce rescrit entre 395 et 402, dates extrêmes du gouvernement commun d'Arcadius et d'Honorius seuls, mais nous avons vu qu'il arrive que des constitutions, émanées de plusieurs empereurs, ne portent le nom que de quelques-uns d'entre eux. C'est notamment le cas, nous en avons donné un exemple, pour Arcadius, Honorius et Theodosius, dont plusieurs actes sont inscrits comme émanés d'Arcadius et d'Honorius (2). Ces deux noms n'écartent pas absolument la possibilité d'une date un peu postérieure, allant jusqu'en 408. Les termes extrêmes sont donc 395 et 408.

Mais l'inscription nous apprend, en outre, que la personne, à qui la constitution était adressée, était préfet de la ville. Les manuscrits sont, il est vrai, contradictoires ; mais la constitution, adressée à Lampadius, règle une question rentrant dans la compétence du préfet de la ville.

Il résulte d'une lettre de Symmaque (3) que Lampadius occupait cette fonction en 398. Il ne doit pas être confondu avec Postumius Lampadius, qu'une inscription (4) nous apprend avoir été préfet urbain entre 403 et 408.

(1) C. 11 *de uectigalibus*.

(2) Ainsi encore, c. 15 *de episcopis et clericis* (anno 404), c. 19 *de nuptiis* (anno 405), c. 4 *de interdictis* (anno 406), et c. 1 *de nauibus non excusandis* (anno 406).

(3) Symmachus, VI, LXIV.

(4) *Corpus inscriptionum Latinarum*. VI, 9920 et X, 3860.

C'est donc avant 403 que se place cette constitution.

Mais, ce sont surtout les constitutions adressées aux préfets du prétoire qui sont nombreuses, et pour lesquelles la date peut être précisée de cette manière.

Ainsi, des nombreux fragments datant de la période chrétienne, plus de la moitié proviennent de constitutions adressées à des préfets du prétoire.

Or, les préfets sont les fonctionnaires romains les plus faciles à connaître depuis la publication des œuvres de M. Bartolomeo Borghesi par l'Académie des Inscriptions et Belles-Lettres de France (1), dont un tome est consacré aux préfets du prétoire (2).

Quant aux préfets de la ville, le travail n'est encore fait que partiellement : M. Borghesi leur a consacré un mémoire (3) qui est étranger à notre objet, car il a arrêté son travail à l'année 254, alors qu'avant Constantin, nous ne rencontrons qu'une seule fois les sigles *pu*.

Pour le siècle qui va de 254 à 354, nous avons une liste complète des *praefectus urbis*, faite par un chronographe de l'an 354 (4). Enfin M. Seeck a continué cette liste jusqu'en 374 (5).

(1) *Œuvres complètes de Bartolomeo Borghesi publiées sous les auspices de M. le ministre de l'Instruction publique, par l'Académie des Inscriptions et Belles-Lettres.* 10 volumes, Paris (Imprimerie Nationale).

(2) Tome X, 2 volumes. *Les Préfets du Prétoire.* 1897.

(3) Tome IX, 2e partie, 1884.

(4) Th. Mommsen a publié cette liste : *Ueber den Chronographen vom Jahre 354, mit einem Anhange über die Quellen der Chronik des Hieronymus.* Leipzig, 1850.

(5) Otto Seeck. *Die Reihe der Stadtpräfecten bei Ammianus Marcellus.* dans l'*Hermes*, tome XVIII, 1883, pages 289 à 303.

Il est cependant malaisé, à l'occasion d'une constitution adressée à l'un de ces fonctionnaires, de lire tout ce qui a trait à chacun des préfets de ce nom, pour enfin trouver parmi eux celui qui, contemporain des empereurs indiqués dans l'inscription, peut être considéré comme le destinataire de l'acte.

De là des recherches souvent laborieuses et, parfois, en cas d'erreur dans l'inscription, infructueuses.

C'est pourquoi nous avons dressé un tableau des fragments contenus au Code, en conservant l'ordre de celui-ci, où nous avons, au moyen d'éléments recueillis par M. Borghesi, corrigé les indications erronées de préfets du prétoire, et donné les dates que nous avons pu préciser de cette manière. Tel est l'objet de l'appendice de ce travail.

Par ce travail nous avons pu déterminer d'une façon plus précise, à quel moment du règne d'un empereur certaines de ses mesures ont été prises.

C'est ainsi que la constitution 2 *de eunuchis*, inscrite *Imp. Leo A. Viuiano pp.*, se place vraisemblablement entre 459 et 462. Cela résulte de la constitution 11 du code de Justinien, au titre *de aduocatis*, adressée à Viuianus pp. en 460 ; de la constitution 30, au titre *de donationibus*, adressée à Constantinus pp. en février 459 ; et de ce que nous savons qu'en 463, Viuianus était consul d'Orient.

Ainsi encore, la date de la constitution 1 *de rationiciis operum publicorum*, inscrite *Imp. Zeno A. Arcadio pp.*, et ayant trait à l'Orient, qui était donnée comme se plaçant entre 471 et 494, peut être précisée en la fixant entre le 28 mars 484 et le 1er juillet 486, puisque, adressée à un préfet du prétoire d'Orient sous le règne de Zénon, nous savons, par la constitution 14 au titre *de testibus*, qu'Arcadius occupait ces fonctions en 486 ; par la constitution 36 *de episcopis*, que Sebastianus était préfet du prétoire le 27 mars 484, et, par la constitution 1 *de priuatis carceribus*, que Basilius l'était devenu le 1er juillet 486.

La date exacte des œuvres dont le Digeste nous a transmis les fragments, n'est connue que bien rarement, quoique Justinien ait eu soin d'ordonner la conservation du nom de l'auteur et du titre de l'ouvrage dont ils étaient extraits :

Tanta autem nobis antiquitati habita est reuerentia, ut nomina prudentium taciturnitati tradere nullo patiamur modo : sed unusquisque eorum, qui auctor legis fuit, nostris digestis inscriptus est (1).

On saura, du moins, la période dans laquelle la règle aura été formulée, et qui se place nécessairement pendant les années de productivité de la vie de l'auteur.

Dans certains cas aussi, nous sommes informés sur l'époque où une de leurs œuvres a été écrite.

C'est ainsi que nous savons que les ouvrages d'Ulpien ont presque tous été composés pendant qu'il était en disgrâce, de 212 à 217 : ce renseignement peut servir à pré-

(1) Krüger, [a. 457 à 465 ?]
(2) C. Tanta § 10.

ciser la date de certains fragments qui sont inscrits comme tirés de ses livres, et que l'on ne saurait, sans cela, rattacher à aucun moment de la vie de ce jurisconsulte (1).

La détermination de l'époque qui a vu naître une règle de droit est essentielle : elle nous fait connaître l'ensemble des lois auxquelles elle se rattache, et — nous l'avons montré plus haut — aucune disposition n'étant isolée, nous saurons également les limites que rencontrait son application.

La loi Fufia Caninia porte que celui qui a moins de dix esclaves peut en affranchir la moitié :

Praeterea lege Fufia Caninia certus modus constitutus est in seruis testamento manumittendis. nam ei qui plures quam duos neque plures quam decem seruos habebit, usque ad partem dimidiam eius numeri manumittere permittitur...... (2).

S'ensuit-il que tout affranchissement, régulièrement fait dans un testament par un maître, d'un seul de ses esclaves soit valable ? Aux termes de la loi Fufia Caninia il paraît en être ainsi ; mais il se pourrait qu'il n'y eût rien de fait dans le cas où cet acte aurait eu lieu en fraude des créanciers, comme le dit la loi Aelia Sentia :

is qui in fraudem creditorum uel in fraudem patroni manu-

(1) La vie de la plupart des jurisconsultes nous est connue dans les grandes lignes. On peut consulter Krüger, *Quellen.* et le Bruns-Pernice. ainsi que toutes les histoires du droit romain. Des monographies ont été consacrées à certains jurisconsultes. Sont récemment parues : A. Pernice, *Marcus Antistius Labeo*, (*Römisches Privatrecht im 1. Jahrhundert der Kaiserzeit*). I, 1873 ; II, 1878 ; III, 1895 ; et Buhl, *Saluius Iulianus.* 1er Theil, 1886.

(2) Gaius, I, 42 et 43

mittit, nihil agit, quia lex Aelia Sentia impedit libertatem (1).

En outre, l'époque est un élément essentiel pour déterminer les influences, tant d'idées que de faits, qui ont été génératrices de la mesure. Ainsi, l'ancienneté d'une institution fait présumer d'une origine purement nationale.

La loi Canuleia, par exemple, autorisant le mariage entre patriciens et plébéiens, est bien une résultante des luttes pour l'égalité, dont le plébiscite de 309 est une des étapes.

La question de la date de cette loi, qui paraît être du VIe siècle, sera d'un grand poids pour déterminer l'origine du contrat consensuel de *locatio-conductio*, que M. Mommsen fait sortir du droit public (2), tandis que d'autres y voient une espèce d'évolution de la mancipation (3), voire même une espèce de stipulation (4).

Il est bien singulier que la bonne foi, la durée de 5 ans et les autres analogies sur lesquelles M. Mommsen base son hypothèse, se retrouvent dans les baux grecs qui se contractaient aussi par le seul consentement, notamment dans ceux de l'Italie méridionale (5).

La novelle XXI est intitulée :

Imp. Iustinianus A. Acacio proconsuli Armeniae *de Armeniis ut ipsi per omnia sequantur Romanorum leges.*

(1) Gaius, III, 37.

(2) Th. Mommsen, dans la *Zeitschrift der Savigny-Stiftung für Rechtsgeschichte*, VI, 1885, page 267 et suivantes.

(3) O. Karlowa, *Römische Rechtsgeschichte*, pages 632-651.

(4) Jhering, *Geist.* III, pages 6-52, 175-244, et encore P. Fr. Girard, *Manuel élémentaire*. page 550.

(5) Dans les tables d'Héraclée la durée des baux est de 5 ans.

Il ne faut pas expliquer cette mesure de Justinien étendant l'application du droit romain aux Arméniens, comme un argument en faveur d'une prétendue liberté qu'auraient conservée des provinciaux d'être encore, à cette époque, régis par leur loi nationale. La date 536 de la novelle nous montre qu'elle a été prise à l'occasion de la conquête de l'Arménie par les troupes byzantines au VIe siècle, peu avant la constitution TANTA, dont le principium porte : *post bella autem Parthica aeterna pace sopita.*

Au point de vue de l'évolution du droit, la connaissance de l'époque est un élément essentiel : il importe de savoir si une disposition est antérieure ou postérieure à une autre, et si, par conséquent, elle est une mesure de réaction ou bien si elle ne constitue pas plutôt un progrès par rapport à celle-ci.

Ainsi, toute la législation de l'empereur Julien revêt un caractère réactionnaire parce que nous savons que son règne est postérieur à celui de Constantin. Il peut y avoir, dans ce caractère, une indication précieuse pour l'interprétation de certaines de ses mesures (1).

Enfin, connaître la date peut être utile pour nous permettre de déterminer la partie de l'Empire à laquelle s'adressait une constitution.

Est essentielle, au point de vue de la sphère d'application du droit, la connaissance du principe de l'*unanimitas* affirmé par les princes :

(1) Ainsi, l'on ne doit pas, dans l'interprétation d'une des constitutions de Julien, reculer devant des contradictions même complètes avec une mesure de Constantin.

Impp. Theodosius et Valentinianus AA. ad Senatum. *In futurum autem, si quid promulgari placuerit, ita in coniunctissimi parte alia ualebit imperii, ut non fide dubia nec priuata assertione nitatur; sed ex qua parte fuerit constitutum, cum sacris transmittatur affatibus, in alterius quoque recipiendum scriniis, et cum edictorum solennitate uulgandum; missum enim suscipi et indubitanter obtinere conueniet, emendandi uel reuocandi potestate nostrae clementiae reseruata* (1).

La sphère d'application fut donc tout l'Empire, même après qu'il eut été divisé; mais, dans la suite, elle fut, en fait, restreinte à l'Orient, dès avant que les barbares eussent conquis l'Occident. Cependant encore, conformément au principe, le Code Théodosien fut promulgué dans tout l'Empire (2), et les empereurs se communiquèrent les novelles jusqu'au règne de Léon (3).

En outre, la connaissance de l'époque et du nom de la personne à laquelle un rescrit est adressé, peut, dans certains cas, déterminer la province de l'Empire à laquelle il s'appliquait. Car, s'il résulte, soit du sens, soit d'une indication sommaire, qu'elle est adressé à un fonctionnaire, il est, parfois, possible de déterminer dans quel ressort il exerçait ses fonctions.

C'est ainsi que, à défaut d'autres éléments, l'on pourra affirmer que la constitution 1 du code de Justinien au titre *de fabricensibus*, dont l'inscription porte *Impp. Va-*

(1) C. 5 C. Th. *de constitutionibus principum*. (I, 1).
(2) C. *de Theodosiani codicis auctoritate* § 5.
(3) Communication de l'empereur Léon à Anthémius (468).

lentinianus Theodosius et Arcadius AAA. Tatiano pp., et dont la suscription porte la date 388, est adressée à l'Orient. En effet, Zosime nous apprend que Tatianus fut appelé à la préfecture d'Orient à la mort de Cynegius, le 19 mars 388.

Ἐπειδὴ Κυνήγιος ὁ τῆς αὐλῆς ὕπαρχος, ἐπανιὼν ἐξ Αἰγύπτου.... ἔτυχε τεθνεώς, ὅν τινα δέοι προστήσασθαι τῆς αὐλῆς ὕπαρχον ἀνεζήτει.... Μετακαλέσας τοίνυν ἐκ τῆς Ἀκυληίας Τατιανόν, ἤδη μὲν ἄλλας ἐπὶ Οὐάλεντος ἐγκεχειρισμένον ἀρχάς, ἄνδρα δὲ ἐν πᾶσι σπουδαῖον, ἀναδεικνύει τῆς αὐλῆς ὕπαρχον ἐν τῇ πατρίδι, καὶ τὰ τῆς ἀρχῆς σύμβολα πέμψας αὐτῷ τὸν παῖδα τὸν αὐτοῦ Πρόκλον τῆς πόλεως ὕπαρχον κατέστησεν (1).

II

Pour bien comprendre une loi, il faut, avons-nous dit, connaître l'époque à laquelle elle a été faite, le milieu dans lequel elle est née et auquel elle s'adresse, enfin les circonstances spéciales qui l'ont motivée.

Nous avons vu comment peut être résolue la question de la date d'une institution et l'importance qu'elle présente.

Dans les pages suivantes, nous examinerons à quel milieu il faut rattacher une mesure.

A ce sujet s'impose une remarque : S'agit-il du milieu où une règle de droit est formulée, ou de celui où elle doit être appliquée ?

Il est des cas où la question ne se pose pas : Une disposition peut être prise dans un lieu et régir des besoins locaux.

(1) Zosime, IV, 45.

C'était le cas pour toutes les lois anciennes que les rois décrétaient ou que les comices votaient à Rome, quand Rome était, en quelque sorte, tout l'État.

Il en était ainsi encore, quand, sous la République, on votait une loi dont l'application était restreinte à la ville : aux termes de la loi Atilia, le préteur urbain nommait à Rome, un tuteur à l'impubère et à la femme qui n'en avaient pas.

Lex Atilia iubet mulieribus pupillisue non habentibus tutores dari a praetore et maiore parte tribunorum plebis, quos tutores Atilianos appellamus. sed quia lex Atilia Romae tantum locum habet, lege Iulia et Titia prospectum est, ut in prouinciis quoque similiter a praesidibus earum dentur tutores (1).

L'édit du préteur urbain avait, d'ailleurs, toujours ce caractère local.

A l'époque classique, les jurisconsultes habitaient Rome et répondaient à des Romains.

Et, jusqu'à la fin de l'Empire, on eut des constitutions impériales dont la sphère d'application était limitée à la localité où elles étaient édictées. Ainsi, la constitution de Léon et Anthémius, qui limitait, en 470, les droits du clergé sur les biens de l'Église à Constantinople, a été donnée en cette ville même :

Impp. Leo et Anthemius AA. Armasio pp. *Iubemus nulli posthac archiepiscopo in hac urbe regia sacrosanctae ecclesiae praesidenti...... esse facultatem fundos...... sub*

(1) Vlpiani *liber singularis regularum*. XI, 18.

cuiuscumque alienationis specie ad quamcumque transferre personam..... D. Constantinopoli Iordane et Seuero conss (1).

Par contre, beaucoup de mesures prises au siège du Pouvoir réglaient des besoins plus généraux, ou même n'étaient pas applicables dans la ville où elles avaient été données.

Sous la République, certaines lois régissaient des intérêts purement provinciaux. Ainsi, au dire de Gaius, les lois Iulia et Titia en matière de tutelle :

Si cui nullus omnino tutor sit, ei datur in urbe Roma ex lege Atilia a praetore urbano et maiore parte tribunorum plebis, qui Atilianus tutor uocatur; in prouinciis uero a praesidibus prouinciarum [ex] lege Iulia et Titia (2).

L'édit du préteur pérégrin visait des rapports qui n'étaient pas exclusivement romains, et il en fut encore ainsi sous l'Empire.

Certains jurisconsultes répondaient en province : Gaius était probablement un asiatique (3).

Les *stationes iuris docentium* de l'Orient étaient de première importance (4). Béryte fut même appelée la nourrice des lois.

(1) C. 14 *de sacrosanctis ecclesiis*.

(2) GAIUS, I, 185.

(3) Question des plus controversées. En ce sens, TH. MOMMSEN, dans *Beckers Jahrbücher*, III, 1, et *Zeitschrift für Rechtsgeschichte*, IX, page 95, numéro 40; BREMER, *Die Rechtslehrer und Rechtsschülen im römischen Kaiserreich*. 1868, page 77; E. REVILLOUT, *Les Obligations en Droit égyptien*. page XXXVI. En sens contraire, DERNBURG, *Die Institutionen des Gaius, ein Collegienheft aus dem Jahre 161*. Halle, 1869.

(4) Il y avait en Occident, en dehors de Rome, des écoles de droit dont cer-

Haec autem tria uolumina a nobis composita tradi eis tam in regiis urbibus quam in Berytiensium pulcherrima ciuitate, quam et legum nutricem bene quis appellet (1).

Justinien, quand il ferma les universités provinciales, parce que la doctrine y enseignée était adultérée, en excepta celle de Béryte, qu'il mit sur le même pied que les écoles de droit des deux capitales, des deux Rome:

(*tam in regiis urbibus quam in Berytiensium ciuitate*) *tantummodo uolumus, quod iam et a retro principibus constitutum est, et non in aliis locis quae a maioribus tale non meruerint priuilegium : quia audiuimus etiam in Alexandrina splendidissima ciuitate et in Caesariensium et in aliis quosdam imperitos homines deuagare et doctrinam discipulis adulterinam tradere : quos sub hac interminatione ab hoc conamine perpetrare et extra urbes regias et Berytiensium metropolim hoc facere, denarum librarum auri poena plectantur et reiciantur ab ea ciuitate, in qua non leges docent, sed in leges committunt* (2).

Maintes constitutions s'adressaient exclusivement à des provinciaux. Il y a des règlements pour certaines préfectures dans les titres du Code *de officio praefectorum praetorio Orientis et Illyrici* et *de officio praefecti praetorio Africae et de omni eiusdem dioeceseos statu*. D'autres n'ont pour objet qu'une province; par exemple, une constitution qui limite

tainement Narbonne et Aurelianae, et peut-être Toulouse et Burdigalia ; en Orient, Constantinople, Béryte, Césarée et Alexandrie.

(1) C. Omnem § 7

(2) C. Omnem § 7.

à l'examen et au rapport les droits de l'augustal sur les juges égyptiens.

Imppp. Theodosius Arcadius et Honorius AAA. Rufino pp. *Praefectus Augustalis ordinariorium sub se iudicum examinandi flagitia et super his referendi, non amouendi uel puniendi habeat potestatem*. D. prid. non. Dec. Constantinopoli Olybrio et Probino conss. (1).

Certains rescrits sont même des réponses à des particuliers pour qui seuls ils sont obligatoires. C'est le cas du fameux décret *ad Scaptoparenos*, daté de 238, et donné à Rome par l'empereur Gordien (2).

Le milieu qui doit avoir exercé une influence sur la disposition est généralement celui où elle est prise ; mais peut aussi être celui dont elle règle les besoins.

En général, il faudra distinguer les mesures prises spontanément, au premier rang desquelles se placent les édits, où l'action du milieu de l'empereur paraît avoir seule joué un rôle ; et les rescrits, où il est possible de retrouver parfois, dans la question posée par un pérégrin, la trace de la province dans laquelle il vivait.

Ainsi, dans les lois générales de Justinien, il faut rechercher l'influence de la coutume romaine, que ce soit la Rome nouvelle ou la Rome ancienne.

haec tantummodo obtinere uolumus, quae uel iudiciorum

(1) C. 2 *de officio praefecti Augustalis*.

(2) Bruns, *Fontes*. page 248. Pour les études relatives à ce fameux décret : O. Karlowa, *Heidelberger Jahrbücher*, III, et *Römische Rechtsgeschichte*. I, 651 ; et Mommsen, dans la *Zeitschrift der Savigny-Stiftung für Rechtsgeschichte*, XII, 244.

frequentissimus ordo exercuit uel longa consuetudo huius almae urbis comprobauit.... Romam autem intelligendum est non solum ueterem, sed etiam regiam nostram (1).

Un rescrit des empereurs Dioclétien et Maximien, adressé au grec Agathomeros, lui déniait le droit qu'il croyait avoir, comme créancier chirographaire, de se saisir des biens de son débiteur, *dominii uindicatione.*

Impp. Diocletianus et Maximianus AA. et CC. Agathomero. *Pro debito creditores addici sibi bona debitoris non iure postulant. unde si quidem debitoris tui ceteri creditores pignori res acceperunt, potiores eos quam te chirographarium creditorem haberi non ambigitur. Quodsi specialiter uel generaliter nemini probentur obligatae ac sine successore communis debitor uel heres eius decessit, non dominii rerum uindicatione, sed possessione bonorum itemque uenditione aequali portione pro rata debiti quantitate omnibus creditoribus consuli potest* (2).

Il y avait, dans la prétention de l'impétrant, un souvenir de l'ancienne coutume grecque qui permettait d'insérer la clause καθάπερ ἐγ δίκης dans les contrats, et admettait ainsi, dans certains cas, l'exécution sans recourir aux tribunaux.

Mais les contrats où nous rencontrons certainement cette formule, ne sont pas aussi nombreux que le feraient croire les listes où les auteurs donnent les actes où ils croient pouvoir la restituer.

(1) C. DEO AVCTORE, *loco citato.*
(2) C. 6 *de bonis auctoritate iudicis.*

C'est d'abord la συγγραφή, quoique l'authenticité en ait été contestée, dont il est question dans le plaidoyer de Démosthène contre Lacritos, où se lit :

ἔστω ἡ πρᾶξις.... καθάπερ δίκην ὠφληκότων καὶ ὑπερημέρων ὄντων....

En revanche, cette clause était d'usage fréquent dans l'île d'Amorgos, où nous la rencontrons plusieurs fois dans trois contrats, les seuls de l'époque, où elle se rencontre certainement.

Dans l'acte de prêt de Praxiclès de Naxos, qui établit une hypothèque générale, on la trouve répétée trois fois.

l. 11. — πρακτοὶ ἔστωμ.... ἡμιόλιον τὸ ἀργύριον ἐκ τῶν ἰδίων πράξει πάσηι καθάπερ ἐκ δίκης τέλος ἐχούσης κατὰ τὸ σύμβολον τὸ Ναξίων καὶ 'Αρκεσινέων

l 27. — πράξει πάσηι.... καθάπερ δίκην ὠφληκότων ἐν τῆι ἐκκλήτωι κατὰ τὸ σύμβολον τὸ Ναξίων καὶ 'Αρκεσινέων....

l. 36. -- .... καθάπερ ὠφληκως δίκημ ἐν τῆι ἐκκλήτωι κατὰ τὸ σύμ βολον τὸ Ναξίων καὶ 'Αρκετινέων...

Dans l'emprunt consenti par Alexandre, qui crée également une hypothèque générale, la clause se trouve reproduite un même nombre de fois.

l. 14. — πρακτοὶ ἔστωμ... διπλάσιον τὸ ἀργύριον (ἐκ τῶν ἰδίων) πράξει πάσηί καθάπερ δίκην ὠφληκότες ἐξούλης ἐν τῆι ἐκκλήτωι..... κὰι ὀντες ὑπερημέροι.

l. 26. — πράξει πάσηι... καθάπερ δίκην ἐξούλης ἐν τῆι ἐκκλήτωι......

l. 40. — .... ὡς ὠφληκὼς δίκημ... ἐξούλης ἐν τῆι ἐκκλήτωι καὶ ὤν ὑπερήμερος.

Enfin, un document mutilé, où le nom du prêteur manque, la contient encore.

l. 3. — καὶ πρακτός ἔττω... ὡς ὠφληκὼς δίκην (1).

(1) La question des titres exécutoires en droit grec a été traitée notam-

En indiquant comment nous croyons pouvoir déterminer le milieu dans lequel une disposition a pris naissance, nous ne visons pas plus à être complet que lorsque nous avons exposé quelques-uns des moyens qui permettent de déterminer l'époque à laquelle une mesure a été édictée.

Cicéron, dans ses Topiques, nous apprend quelles étaient les différentes sources du droit sous la République :

ut, si quis ius ciuile dicat id esse, quod in legibus, senatus consultis, rebus iudicatis, iurisperitorum auctoritate, edictis magistratuum, more, aequitate consistit (1).

Le droit, sous la République, s'est formé à Rome : c'était là que les lois étaient votées ; que siégeait le Sénat ; que se rendaient les jugements qui acquéraient l'autorité de précédents judiciaires ; que les préteurs faisaient leurs édits ; que s'établissait la coutume et se formait l'équité. En général, Rome était dans la sphère d'application de ce droit créé à Rome.

ment dans : LEEMANS, *Papyrus de Leyde O.* ligne 25. — R. DARESTE, *Sur la συγγραφη en Droit grec et romain.* dans le *Bulletin de Correspondance hellénique*, VIII, 1884, page 326 et suivantes. — C. WACHMUTH, *Oeffentliches Crediet in der hellenischen Welt der Diadochenzeit.* dans le *Rheinisches Museum für Philologie*, XL, 1885, page 295. — E. REVILLOUT, *Les Obligations en Droit égyptien.* page 73. — L. GOLDSMIDT, *Inhaber, Order und executorische Urkunden im klassischen Altertum.* dans la *Zeitschrift für Rechtsgeschichte*, XXIII, 1889, page 352 et suivantes. — L. MITTEIS, *Reichrecht und Volksrecht.* page 402. — R. DARESTE, *Recueil des Inscriptions juridiques grecques.*, à propos des contrats de prêt d'Amorgos, en donne le texte. — V. HARTEL, *Wiener Studien*, V, 1883, page 29 et suivantes. — K. WESSELY, *Mittheilungen aus der Sammlung der Papyri Erzherzog Rainer*, II et *Denkschriften der Wiener Akademie*, XXXVII, page 100.

(1) CICÉRON, *Topica.* 5.

Cependant, cela n'est que relatif.

Ainsi, certains magistrats avaient le *ius edicendi* hors de Rome ceux, par exemple, qui commandaient aux provinces. C'est ainsi que les auteurs anciens parlent d'un édit asiatique :

De Bibuli edicto, nihil noui praeter illlam exceptionem... Ego tamen habeo ἰσοδυναμοῦσαν, *sed tectiorem, ex Q. Mucii P. f., edicto Asiatico,.....* (1)

Certaines lois s'appliquaient exclusivement aux provinciaux. Nous avons cité les lois Julia et Titia. A titre d'exemple, nommons encore, dans un autre ordre d'idées, la *lex Rubria de Gallia cisalpina* (2).

Il en est de même de certains sénatusconsultes, tels que le sénatusconsulte *de Tiburtibus* (3).

L'édit du préteur pérégrin visait les rapports non exclusivement romains :

POMPONIVS libro singulari enchiridii *Post aliquot deinde annos non sufficiente eo praetore, quod multa turba etiam peregrinorum in ciuitatem ueniret, creatus est et alius praetor, qui peregrinus appellatus est ab eo, quod plerumque inter peregrinos ius dicebat* (4).

Sous l'Empire, les sources du droit ne nous paraissent pas, d'abord, avoir beaucoup changé, si nous comparons l'énumération que Gaius en fait avec celle de Cicéron :

Constant autem iura populi Romani ex legibus, plebiscitis,

(1) CICÉRON, *ad Atticum*. VI, 1, 15.
(2) BRUNS, *Fontes*. page 98.
(3) BRUNS, *Fontes*. page 166.
(4) L. 2 § 28 *de O. I.*

senatusconsultis, constitutionibus principum, edictis eorum qui ius edicendi habent, responsis prudentium (1).

A partir du 1er siècle, les lois émaneront de l'empereur, *leges datae*, et seront rédigées dans la localité où celui-ci se trouve.

Il en est de même de toutes les sources du droit, qui, peu à peu, se sont taries ou ont passé entre les mains du souverain.

Les sénatusconsultes, d'abord fréquents, finissent également par disparaître à l'époque chrétienne.

L'édit de Julien codifiera en une loi obligatoire pour tous les édits des deux préteurs ; et le *ius edicendi*, qui appartenait en province aux *praesides* et aux *quaestores* devint un apanage du prince, qui l'exerçait sous forme de constitutions.

Les rescrits prennent la place des réponses des Prudents, et constituent les précédents judiciaires.

En somme, il ne reste plus, à l'époque chrétienne, comme source de droit, que la volonté de l'empereur, et, peut-être, la coutume de la ville de Rome, aussi bien de la Rome nouvelle que de la Rome ancienne.

C'est donc l'usage du siège du Gouvernement qui a pu influer sur une disposition.

Il n'y a pas lieu, en général, de s'occuper de l'indication de telle ou telle localité où un empereur n'était que de passage.

(1) Gaius, I, 2.

Depuis la constitution Antonine, lorsque le prince prenait une mesure générale, elle visait tout l'Empire.

Les seules limites territoriales que son application pouvaient rencontrer étaient celles qui résultaient de la volonté impériale, spécialement exprimée dans la disposition même.

C'est donc dans le texte que nous devons chercher l'indication de la sphère d'application.

Le lieu y est parfois indiqué. Il en est ainsi notamment des constitutions qui renferment un règlement applicable à une partie de l'Empire, comme celles qui forment le titre du Code *de officio praefecti praetorio Africae*, comme la c. 1. *de officio comitis Orientis*, la c. 1 *de officio praefecti Augustalis*, ou encore la c. 2 *de alluuionibus et paludibus*.

Il peut aussi résulter de la personnalité de celui qui prend la disposition.

Certains empereurs, comme nous l'avons dit plus haut, n'ont régné que sur une partie de l'Empire ; mais, même dans les cas où les noms des différents empereurs ont été inscrits, il n'est pas impossible parfois, malgré la règle de l'unanimité, de déterminer celui d'entre eux qui est l'auteur de la mesure.

Les douze cents rescrits portant les noms de Dioclétien et Maximien émanent, d'après M. Th. Mommsen, presque tous, de Dioclétien et s'adressent à l'Empire d'Orient (1).

(1) Th. Mommsen, *Fragmenta Vaticana*. in-4, page 396 et suivantes ; et

La personnalité de celui à qui l'empereur s'adresse sert parfois à nous renseigner sur la sphère d'application de la disposition.

Il est toute une série de cas où l'on trouve, en tête des constitutions du code de Justinien, le nom des destinataires, où l'inscription même nous conserve donc l'indication des personnes qui, originairement, étaient seules visées.

C'est ainsi que nous avons pu recueillir une trentaine d'inscriptions qui rentrent dans cette catégorie :

Imppp. Gratianus Valentinianus et Theodosius AAA. ad populum urbis Constantinopolitanae (1).

Αὐτοκράτωρ Ἰουστινιανὸς Αὔγουστος Κωνσταντινουπολίταις (2).

Impp. Arcadius et Honorius AA. ad Iudaeos (3).

Impp. Honorius et Theodosius AA. populo Carthaginiensi (4).

Imp. Constantinus A. ad uniuersos prouinciales (5).

Imp. Constantinus A. ad Lusitanos (6).

Imp. Constantinus A. ad prouinciales (7).

Abhandlungen der Berliner Akademie, 1860, page 419, *Zeitfolge der Verordnungen des Diocletians.* Il ne faudrait attribuer à l'Occident que six rescrits : *Fragmenta Vaticana* 41, 271, 292, 313, 315 et *Consultatio* 5. — Dans ce sens aussi, Krüger, *Rechtsquellen.* page 282. — Huschke, *Zeitschrift für Rechtsgeschichte*, VI, page 307, remarque 1, y ajoute quelques constitutions du Code.

(1) C. 1 *de summa Trinitate.*

(2) C. 6 *eodem titulo.*

(3) C. 9 *de Iudaeis.*

(4) C. 5 *de paganis.*

(5) C. 3 *ut lite pendente.*

(6) C. 4 *de diuersis rescriptis.*

(7) C. 3 *de officio rectoris prouinciae.*

Impp. Diocletianus et Maximianus AA. et CC. Iudae (1).

Imp. Constantinus A. ad uniuersos prouinciales (2).

Imp. Constantinus A. ad uniuersos prouinciales (3).

Imppp. Valentinianus Theodosius et Arcadius AAA. ad prouinciales (4).

Imp. Iustinianus A. ad populum urbis Constantinopolitanae et uniuersos prouinciales (5).

Impp. Diocletianus et Maximianus AA. et CC. Aelio Nicopolitano (6).

Imp. Constantinus A. prouincialibus suis (7).

Imp. Iustinianus A. ad populum urbis Constantinopolitanae et uniuersos prouinciales (8).

Impp. Honorius et Theodosius AA. edictum ad populum urbis Constantinopolitanae et ad omnes prouinciales (9).

Imp. Constantinus A. ad uniuersos prouinciales (10).

Impp. Valentinianus et Valens AA. salutem dicunt ordini ciuitatis Carthaginensium (11).

Imp. Constantinus A. ad uniuersos prouinciales (12).

Imp. Constantinus A. ad prouinciales (13).

(1) C. 3 *de iurisdictione omnium iudicum.*
(2) C. 4 *eodem titulo.*
(3) C. 2 *ubi in rem actio.*
(4) C. 1 *quando liceat sine iudice.*
(5) C. 25 *ad senatus consultum Velleianum.*
(6) C. 20 *de usuris.*
(7) C. 2 *de patribus qui filios distraxerunt.*
(8) C. 1 *de rei uxoriae actione.*
(9) C. 20 *de testamentis : quem ad modum testamenta ordinantur.*
(10) C. 19 *de appellationibus.*
(11) C. 24 *eodem titulo.*
(12) C. 7 *quae res pignori obligari possunt.*
(13) C. 2 *de litigiosis.*

Imppp. Gratianus Valentinianus et Theodosius AAA. edictum ad prouinciales (1).

Imp. Constantinus A. ad prouinciales (2).

Imp. Constantinus A. ad prouinciales (3).

Imp. Constantinus A. ad Afros (4).

Imp. Constantius et Constans AA. ordini ciuitatis Constantinae Cirtensium (5).

Impp. Valentinianus et Valens AA. ad Byzacenos (6).

Impp. Valentinianus et Valens AA. Mauris Sitifensibus (7).

Impp. Diocletianus et Maximianus AA. Seuerino et ceteris scholasticis Arabiis (8).

Imppp. Gratianus Valentinianus et Theodosius AAA. nauiculariis Afris salutem (9).

Impp. Honorius et Theodosius AA. nauiculariis per Africam (10).

Imp. Constantinus A. ad Bithynos (11).

Impp. Constantius et Constans A. edictum ad Heliopolitanos (12).

Imp. Constantinus A. edicto suo ad Afros (13).

C'est donc seulement dans une trentaine de cas que

(1) C. 4 *ad legem Iuliam repetundarum.*
(2) C. 6 *de iure fisci.*
(3) C. 5 *de delatoribus.*
(4) C. 1 *de capiendis et distrahendis pignoribus.*
(5) C. 20 *de decurionibus.*
(6) C. 25 *eodem titulo.*
(7) C. 27 *eodem titulo.*
(8) C. 1 *qui aetate se excusant.*
(9) C. 3 *de naufragiis.*
(10) C. 5 *eodem titulo.*
(11) C. 1 *de murilegulis.*
(12) C. 1 *de fundis rei priuatae.*
(13) C. 1 *de cohortalibus principibus.*

des constitutions sont adressées aux habitants d'une ville, d'une partie de l'Empire, auxquels elles donnaient ainsi une règle de droit nouvelle.

Aussi pourrions-nous, d'une manière générale, considérer comme insoluble le problème de savoir où fut soulevée la question qui motiva la décision impériale, si nous n'avions d'autres moyens d'y arriver.

Il faut d'abord mentionner les inscriptions *ad populum* dont le destinataire est aussi le sujet de la loi ; ce sont : *Imp. Constantinus A. ad populum* c. 1 de sacrosanctis ecclesiis ; Αὐτοκράτωρ Λέων αὐτῷ δήμῳ c. 14 de episcopali audientia ; *Imp. Constantinus A. ad populum* c. 3 de precibus imperatori offerendis ; *Impp. Honorius et Theodosius AA. ad populum* c. 12 de his quae ui ; *Imp. Constantinus A. ad populum* c. 2 si aduersus uenditionem : c. 15 de fide instrumentorum ; c. 25 de usuris ; c. 1 de concubinis ; c. 22 de administratione tutorum ; *Imp. Anastasius A. ad populum*, c. 5 de curatore furiosi ; *Imp. Constantinus A. ad populum* c. 4 quando decreto ; c. 9 qui admitti ad bonorum possessionem ; c. 15 de testamentis ; c. 21 de legatis ; c. 3 pro quibus causis serui ; *Impp. Valentiniani et Marciani AA. edictum ad populum* c. 4 de fructibus ; *Imp. Constantinus A. ad populum* c. 3 de pactis pignorum ; c. 1 de infirmandis poenis ; *Impp. Constantius et Constans A. ad populum* c. 30 (31) ad legem Iuliam de adulteriis ; *Imp. Constantinus A. ad populum* c. 1 de mulieribus quae seruis propriis ; c. 5 et 6 de maleficis ; c. 4 de sepulchro uiolato ; *Imp. Iulianus A. ad populum* c. 5 eodem titulo ;

Imp. Constantinus A. ad populum c. 2 de exactione tributorum ; *Imppp. Gratianus Valentinianus et Theodosius AAA. ad populum* c. 1 de immunitate ; *Imp. Constantinus A. ad populum* c. 6 de professoribus et medicis ; Αὐτοκράτωρ Λέων *A.* τῷ δήμῳ...... c. 7 de spectaculis ; *Imppp. Gratianus Valentinianus et Theodosius AAA. ad populum* c. 9 de agricolis censitis ; *Impp. Arcadius et Honorius AA. ad populum* c. 11 eodem titulo ; *Imp. Constantinus A. ad populum* c. 1 de censibus ; auxquels il faut joindre : *Impp. Arcadius et Honorius ad senatum et populum* c. 3 quae res uenire non possunt ; c. 2 de canone frumentario ; enfin, *Imp. Caesar Flauius Iustinianus A. ad senatum et omnes populos* c. Tanta.

Dans la période chrétienne, la plupart des constitutions sont adressées à des fonctionnaires.

La simple indication des destinataires dispense, dans certains cas, de toute recherche : *clericis* c. 1 de episcopis et clericis ; τοῖς πανταχοῦ γῆς θεοφιλεστάτοις ἐπισκόποις c. 33 de episcopali audientia ; *ad senatum* c. 2, 3, 8 de legibus et constitutionibus ; c. 1 de senatus consultis ; c. 7 de precibus imperatori ; c. 5 si contra ius utilitatemue ; *ad agentes in rebus* c. 1 de officio magistri militum ; *ad senatum* c. 1 de officio praetorum ; *comitibus et magistratis utriusque militiae* c. 1 de officio iudicum militarium ; *ad senatum* c. 3 de defensoribus ciuitatium ; c. 2 ubi senatores ; c. 18 de nuptiis ; c. 3 de libertis et eorum liberis ; c. 18 et 22 de iure deliberandi ; *consulibus praetoribus tribunis plebis senatui* c. 1 de bonis maternis ; *ad senatum* c. 1 de bonis quae liberis; *procuratoribus hereditatium* c. 1 de usuris rei iudicatae; *ad senatum* c. 23 de appellationibus; c. 9 de reuocandis donationibus; *consulibus praetoribus tribunis plebis senatui* c. 21 qui accusare non possunt; c. 17 de accusationibus; *ad senatum* c. 1 de emendatione propinquorum; c. 3 de generali abolitione; *consulibus praetoribus tribunis plebis senatui* c. 10 de calumniatoribus; *ad rationales* c. 1 ne fiscus rem quam uendidit; *ad proconsules uicarios omnesque rectores* c. 1 de superindicto; *ad praefectos* c. 10 de muneribus patrimoniorum; *comitibus et magistris militum* c. 3 de pascuis publicis; *ad senatum* c. 7 de dignitatibus; c. 2 de praetoribus et honore; c. 1 de consulibus et non spargendis; *ad agentes in rebus* c. 3 de curiosis; *palatinis bene meritis* c. 1 de priuilegiis eorum; *omnibus rectoribus prouinciarum* c. 4 de numerariis; *ad prouinciales et ad proconsules* c. 1 de exsecutoribus; enfin, *ad senatum* c. Haec, qvae necessario.

Citons encore, comme ayant un caractère général, les constitutions adressées à Tribonien c. Deo avctore; c. 5 de temporibus et reparationibus; ou à Ménas c. Svmma rei pvblicae; etc.

L'inscription, dans certains cas, ne se borne pas à donner le nom du destinataire; mais indique, en outre, la région dans laquelle il exerçait ses fonctions.

On ne peut évidemment considérer comme adressées spécialement à une région, les constitutions où l'indication *ad senatum* est complétée par l'indication du siège de ce corps. C'est ainsi que nous lisons *senatui urbis Constanti-*

nopolitanae c. Cordi ; *senatui urbis Constantinopolitanae et urbis Romae* c. 1 de caducis tollendis ; *ad senatum urbis Romae* c. 1 de suis et legitimis liberis ; c. 5 ad senatus consultum Tertullianum ; c. 3 de bonis maternis ;

C'était souvent à l'occasion de faits qui s'étaient produits dans la région qui leur était confiée, que les empereurs envoyaient aux fonctionnaires des instructions qu'ils avaient à y appliquer.

Ainsi furent prises au sujet de l'Égypte les dispositions juridiques qui sont l'objet des fragments dont l'inscription s'adresse au préfet augustal. En voici la série dans l'ordre du code de Justinien :

Imppp. Gratianus Valentinianus et Theodosius AAA. Paulino praefecto Augustali (1).

Impp. Arcadius et Honorius AA. Gennadio praefecto Augustali (2).

Impp. Arcadius et Honorius AA. Archelao praefecto Augustali (3).

Impp. Arcadius et Honorius AA. Remigio praefecto Augustali (4).

Imppp. Valentinianus Theodosius et Arcadius AAA. Florentio praefecto Augustali (5).

Imppp. Valentinianus Theodosius et Arcadius AAA. Potamio praefecto Augustali (6).

(1) C. 8 *de episcopis et clericis.*
(2) C. 5 *de episcopali audientia.*
(3) C. 1 *de his qui ad ecclesias.*
(4) C. 1 *quando libellus principi.*
(5) C. 1 *de officio praefecti Augustalis.*
(6) C. 5 *de defensoribus ciuitatum.*

Impp. Leo et Anthemius AA. Alexandro duci et praefecto Augustali (1).

Impp. Leo et Anthemius AA. Alexandro duci Aegyptiaci limitis et praefecto Augustali (2).

[Αὐτοκράτωρ Ἰουλιανὸς Αὔγουστος Εγδικιῳ ἐπάρχῳ Αἰγυπτου] (3).

Imp. Constantinus H. Ecdicio praefecto Aegypti (4).

Impp. Leo et Anthemius AA. Alexandro duci et praefecto Augustali (5).

Imppp. Gratianus Valentinianus et Theodosius AAA. Florentio praefecto Augustali (6).

Imppp. Valentinianus Theodosius et Arcadius AAA........ praefecto Augustali (7).

Imp. Antoninus A. Augustali (8).

Imppp. Valentinianus Theodosius et Arcadius AAA. Potamio praefecto Augustali (9).

Nombreuses sont les constitutions dont le destinaire est gouverneur de l'Afrique. Nous trouvons le titre *proconsul Africae* dans les *inscriptiones* suivantes :

Impp. Arcadius et Honorius AA. Apollodoro proconsuli Africae (10).

Imp. Constantinus A. Aeliano proconsuli Africae (11).

(1) C. 1 *de officio iuridici Alexandriae.*
(2) C. 13 *de aduocatis diuersorum iudiciorum.*
(3) C. 3 *de operis publicis. Cf.* 4.
(4) C. 4 *eodem titulo.*
(5) C. 3 *quae sit longa consuetudo.*
(6) C. 1 *de sedetiosis et his qui plebem.*
(7) C. 8 *de incolis.*
(8) C. 1 *de periculo eorum qui pro magistratibus.*
(9) C. 14 *de cursu publico.*
(10) C. 4 *de paganis.*
(11) C. 1 *de officio proconsulis* (a° 320) ; c. 3 *de aduocatis fisci* (a° 313).

Impp. Honorius et Theodosius AA. Iuliano proconsuli Africae (1).

Imp. Constantinus A. ad Catullinum proconsulem Africae (2).

Impp. Valentinianus et Valens AA. ad Festum proconsulem Africae (3).

Imp. Titus Aelius Antoninus A. Augurino proconsuli Africae (4).

Imp. Constantinus A. Catullino proconsuli Africae (5).

Impp. Arcadius et Honorius AA. Iuliano proconsuli Africae (6).

Impp. Arcadius et Honorius AA. Ennodio proconsuli Africae (7).

Imppp. Valens Gratianus et Valentinianus AAA. ad Thalassium proconsulem Africae (8).

Impp. Honorius et Theodosius AA. Symmacho proconsuli Africae (9).

Imp. Constantinus A. Aconio Catullino proconsuli Africae (10).

Imppp. Valentinianus Theodosius et Arcadius AAA. Drepanio proconsuli Africae (11).

(1) C. 8 *de in integrum restitutione* et c. 3 *qui legitimam personam*.
(2) C. 4 *de dilationibus*.
(3) C. 1 *ubi de possessione*.
(4) C. 1 *de petitione hereditatis*.
(5) C. 3 *ad senatus consultum Tertullianum*.
(6) C. 12 *de sententiis et interlocutionibus* ; c. 6 *de re iudicata*.
(7) C. 27 *de appellationibus*.
(8) C. 5 *quorum appellationes*.
(9) C. 13 *de exceptionibus siue praescriptionibus*.
(10) C. 26 *de donationibus*.
(11) C. 3 *de exhibendis reis*.

Imp. Constantinus A. ad Catullinum proconsulem Africae (1).

Imp. Constantinus A. ad Tertullianum proconsulem Africae (2).

Impp. Arcadius et Honorius AA. Pompeiano proconsuli Africae (3)

Imp. Constantinus A. ad Aelianum proconsulem Africae (4).

Impp. Arcadius et Honorius AA. Epollodoro proconsuli Africae (5).

Impp. Theodosius et Valentinianus AA. Celeri proconsuli Africae (6).

Imp. Constantinus A. ad Hilarium proconsulem Africae 7).

Impp. Arcadius et Honorius AA. Ennodio proconsuli Africae (8).

Idem AA. Probino proconsuli Africae (9).

Impp. Honorius et Theodosius AA. Euchario proconsuli Africae (10).

Imppp. Valentianus Valens et Gratianus AAA. ad Claudium proconsulem Africae (11).

(1) C. 6 *ad legem Iuliam de ui*.
(2) C. 2 *de falsa moneta*.
(3) C. 1 *ad legem Iuliam de ambitu*.
(4) C. 1 *de exactionibus tributorum*.
(5) C. 1 *de superexactionibus*.
(6) C. 2 *de apochis publicis*.
(7) C. 16 *de decurionibus et filiis eorum*.
(8) C. 45 *eodem titulo*.
(9) C. 52 *eodem titulo*.
(10) C. 53 *eodem titulo*.
(11) C. 9 *de excusationibus munerum*.

Impp. Valentinianus et Valens AA. Chiloni proconsuli Africae (1).

Imppp. Valens Gratianus et Valentinianus AAA. ad Hesperium proconsulem Africae (2).

Impp. Theodosius et Valentinianus AA. Celeri proconsuli Africae (3).

Imp. Constantinus A. ad Proculum proconsulem Africae (4).

Idem A. ad Catullinum proconsulem Africae (5).

Imppp. Gratianus Valentinianus et Theodosius AAA. ad Hesperium proconsulem Africae (6).

Impp. Honorius et Theodosius AA. Palladio proconsuli Africae (7).

Impp. Arcadius et Honorius AA. Septimino proconsuli Africae (8).

Imppp. Valentinianus Theodosius et Arcadius AAA. ad Flauianum proconsulem Africae (9).

Imp. Constantinus A. proconsuli Africae (10).

Impp. Arcadius et Honorius AA. Pompeiano proconsuli Africae (11).

(1) C. 2 *de praediis nauiculariorum.*
(2) C. 1 *de spectaculis.*
(3) C. 16 (17) *de omni agro deserto.*
(4) C. 1 *de collatione fundorum.*
(5) C. 2 *eodem titulo.*
(6) C. 3 *de fundis rei priuatae.*
(7) C. 3 *de principibus agentum.*
(8) C. 19 *de cursu publico.*
(9) C. 1 *de apparatoribus proconsulis.*
(10) C. 1 *de lucris aduocatorum.*
(11) C. 3 *eodem titulo.*

Impp. Arcadius et Honorius AA. Victorio proconsuli Africae et Dominatori uicario Africae (1).

Le conseil d'Afrique est destinataire d'une constitution :

Imp. Constantinus A. ad concilium prouinciae Africae (2).

C'est le titre *uicarius Africae* que nous rencontrons dans les inscriptions suivantes :

Impp. Arcadius et Honorius AA. Sapidiano uicario Africae (3).

Impp. Constantius et Constans AA. ad Petronium uicarium Africae (4).

Imppp. Valentinianus Theodosius et Arcadius AAA. ad Magnillum uicarium Africae (5).

Imp. Iulianus A. Auitianum uicarium Africae (6).

Imp. Constantinus A. ad Verinum uicarium Africae (7).

Imp. Constantinus A. ad Domitium Celsum uicarium Africae (8).

Impp. Valentinianus et Valens AA. ad Dracontium uicarium Africae (9).

Impp. Valentinianus et Valens AA. ad Dracontium uicarium Africae (10).

Impp. Valentinianus Valens et Gratianus AAA. ad Crescentem uicarium Africae (11).

(1) C. 2 *de apparatoribus proconsulis.*
(2) C. 21 *de procuratoribus.*
(3) C. 13 *de episcopis et clericis.*
(4) C. 6 *de dilationibus.*
(5) C. 16 *de rescindenda uenditione.*
(6) C. 7 *de aedificiis priuatis.*
(7) C. 1 *de his qui parentes.*
(8) C. 16 *ad legem Fabiam.*
(9) C. 8 *de iure fisci.*
(10) C. 6 *de annona et tributis.*
(11) C. 4 *de omni agro deserto.*

Imp. Constantius A. Eubulidae uicario Africae (1).

Pour compléter la liste des fragments adressés à des fonctionnaires, dont l'inscription conserve l'indication de provinces africaines de l'Empire qui constituaient leur gouvernement, il faut ajouter quelques constitutions encore :

Impp. Valentinianus et Valens AA. ad Honoratum consularem Byzacii (2).

Impp. Honorius et Theodosius AA. Vitaliano duci Libyae (3).

Impp. Diocletianus et Maximianus AA. et CC. Corcordio praesidi Numidiae (4).

Impp. Valentinianus et Valens AA. ad Oricum praesidem Tripolitanae (5).

Imppp. Theodosius Arcadius et Honorius AAA. Siluano duci et correctori limitis Tripolitani (6).

C'est ensuite le nom des provinces asiatiques dont il est fait le plus fréquemment mention dans les titres des comtes, proconsuls, vicaires et présidents de l'Empire romain.

Ainsi sont adressés au *comes Orientis* les constitutions portant :

Impp. Valentinianus et Valens AA. ad Iulianum comitem Orientis (7).

(1) C. 2 *de lucris aduocatorum*.
(2) C. 1 *de officio comitis rerum priuatarum*.
(3) C. 7 *de adsessoribus et domesticis*.
(4) C. 27 (28) *ad legem Iuliam de adulteriis*.
(5) C. 5 *de agricolis censitis*.
(6) C. 4 *de diuersis officiis*.
(7) C. 1 *de episcopali audientia*.

Impppp. Valentinianus Theodosius et Arcadius AAA. Infantio comiti Orientis (1).

Imppp. Valentinianus Valens et Gratianus AAA. ad Archelaum comitem Orientis (2).

Impp. Valentinianus et Valens AA. ad Iulianum comitem Orientis (3).

Imp. Constantius A. ad Leontium comitem Orientis (4).

Impp. Constantinus et Constans AA. ad Marcellinum comitem Orientis (5).

Imp. Iulianus A. ad Iulianum comitem Orientis (6).

Imppp. Valentinianus Valens et Gratianus AAA. ad Archelaum comitem Orientis (7).

Imp. Iulianus A. Iuliano comiti Orientis (8).

Idem A. Iuliano comiti Orientis (9).

Imp. Constantinus A. ad Marcellinum comitem Orientis (10).

Imppp. Valentinianus Theodosius et Arcadius AAA. Martiniano comiti Orientis (11).

Impp. Arcadius et Honorius AA. Asterio comiti Orientis (12).

(1) C. 7 *de Iudaeis et caelicolis.*
(2) C. 7 *de uectigalibus et commissis.*
(3) C. 1 *de commerciis et mercatoribus.*
(4) C. 3 *unde liberi* et c. 15 *de iure deliberandi.*
(5) C. 2 *de operis publicis.*
(6) C. 12 *de exceptionibus siue prescriptionibus.*
(7) C. 4 *de conueniendis fisci debitoribus.*
(8) C. 22 *de decurionibus.*
(9) C. 23 *eodem titulo.*
(10) C. 1 *de praebendo salario.*
(11) C. 9 *de incolis.*
(12) C. 4 *de aquaeductu.*

Imp. Constantinus A. Ianuario comiti Orientis (1).

Imppp. Valentinianus Theodosius et Arcadius AAA. Marciano comiti Orientis (2).

Imppp. Gratianus Valentinianus et Theodosius AAA. Philagrio comiti Orientis (3).

Viennent ensuite celles adressées au *uicarius Orientis* :

Imp. Constantinus A. ad Maximum uicarium Orientis (4).

Imp. Constantinus A. ad Maximum uicarium Orientis (5) et au *magister militum per Orientem :*

Impp. Honorius et Theodosius AA. ad Hypatium magistrum militem per Orientem (6).

Impp. Theodosius et Valentinianus AA. Apollonio magistro militum praesentali et Anatolio magistro militum per Orientem (7).

C'est l'Asie qui est mentionnée comme la province de certains proconsuls :

Impp. Arcadius et Honorius AA. Simplicio proconsuli Asiae (8).

Impp. Arcadius et Honorius AA. Aeternali proconsuli Asiae (9).

Impp. Arcadius et Honorius AA. Nebridio proconsuli Asiae (10).

(1) C. 2 *de agricolis et mancipiis.*
(2) C. 13 *de dignitatibus.*
(3) C. 10 *de cursu publico.*
(4) C. 5 *de municipibus et originariis.*
(5) C. 1 *in quibus causis coloni censiti.*
(6) C. 2 *de officio magistri militum.*
(7) C. 4 *de apparitoribus magistrorum militum.*
(8) C. 2 *de officio proconsulis.*
(9) C. 11 *de petitione hereditatis* et c. 17 *de testamentis.*
(10) C. 28 *de appellationibus.*

Imppp. Valens Gratianus et Valentinianus AAA. ad Florianum uicarium Asiae (1).

Imppp. Gratianus Valentinianus et Theodosius AAA. Menandro uicario Asiae (2).

Impp. Constantius et Constans AA. ad Veronicianum uicarium Asiae (3).

Imp. Constantinus A. Veroniciano uicario Asiae (4).

Impp. Arcadius et Honorius AA. Euthymio uicario Asiae (5).

et d'un *comes :*

Impp. Arcadius et Honorius AA. Nebridio comiti Asiae(6).

enfin :

Impp. Diocletianus et Maximianus AA. et CC. Diogeni praesidi insularum (7).

Ce sont ensuite la Lycie et la Pamphylie :

Imp. Antonius A. Rutiliano consulari Lyciae (8).

Imp. Constantinus A. ad Eusebium uirum perfectissimum praesidem Lyciae et Pamphyliae (9).

la Cilicie :

Imp. Constantius A. ad Maximum praesidem Ciliciae (10).

la Lydie :

(1) C. 1 *ne sanctum baptisma iteretur.*
(2) C. 8 *de calumniatoribus.*
(3) C. 1 *de palatinis sacrarum largitionum.*
(4) C. 1 *de numerariis.*
(5) C. 8 *de cohortalibus principibus.*
(6) C. 2 *in quibus causis coloni censiti.*
(7) C. 5 *ubi causa status.*
(8) C. 1 *de generali abolitione.*
(9) C. 1 *de capitatione ciuium.*
(10) C. 1 *de inofficiosis dotibus.*

Imppp. Gratianus Valentinianus et Theodosius AAA. Panhellenio consulari Lydiae (1).

l'Isaurie :

Imppp. Gratianus Valentinianus et Theodosius AAA. Matroniano duci et praesidi Isauriae (2).

l'Arménie :

Impp. Arcadius et Honorius AA. Remistheo duci Armeniae (3).

Imp. Iustinianus A. Zetae uiro illustri magistro militum per Armeniam et Pontum Polemoniacum et gentes (4).

la Cappadoce :

Impp. Constantinus et Licinius AA. ad Titianum praesidem Cappadociae (5).

la Syrie :

Impp. Diocletianus et Maximianus AA. et CC. ad Verinum praesidem Syriae (6).

Pars epistulae Diocletiani et Maximiani AA. et CC. ad Primosum praesidem Syriae (7).

Impp. Diocletianus et Maximianus AA. ad Charisium praesidem Syriae (8).

Impp. Valentinianus et Valens AA. Festo consulari Syriae (9).

(1) C. 6 *de delatoribus.*
(2) C. 1 *ad legem Iuliam repetundarum.*
(3) C. 16 *de cursu publico.*
(4) C. 5 *de officio magistri militum.*
(5) C. 41 *de liberali causa.*
(6) C. 20 *de procuratoribus.*
(7) C. 6 *de praescriptione longi temporis.*
(8) C. 9 *de quaestionibus.*
(9) C. 3 *de cohortalibus.*

la Mésopotamie :

Imppp. Valentinianus Theodosius et Arcadius AAA. Cariobaudi duci Mesopotamiae (1).

Imp. Constantinus A. Ursino duci Mesopotamiae (2).

l'Arabie :

Imp. Constantius A. Theodoro praesidi Arabiae (3).

la Palestine :

Imp. Iulianus A. Leontio consulari Palaestinae (4).

et la Phénicie :

Impp. Diocletianus et Maximianus AA. Crispino praesidi prouinciae Phoenice (5).

Impp. Constantius et Constans AA. Marcellino praesidi Phoenice (6).

Les provinces orientales de l'Europe sont indiquées comme ressort des destinataires de quelques constitutions, dans les inscriptions desquelles nous lisons :

Αὐτοκράτωρ Ἰουστινιανὸς Α. Ἐπιφανίῳ ἀρχιεπισκόπῳ Κωνσταντινουπόλεως καὶ πατριάρχῃ (7).

Imp. Anastasius A. Iohanni magistro militum per Illyricum (8).

Imppp. Valentinianus Valens et Gratianus AAA. Albuciano uicario Macedoniae (9).

(1) C. 2 *quae res uenire non possunt.*
(2) C. 1 *de eunuchis.*
(3) C. 18 *de poenis.*
(4) C. 24 *de decurionibus.*
(5) C. 3 *de diuersis rescriptis.*
(6) C. 1 *de formulis.*
(7) C. 42 (43) *de episcopis et clericis.*
(8) C. 4 *de officio magistri militum.*
(9) C. 5 (6) *de feriis.*

Imp. Constantinus A. ad Claudium praesidem Daciae (1).

Impp. Leo et Anthemius AA. Nepoti magistro militum Dalmatiae (2).

Impp. Valentinianus et Valens AA. ad Zosimum praesidem nouae Epiri (3).

Impp. Valentinianus et Valens AA. *ad Zosimum praesidem Epiri nouae* (4).

Les îles de la Méditerranée sont mentionnées dans les constitutions suivantes :

Imp. Constantinus A. ad Felicem praesidem Corsicae (5).

Imppp. Valentinianus Valens et Gratianus AAA. Laodicio praesidi Sardianiae (6).

Imp. Constantinus A. Restituto praesidi Sardiniae (7).

On trouve le mot *Hispaniae* dans plusieurs *inscriptiones* adressées à des *comites*, des *uicarii*, et des *rationales* :

Imp. Constantinus A. ad Octauianum comitem Hispaniarum (8).

Imp. Constantinus A. et C. ad Seuerum comitem Hispaniarum (9).

Imp. Constantinus A. ad Tiberianum comitem Hispaniarum (10).

(1) C. 28 *de inofficioso testamento.*
(2) C. 5 *de bonis quae liberis in potestate.*
(3) C. 1 *de stratoribus.*
(4) C. 2 *de apparitoribus praefectorum praetorio.*
(5) C. 2 *de poena iudicis.*
(6) C. 19 *qui accusare non possunt.*
(7) C. 2 *de capiendis et distrahendis pignoribus.*
(8) C. 1 *ubi senatores.*
(9) C. 14 *de fide instrumentorum.*
(10) C. 6 *de fugitiuis seruis.*

Imp. Constantinus A. ad Seuerum comitem Hispaniarum (1).

Imp. Constantinus A. ad Tiberianum uicarium Hispaniarum (2).

Impp. Arcadius et Honorius AA. Petronio uicario Hispaniarum (3).

Imppp. Gratianus Valentinianus et Theodosius AAA. Mariniano uicario Hispaniae (4).

Imppp. Valentinianus Valens et Gratianus AAA. ad Arthemium uicarium Hispaniarum (5).

Imp. Constantinus A. rationalibus Hispaniarum (6).

Imp, Constantinus A. ad Egnatium Faustinum praesidem Baeticae (7).

La Narbonnaise est la seule province des Gaules dont le nom se trouve dans une *inscriptio* du Code :

Imp. Alexander A. Iuliano proconsuli Narbonensis (8).

Enfin, certaines constitutions sont adressées à des fonctionnaires que les inscriptions indiquent avoir appartenu aux différentes régions de l'Italie :

Victor Iustinianus pius felix inclitus triumphator semper Augustus Iohanni sanctissimo archiepiscopo almae urbis Romae et patriarchae (9).

(1) C. 27 *de donationibus.*
(2) C. 16 *de donationibus.*
(3) C. 11 *de adquirenda et retinenda possessione* et c. 2 *si per uim uel alio modo.*
(4) C. 13 *de accusationibus et inscriptionibus.*
(5) C. 1 *de discussoribus.*
(6) C. 1 *de his qui se deferunt.*
(7) C. 3 *si propter publicas pensitationes.*
(8) C. 4 *ad legem Iuliam de adulteriis.*
(9) C. 8 *de summa Trinitate.*

Imp. Constantinus A. Victori rationali urbis Romae (1).

Impp. Arcadius et Honorius AA. Benigno uicario urbis Romae (2).

Impp, Diocletianus et Maximianus AA. Numidio correctori Italiae (3).

Imp. Constantinus A. ad Bassum uicarium Italiae (4).

Impp. Valentinianus et Valens AA. ad Fauentium uicarium Italiae (5).

Imp. Constantinus A. ad Barbarum Pompeianum consularem Campaniae (6).

Impp. Valentinianus et Valens AA. ad Bulephorum consularem Campaniae (7).

Imp. Constantinus A. ad Dulcitium consularem Aemiliae (8).

Imp. Constantinus A. Maecilio Hilariano correctori Lucaniae et Brittiorum (9).

Impp. Valentinianus et Valens AA. ad Symmachum correctorem Lucaniae et Brittiorum (10).

Imp. Alexander A. quatuoruiris et decurionibus Fabratabernorum (11).

Au sommet de la hiérarchie des fonctionnaires romains

(1) C. 18 *de appellationibus.*
(2) C. 11 *de susceptoribus praepositis.*
(3) C. 3 *quibus non obiciatur.*
(4) C. 1 *si quis eam cuius tutor.*
(5) C. 3 *de agricolis censitis.*
(6) C. 4 *si contra ius.*
(7) C. 1 *ut armorum usus.*
(8) C. 2 *de agricolis censitis.*
(9) C. 21 *ad legem Corneliam de falsis* et c. 15 *de decurionibus.*
(10) C. 5 *de cursu publico.*
(11) C. 1 *de solutionibus et liberationibus.*

se trouvaient les préfets du prétoire, et après eux venait le préfet de la ville. C'est à ces dignitaires que les empereurs adressaient de préférence leurs constitutions durant la période chrétienne.

Des onze cents fragments dont l'inscription porte *pp.*, deux seulement sont antérieurs à Constantin. Les sigles *pu.* se rencontrent dans cent quarante textes environ, tous, sauf un seul, postérieurs à son avènement.

Impp. Diocletianus et Maximianus AA. Maximo pu (1).

Dans de rares cas, suit l'indication du ressort où ces fonctionnaires exerçaient leur magistrature.

Nous n'avons trouvé *pu. Romae* que dans deux inscriptions :

Imppp. Valentinianus Theodosius et Arcadius AAA. Albino pu. Romae (2).

Imppp. Valentinianus Theodosius et Arcadius AAA. Albino pu. Romae (3).

Quant aux préfets du prétoire, ils jouèrent un rôle judiciaire important à partir de Constantin ; mais il semble que ce fut seulement quelques années après les réformes de ce prince, qu'on les attribua à des régions déterminées.

Quoi qu'il en soit, dans le Code, ce n'est guère qu'une quarantaine de fois que l'indication du ressort complète celle des fonctions.

La mention *pp. per Illyricum* est de beaucoup la plus fréquente. Il devait nécessairement en être ainsi. La vie

(1) C. 7 *ad legem Fabiam.*
(2) C. 8 *de fugitiuis seruis.*
(3) C. 3 *de aquae ductu.*

juridique était, nous aurons à le constater sous peu, concentrée en Orient : des empereurs d'Orient émanaient le plus souvent les constitutions, et les provinces orientales posaient la plupart des questions qui donnèrent lieu aux rescrits.

Des onze cents fragments adressés à des préfets du prétoire et conservés dans le Code, huit cent septante à peu près appartiennent à cette catégorie.

Des deux préfectures, la plus importante de beaucoup était celle d'Orient. L'Illyrie n'arrive dans le total donné que pour une cinqantaine de fragments.

Aussi, d'une manière générale, peut-on dire que, lorsque l'empereur d'Orient s'adressait à un préfet, si aucune mention ne suivait, il y avait lieu la plupart du temps, de suppléer « *Orientis* ».

C'est pourquoi une mention locale ne devait guère paraître utile que dans les cas où ce n'était pas à ce fonctionnaire qu'on s'adressait : ainsi, alors que *pp. Orientis* se rencontre seulement dans dix des huit cents constitutions analogues, la mention *pp. Illyrici* peut être lue une vingtaine de fois. La seule constitution adressée à un préfet du prétoire d'Afrique contient l'indication *pp. Africae.*

Même remarque au sujet de l'Empire d'Occident. En règle générale, quand l'empereur s'adressait à un préfet du prétoire, ce devait être à celui d'Italie. Et en effet, environ cent quarante constitutions l'eurent comme destinataire alors que, dans un ou deux cas seulement, l'on trouve *pp. Italiae.* Le préfet des Gaules ne fut visé que dans une trentaine de constitutions ; mais le besoin de préciser la partie de l'Empire fit que, dans une douzaine de cas, l'on inscrivit *pp. Galliarum*.

Dans le tableau-annexe des constitutions prétoriennes sont indiquées spécialement celles dans l'inscription desquelles se peuvent lire les mentions *pp. Orientis*, *pp. Illyrici*, *pp. Italiae*, *pp. Galliarum*, *pp. Africae*.

Nous nous sommes quelque peu attardé à l'étude des indications locales dans les *inscriptiones* du Code, parce que nous croyons y trouver une nouvelle preuve de l'intensité de la vie juridique dans la partie orientale de l'Empire romain, pendant la période chrétienne.

Alors que nombre de questions juridiques étaient nécessaires pour appliquer le droit en Afrique, en Asie, dans les Balkans, il était rare que les empereurs eussent à s'adresser aux fonctionnaires italiens, espagnols ou gaulois.

Un autre fait se dégage encore des listes que nous avons dressées : le nombre proportionnellement considérable de constitutions adressées aux parties excentriques de l'Empire. C'est, en effet, dans les provinces où le droit romain avait pénétré moins parfaitement, que la nécessité d'avoir certains points juridiques confirmés et précisés se faisait sentir.

Tandis que l'étude des Pandectes nous renvoie de préférence en Italie et dirige nos recherches du côté de ses anciennes coutumes locales, l'intelligence du Code suppose la connaissance des législations antiques des autres provinces. Les interprètes du Code n'ont généralement pas vu que l'œuvre des empereurs a surtout été un travail de conciliation entre le vieux droit des Quirites et les conceptions juridiques de Grecs, d'Asiatiques, d'Africains; aussi ont-ils dû, dans bien des cas, renoncer à comprendre des textes dont l'explication se trouvait dans des notions qui leur étaient étrangères.

Si les inscriptions contenant des indications locales permettaient déjà d'arriver à cette conclusion, elle est considérablement fortifiée par les recherches faites pour déterminer la partie de l'Empire à laquelle appartenait le destinataire de la disposition, dans les cas où le Code était muet à ce sujet.

Maintes constitutions sont adressées à des personnages connus par d'autres textes juridiques, littéraires, historiques ou épigraphiques.

C'est surtout dans les cas (si fréquents depuis Constantin) où le destinataire était fonctionnaire, qu'un pareil travail peut être entrepris avec des chances de succès.

Le code de Justinien, par le texte même ou par d'autres constitutions, permet, bien des fois, de compléter l'inscription.

C'est ainsi que M. Krüger a reconstitué l'inscription manquante de la c. 2 *de sportulis :*

Αὐτοκράτωρ Ἰουστινιανὸς Α.... δουκὶ Θηβαΐδος

au moyen du texte même de la constitution, dont le § 1 se lit : λοιπὸν δε ἰδικὸν ὁρίζει πρόστιμον κατά τοῦ δουκὸς Θηβαΐδος, πρὸς ὃν ἀντεγράφη....

Ainsi, à titre d'exemple encore, pourrons-nous compléter l'inscription :

Imppp. Gratianus Valentinianus et Theodosius AAA., de la constitution 1 *de crimine sacrilegii*, au moyen de c. 1 *de summa Trinitate*, qui est un autre fragment d'une même constitution dont l'inscription a été conservée plus complète :

Imppp. Gratianus Valentinianus et Theodosius AAA. ad populum urbis Constantinopolae.

Mais si le Code lui-même nous renseigne dans bien des cas, infiniment plus nombreux encore sont ceux où le code Théodosien aura conservé intacte l'inscription de la constitution dont le fragment du code de Justinien a été extrait.

Ainsi la c. 1 *de mandatis principum* est inscrite :

Imppp. Gratianus Valentianus et Theodosius AAA. ad Eusignium pp.

Mais la constitution est extraite de la c. 1. du code Théodosien, au titre *de mandatis principum* (1, 3) dont l'inscription peut ainsi servir à la compléter et à la corriger, puisqu'elle se doit lire :

Imppp. Gratianus Valentinianus et Theodosius AAA. ad Eusignium Proconsulem Africae.

Les écrits des historiens et des littérateurs peuvent parfois nous renseigner sur la personne du destinataire. Ainsi, dans le cas de la c. 2 *ut lite pendente*, l'inscription

Imp. Constantinus A. Petronio Probiano suo salutem., peut être complétée par l'indication *proconsuli Africae*, qui est le titre que St-Augustin donne comme lui appartenant dans un de ses discours (1).

L'épigraphie vient aussi fournir son contingent de renseignements pour la détermination de la région où un magistrat exerçait ses fonctions. Un exemple en est l'inscription faite à Alexandrie en l'honneur du préfet du prétoire Cynegius, dont nous extrayons quelques lignes.

. . . .

MATERNO CYNEGIO OMNIVM VIRTVTVM VIRO ET AD INSIGNEM LAVDEM GLORIAMQVE PROGENITO · PER OMNES · HONORVM GRADVS · MERITORVM CONTEMPLATIONE PROVECTO PRAEFECTO PRAETORIO PER ORIENTEM STATVAM

. . . .

et qui, à défaut d'autres documents, suffirait à nous renseigner sur ce personnage, destinataire de nombreuses constitutions.

Un dictionnaire biographique des personnes citées dans le Code fait jusqu'à présent défaut, quelque grande que dût être son utilité pour bien connaître le milieu qui intéresse une disposition.

La lacune a, toutefois, été partiellement comblée par les *Préfets du Prétoire* de Bartolomeo Borghesi, au moyen desquels nous avons pu faire la liste des constitutions adressées à des *pp.*, qui fait l'objet de l'appendice de ce travail.

Enfin, il arrive que le texte même de la constitution, ou

(1) Augustinus, l. III, *contra Crescon.* c. 7.

l'intitulé du titre du Code dans lequel il est placé, nous renseigne directement la partie de l'Empire qui en a été bénéficiaire.

Citons les titres :

De officio praefectorum praetorio Orientis et Illyrici.

De officio praefecti praetorio Africae et de omni eiusdem dioeceseos statu.

De officio comitis Orientis.

De officio praefecti Augustalis.

De officio iuridici Alexandriae.

De Nili aggeribus non rumpendis.

De decuriis urbis Romae.

De priuilegiis corporatorum urbis Romae.

De studiis liberalibus urbis Romae et Constantinopolitanae.

De priuilegiis urbis Constantinopolitanae.

De metropoli Beryto.

De frumento urbis Constantinopolitanae.

De nautis Tiberinis

De frumento Alexandrino.

De Alexandriae primatibus.

De colonis Palaestinis.

De colonis Thracensibus.

De colonis Illyricianis.

De cupressis ex luco Daphnensi uel Perseis per Aegyptum non excidendis uel uendendis.

De professoribus qui in urbe Constantinopolitana docentes ex lege meruerint comitiuam.

De apparitoribus comitis Orientis,

A titre d'exemple, rappelons des phrases empruntées à quelques fragments, qu'elles localisent ainsi :

Usurpationem totius licentiae submouemus circa uectigal alabarchiae per Aegyptum atque Augustamnicam constitutum.... (1)

Quotiens ab Alexandrina ciuitate legatio destinatur uniuersos curiales praecipimus.... conuenire.... (2).

Ἡ διάταξις κελεύει τὰς παραμυθίας, ἃς ἐλάμβανεν ὁ ταβουλάριος ἐν τοῖς μεγάλοις τρισὶ σκρινίοις, τοῦτ' ἔστι τῆς ἀνατολικῆς καὶ Ποντικῆς διοικήσεως, δίδοσθαι τῷ πρώτῳ καὶ δευτέρῳ καὶ τρίτῳ ταβουλαρίῳ.... (3).

Enfin, la personne au sujet de laquelle on légifère, peut quelquefois nous donner des renseignements. Ainsi, quand les empereurs poursuivent les manichéens (4), il peut y avoir lieu de rechercher dans quelles parties de l'Empire on rencontrait cette hérésie.

Ce que la détermination du milieu dans lequel une idée a pris naissance, peut nous faire connaître au point de vue de son origine, est de première importance. C'est la gloire de M. Taine d'en avoir établi nettement la portée, et d'en avoir fait le premier l'application dans les domaines de l'histoire et de l'art. L'influence du milieu est peut-être plus grande encore dans la sphère du droit. Celui-ci, chez les Romains du moins, n'était qu'une coutume, la loi elle-même étant une modalité de l'usage, applicable seulement quand la coutume l'acceptait.

(1) C. 9 *de uectigalibus.*
(2) C. 6 *de legationibus.*
(3) C. 13 *de numerariis actuariis.*
(4) *de hereticis et manichaeis.*

Plus encore que l'époque, le milieu nous est précieux pour rechercher à quel usage juridique il faudra comparer une loi afin de déterminer, dans une disposition juridique, l'élément traditionnel, et l'élément nouveau qu'elle contient.

III

Quand, à propos d'une institution, il sera possible de fixer les circonstances dans lesquelles elle est née, il y aura toujours là, pour établir la portée de la mesure, une indication précieuse à recueillir.

Mais il est bien rare que le souvenir des événements qui ont provoqué une disposition soit parvenu jusqu'à nous.

Dans certains cas, cependant, il ressort du texte même de la mesure. Il en est notamment ainsi dans nombre de rescrits, où l'empereur rappelle les circonstances qui l'ont amené à décider comme il le fait.

Ainsi, nous pouvons citer, à titre d'exemple, ce rescrit : Imp. Antoninus A. Claudio Tryphonino. *Quod Cornelia Saluia uniuersitati Iudaeorum, qui in Antiochensium ciuitate constituti sunt, legauit peti non potest* (1).

C'est aussi le cas, bien connu, du sénatus-consulte Macédonien dont le texte même faisait allusion au crime qui l'avait provoqué.

(1) C. 1 *de Iudaeis*.

VLPIANVS libro uicensimo nono ad edictum *Verba senatus consulti Macedoniani haec sunt* : « *Cum inter ceteras* « *sceleris causas Macedo, quod illi natura administrabat,* « *etiam aes alienum adhibuisset, et saepe materiam peccandi* « *malis moribus praestaret, qui pecuniam, ne quid amplius* « *diceretur incertis nominibus crederet* : *placere, ne cui, qui* « *filio familias mutuam pecuniam dedisset, etiam post mor*« *tem parentis eius, cuius in potestate fuisset, actio petitio*« *que daretur, ut scirent, qui pessimo exemplo faenerarent,* « *nullius posse filii familias bonum nomen expectata patris* « *morte fieri* (1) ».

Il faut interpréter ce texte au moyen des renseignements que nous trouvons dans les commentateurs du sénatus-consulte.

Il est, en effet, assez exceptionnel que les *uerba legis* nous aient été conservés dans leur intégralité, et, dans ce cas même, il est rare que les circonstances soient rappelées dans la loi.

C'est donc généralement aux littérateurs et aux historiens qu'il faudra nous adresser pour apprendre les conditions dans lesquelles les mesures législatives ont été prises.

Quelque nombreux et banals que soient les cas d'auteurs, juridiques ou non, relatant les événements au milieu desquels on légiférait, il peut cependant n'être pas sans intérêt de reproduire ici une anecdote relative à Scaevola, et qu'on néglige de rappeler lorsqu'on étudie

(1) L. 1 *de senatus consulto Macedoniano.*

l'actio tutelae dont il est le fondateur, quoiqu'elle se rapporte à une circonstance dont ce grand-pontife s'est peut-être souvenu, lorsqu'il admit la bonne foi en matière de reddition de comptes de tutelle.

Potes igitur, inquit Crassus (ut alia omittam innumerabilia et immensa, et ad ipsum tuum ius ciuile ueniam) oratores putare eos, quos multas horas exspectauit, quum in campum properaret, et ridens et stomachans Scaeuola, quum Hypsaeus maxima uoce, plurimis uerbis, a M. Crasso praetore contenderet, ut ei, quem defendebat, causa cadere liceret; Cn. autem Octauius, homo consularis, non minus longa oratione recusaret, ne aduersarius causa caderet, ac ne is, pro quo, ipse diceret, turpi tutelae iudicio, atque omni molestia, stultitia aduersarii liberaretur? — Ego uero istos, inquit (memini enim mihi narrare Mucium), non modo oratoris nomine, sed ne foro quidem dignos putarim. — Atqui non defuit illis patronis, inquit Crassus, eloquentia, neque dicendi ratio aut copia, sed iuris ciuilis prudentia: quod alter plus, lege agendo, petebat, quam quantum lex in XII Tabulis permiserat; quod quum impetrasset, causa caderet: alter iniquum putabat plus secum agi, quam quod erat in actione, neque intelligebat, si ita esset actum, litem aduersarium perditurum (1).

Tel était, en effet, le rigorisme du régime des actions de la loi que, sans tenir compte de l'équité, le tuteur devait être libéré par la *pluris petitio* du demandeur.

Faut-il nous étonner de voir Scaevola indigné — *stoma-*

(1) Cicéron, *de oratore*. I, 36.

chàns — désirer mettre un terme à pareil abus, et introduire la bonne foi en matière de comptes de tutelle.

Q. quidem Scaeuola, pontifex maximus, summam uim esse dicebat in omnibus iis arbitriis, in quibus adderetur EX FIDE BONA ; *fideique bonae nomen existimabat manare, latissime idque uersari in tutelis, societatibus, fiduciis, mandatis, rebus emtis, uenditis, conductis, locatis, quibus uitae societas contineretur : in his magni esse iudicis statuere (praesertim, quum in plerisque essent iudicia contraria) quid quemque cuique praestare oporteret* (1).

Il arrive exceptionnellement que des *inscriptiones* du Code rappellent les circonstances dans lesquelles l'empereur a rendu sa décision.

Dans cette catégorie il faut faire rentrer l'inscription de la c. 1 *de sententiam passis*, ainsi conçue :

Imp. Antoninus A. cum salutatus ab Oclatinio Aduento et Opellio Macrino praefectoris praetorio clarissimis uiris, item amicis et principalibus officiorum et utriusque ordinis uiris et processisset, oblatus est ei Iulianus Licinianus ab Aelio Vlpiano tunc legato in insulam deportatus, Antoninus Augustus dixit : Restituo te in integrum prouinciae tuae. *Et adiecit* : Ut autem scias, quid sit in integrum : honoribus et ordini tuo et omnibus ceteris ;

Et celle de la c. 1 *de excusationibus munerum*, où nous lisons :

Pars actorum Diocletiani et Maximiani AA. id Febr.......

(1) CICÉRON, *de officiis*. III, 17.

Inductis Antiochensium adstantibus Sabinus dixit :....... Dio-cletianus ;

enfin encore la c. 1 *de ueteranis*, qui est véritablement dialoguée :

Imp. Constantinus A. cum introisset principia et salutatus esset a praefectis et tribunis et uiris eminentissimis, acclamatum est........ Adunati ueterani exclamauerunt......... Constantinus A. dixit......... Victorinus ueteranus dixit........... Constantinus Augustus dixit......... Vniuersi ueterani dixerunt.......... Constantinus A dixit.........

D. k. Mart. in ciuitate Velouocorum Constantino A. VI et Constantino C. conss.

Les circonstances constituent un élément d'appréciation important en ce qu'il nous apprend si la disposition nouvelle rentre dans l'évolution d'un principe juridique, ou si, au contraire, elle constitue une véritable loi de circonstance, que des besoins pressants et passagers peuvent expliquer, sans toutefois pouvoir la justifier en droit.

Cette distinction est parfois fort difficile à établir ; et il n'est pas sans exemple qu'une mesure arbitraire copie une autre loi, nécessitée, elle aussi, par des besoins analogues.

Ainsi, César, pour parer au danger que présentait pour l'Italie l'absence de crédit résultant de la guerre civile, fit établir par arbitres la valeur des biens avant la guerre et permit aux débiteurs de se libérer en les cédant à ce taux aux créanciers.

His rebus confectis, quum fides tota Italia esset angustior, neque creditae pecuniae soluerentur, constituit, ut arbitri darentur : per eos fierent aestimationes possessionum et rerum, quanti quaeque illarum ante bellum fuissent, atque eae creditoribus traderentur (1).

Certes, il n'y avait point là évolution d'un principe juridique, ni reconnaissance par le droit romain d'une coutume étrangère, quoique la Grèce eût déjà eu recours à des remèdes analogues ; telle une loi d'Éphèse (2), de l'an 130-129 avant notre ère (3), dont la portée n'est pas sen-

(1) César, *de bello ciuili*. III, 1.

(2) Editée en dernier lieu dans *le Recueil des Inscriptions juridiques grecques*. 1er fascicule, V. Remarquons que la traduction de ἐπικρίσεις par « sentence » à la ligne 6 paraît contestable. La traduction par « choix » donne un sens meilleur. En effet, le choix d'arbitres peut être connu sans que cela donne de la publicité au partage même, ce qui est exclu par les lignes 24 à 31. La publication de la sentence, comme le veut la traduction, donnerait un contresens dans le texte.

Loi d'Éphèse, 5. Ἃ δ' ἂν οἱ δικασταὶ [δικάζωσιν] ἀναγράψαντες εἰς λευ[κώ]μα [οἱ εἰσ αγωγεῖς, καὶ τὰς ἐπικρίσεις τὰς τῶν διαιτητῶν ἃς ἂν ἐπὶ τοῦ δικαστηρίου συνο[μολογήσωσιν, παρα δότω σαν τοῖς ἐπὶ τοῦ κοινοῦ πολέμου ἡιρημένοις.

24. Ἂν δέ πως ἄλλως πρὸς αὑτοὺς ὁμολογήσωσιν ὑπὲρ τῆς διαιρέσε ως καὶ ἀπογράψωνται π[ρὸς] τοὺς ἐπὶ τοῦ κοινοῦ πολέμου οὕτως αὐτοῖς εἶναι [ὡς] [ἂν ὁμο· λογήσωσι πρὸς ἀλλήλους, ἀντίγραφα δὲ λαμβάνειν τὸν γεωργὸν τῶν τοῦ τοκιστοῦ τοῦ αὐτῶι προσκοινωνοῦντος, καὶ τὸν τοκιστὴν τῶν τοῦ γεωργοῦ τοῦ αὐτ[ῶι [προσ κοινωνοῦντος τιμημάτωγ καὶ δανείων, καὶ ἐπίτροπον ὑπὲρ ὀρφανοῦ καὶ τοὺς [συ[νορφα] νιστὰς οὓς ἂν παραλαμβάνωσιν, ἐκ[τὸς τού]των δε μηθένα λαμβάνειν, μηδὲ [τοὺς] ἐπὶ τούτων τεταγμένους διδόναι, [μηδὲ α]ὐτοὺς λαμβάνειν, εἰ δὲ μὴ, ἐξώλη εἶναι καὶ αὐτὸν τὸν λαβόντα, καὶ ὃς ἂν ἑτέρ[ωι δῶι], καὶ ὑπόδικον εἶναι καὶ τὸν λαβόντα · [καὶ τὸν δόντα ὡς ἀπειθοῦντα καὶ ἐπιβουλεύοντα τοῖς συ(μ)φέρουσι τῆς πόλεως.

(3) Cela résulte de la réédition du texte par M. E. Hicks, dans les *Ancient Greek Incriptions of the British Museum* (III, section 2, nº 477).

siblement différente ; mais où l'on aurait tort de vouloir chercher l'origine de la mesure de César.

Loi d'Éphèse, lignes 11 à 13 :

καὶ ἀποδιδότωσαν τῆς γῆς τοῖς τοκισταῖς
[καὶ τοῖς γεωργοῖς] κατὰ λόγον ἑκατέροις τῶν ἐνόντωγ χρημάτων συλλογισάμε-
[νοι τότε δάνε(ι)ον τὴν τίμη[σιν].

CHAPITRE III

LE DROIT OFFICIEL ET LE DROIT APPLIQUÉ DANS L'ÉTAT ROMAIN

Nous avons vu, dans les pages précédentes, ce qu'il fallait entendre par déterminer une mesure, c'est-à-dire connaître l'époque, le milieu, les circonstances dans lesquels elle a été prise.

Là s'arrête le rôle de l'observation.

Il importe maintenant d'étudier la méthode scientifique dans sa seconde opération, et de rechercher quel est le terme de comparaison de la mesure.

C'est l'usage juridique du lieu dont la mesure réflète les idées à l'époque où elle est édictée.

Dans la plupart des cas, les dispositions de la loi romaine que les jurisconsultes classiques donnaient comme étant le droit antérieur à cette mesure, sont ce qui doit être mis en parallèle avec elle.

La loi romaine entrerait seule en ligne de compte si aucun autre droit n'eût été applicable et appliqué dans l'Empire, c'est-à-dire si l'unité du droit eût été réalisée.

Cette théorie, affirmée par certains auteurs anciens et généralement admise jusqu'à nos jours, a été renversée par les travaux récents de MM. Voigt, Brunner et Mitteis.

M. Voigt (1) a, le premier, examiné *ex professo* le droit personnel des provinciaux ; mais, telle était alors la pénurie des sources que les découvertes ont rendu caduques bien des solutions qu'il avait cru pouvoir donner.

M. Brunner (2) a prouvé l'existence d'une pratique judiciaire provinciale s'écartant du droit enseigné par les jurisconsultes de Rome. Pour lui, cette coutume populaire était du droit romain dégénéré.

M. Mitteis (3) a placé la question sur son véritable terrain en remarquant l'origine souvent étrangère de ce droit populaire, et montrant sa connexité avec celle de la réception du droit romain dans les provinces.

I

Il ne suffisait évidemment pas d'une victoire qui an-

(1) Voigt, *Ius naturale*. Band II.

(2) Brunner, *Zur Rechtsgeschichte der Urkunde*. I, pages 113, 139; *Deutsche Rechtsgeschichte*. I, page 255.

(3) L. Mitteis. *Reichsrecht und Volksrecht in den östlichen Provinzen des römischen Kaiserreichs*. page 1, note 2, cite les écrivains anciens et des auteurs contemporains intéressants pour ce qui est du droit appliqué.

La question de la réception du droit romain dans les provinces forme la deuxième partie du livre : *Die Reception des römischen Rechts in der orientalischen Reichshälfte*. pages 83-105.

nexait à Rome un État étranger, pour changer du même coup la coutume de ses citoyens.

Les nouveaux sujets continuaient à se régir d'après leur droit local (1).

Le droit romain était seulement applicable aux rapports entre habitants de différentes cités.

C'est ainsi que le décret de P. Rupilius régla déjà la question pour la première province romaine, la Sicile, d'après Cicéron, qui rapporte que :

Siculi hoc iure sunt, ut quod ciuis cum ciue agat, domi certet suis legibus ; quod Siculus cum Siculo non eiusdem ciuitatis, ut de eo praetor iudices..... sortiatur (2).

Certaines villes gardèrent même une autonomie complète (3). Aussi comprendra-t-on que Dion Cassius a pu dire que Néron refusa de visiter Sparte parce que les lois de Lycurgue ne lui plaisaient pas (4).

En outre, le droit pérégrin continua à être appliqué par les tribunaux locaux, dans les actes, et même à Rome, au forum.

Pour ce qui est de l'application du droit des provinciaux dans leurs propres cours de justice, nous venons de citer les Siciliens, et nous avons antérieurement parlé des Juifs. Rappelons encore que les Grecs étaient jugés

(1) Th. Mommsen, *Staatsrecht*. III, 1, page 652 et suivantes examine la question des *ciuitates liberae* et des *ciuitates liberae ac foederatae*.

(2) Cicéron, *Verrines*. II, 13, 32.

(3) Th. Mommsen, *Staatsrecht*. III, 1, pages 692-693, donne des exemples d'autonomie.

(4) Dion Cassius, 63, 14.

suivant leurs lois : ce nous est attesté par l'édit que promulgua Cicéron comme proconsul de Cilicie, édit dont lui-même disait dans une de ses lettres à Atticus :

multaque sum secutus Scaeuolae, in iis illud, in quo sibi libertatem censent Graeci datam, ut Graeci inter se disceptent suis legibus. -- Graeci uero exsultant, quod peregrinis iudicibus utuntur (1).

Les contrats, durant les siècles qui suivirent la conquête, étaient rédigés dans l'ancienne forme nationale. Pour s'en convaincre, il suffit de comparer un acte de vente de fonds fait, en Égypte, en l'an 153-154 de notre ère, avec un autre acte d'achat, celui d'une maison, fait, en Italie, en l'an 159 p. Ch. n., donc à la même époque.

Voici d'abord l'acte égyptien :

[Anno XVI] imp. Caes. T. Aelii Hadriani Antonini Aug. Pii, Pharmuthi XXX... [in] Thebaide, nomi Elephantine, sub Rufillo Nigri f. Aedile.

Vendidit [Paris Pariu], matris Tanapotis, ex Elephantine metropoli, heres..... defuncti patris sui Paridis, annorum circiter (?) XXIII, mediae staturae, albus colore, cicatrice..., partem suam dimidiam cellarum duarum, quae sunt in media regione Elephantines [in uia] Hermonis , secundum inlatam suam ad chirographum diuisionem, quae facta est [praesenti] mense Pharmuthi. Vicini totius casae : meridie casa Tachomta Hermonis, septentrione...... occasu locus dictus Phancalate is, oriente casa Petorzmethu Zmen..... [siue] qui circum quaque

(1) Cicéron, *ad Atticum*. VI, 1, 15.

adfines sunt, ut explicauit uenditor. Pro qua e[mtrix soluit] pretium de quo conuenit argenti Augustorum nummos drachmas [duodetriginta] XXVIII, quas et habuit ab emptrice de manu ex arca. Emit Thinsen[pos Sarapamm]onis, matris Thinsenpotis, cum tutore....., suo consanguineo fratre Pachnumis Sarapammonis ex eadem Elephantine. Fideiussor et confirmator eorum quae ad emptionem hanc pertinent omnium Paris Pariu uenditor, quem accepit Thinsenpos Sarapammonis emptrix, quae etiam reddidit factam ad chirographum diuisionem.

Paris Pariu, matris Tanapotis, ex Elephantine, supra scriptus trado propositam emptionem partis quae mea est dimidiae cellarum duarum quae sunt in media regione Elephantines et habeo pretium drachmarum argenti duodeuiginti de manu ex arca et firmabo sicut proponitur. Quintus C..... ius scripsi pro eo litteras nesciente anno XVI imp. Caes. T. Aelii Antonini Aug. Pii Pharmuthi XXX.

Thinsmempos Sarapammonis, matris Thismempotis, supra scripta cum tutore fratre consanguineo meo Pachnubis Sarapammonis emi sicut proponitur. Socrates Ammonii scripsi pro ea rogatus propterea quod litteras ignorat.

Hermogenes Caecilii conductor tributi (?) annui eorumque quae sunt sub scribatu regio et Ammonis Socratis heres patris sui defuncti, qui mihi socius fuit, Thinsempoti Seropionis salutem. Habuimus a te tributum emptionis propositae. A. XVI imp. Caes T. Aelii Hadriani Antonii Aug. Pii, Thot XVI.

Ammonius adsensi (1).

(1) L'original de cet acte est rédigé en grec. La traduction que nous avons

Ce contrat gréco-égyptien est, avant tout, remarquable en ce que la vente qu'il relate a eu lieu en l'absence de toute forme solennelle (1). Point de témoins, mais intervention de l'agoranome. Bilatéralité de l'acte : le rôle des deux parties est caractérisé par les mots ἀπέδετο et ἐπρίατο ; ensuite chacune d'elles intervient en souscrivant personnellement : le vendeur d'abord, renonce à ses droits : « Πάρις Παρίου (2) μητρὸς Ταναπῶτις [ὁ π]ρογεγραμμένος τίθιμαι τὴν προκιμένην « ὠνὴν" ; l'acheteur, ensuite Θινσεμπῶς Σαρα[παμμ]ῶνος μητρὸς Θισ- « μεμπῶτος ἡ προγεγραμμένη μετὰ κυρ[ί]ου..... ἐώνημαι καθὼς πρόκειται. La garantie du chef d'éviction est donnée en ce que le vendeur déclare être provendeur et garant de la vente « προπωλητὴς καὶ βεβαιωτὴς ».

L'acte d'achat italien est conçu comme suit :

Andueia Batonis emit manci[pioque]•accepit domus partem dimidiam, interantibus partem [dex]tram, que est Alb(urno) maiori uico Pirustar[um in]t[er ad[fines Platorem Accep]tianum et Ingenum Callisti X trecentis de Veturi[o Valente]. Eam domus partem dimidiam, q. d. a., cum s[uis s]aepibus,

préféré reproduire pour que la comparaison avec le contrat de vente italien fît mieux ressortir les différentes rédactions, est celle qui a été admise avec l'original grec par M. Mommsen dans Bruns, *Fontes iuris romani antiqui.* caput VIII, page 322.

(1) L'acte même commence par certaines expressions reproduites identiquement dans tous les papyrus gréco-égyptiens de l'époque, comme le montre M. Wessely dans le tome V de ses *Mittheilungen.*

(2) M. Mitteis, dans l'ouvrage duquel est faite, à la page 99, la comparaison des deux actes qui nous occupent, écrit Περισπαριοῦ, et ne semble pas avoir vu que le génitif Παριοῦ est l'indication du père du vendeur Πάρις. Comme il traduit avec raison Θινσεμπῶς Σαραπαμμωνος, *Thinzempos, Tochter des Sarapammon*, il faudrait rectifier sa traduction du nom du vendeur Perispariu, *Paris, Sohn des Paris.*

saepimentis, finibus, aditibus, claustris, fienestris, ita uti clao fixsa et optima maximaque est, h. r. l. [e]t si quis eam domum partemue quam quis [e]x [ea] euicerit, qu. m. Andueia Batonis e. a. q. c. r. p. h. p. u. c. r. l.; qu[o]d ita licitum n[o]n erit, t. p. r. d., f. r. Andueia Batonis, fide promisit Veturius Valens. Proque ea do[mu partem dim]idiam pretium X CCC Vetur[ius V]ales a[b A]n[du]ei[a Ba]tonis accepiss[e et] ab[ere se dixit]. Conuenitq. int[e]r eos, [uti] Veturius Va[lens, pro ea] domo tributa usque ad recensum dep[e]n[dat].

Act(um) Alb(urno) maiori prid. nonas Maias Qui[n]tillo et Prisco cos.

(Nom. sig. :) *L. Vasidius V[i]ctor sig. T. Fl. Felicis. M. Lucani Melioris. Platoris Carpi. T. Aureli Prisci. Batonis Annaei. Veturi Valentis uenditoris* (1).

Cet acte romain a la forme d'une mancipation, c'est-à-dire d'un acte solennel, qui ne devait pas être fait devant un notaire, mais où l'adjonction de témoins était requise. Les parties n'interviennent plus pour céder leurs droits, mais pour donner décharge au co-contractant : l'acheteur déclare avoir l'immeuble vendu, *emit mancipioque accepit*; le vendeur donne quittance du prix *XCCC accepisse et habere se dixit*, et signe. La garantie de l'éviction est obtenue par un second contrat solennel, une stipulation *fide rogauit (emptor) fide promisit (uenditor)*.

En somme, formes d'acte essentiellement différentes dans les diverses parties de l'Empire.

(1) Bruns, *Fontes*. I, 108, page 291.

Parmi les particularités juridiques provinciales que présentent les papyrus gréco-égyptiens, où il serait impossible de méconnaître l'existence d'un droit pratiqué différent de celui de Rome, il suffit de signaler les nombreux contrats où, à côté de la femme, vient en qualité de κυριος s'adjoindre un mari ou même un fils (1).

D'ailleurs l'observance de l'antique coutume locale est souvent affirmée expressément dans des papyrus et sur des monuments datant de la domination romaine : c'est ainsi que nous rencontrons χρηματιζειν κατα τον των Αιγυπτιων νομον (2) et κατα τους Μαγνητους νομους (3) dans des contrats, et l'inscription de Tralles contient la phrase υπευθυνος εστω τοις διαταγμασι και τοις πατριοις νομοις (4).

Enfin les tribunaux romains appliquaient le statut personnel des pérégrins dans les questions d'état des personnes, de mariage, de régime matrimonial, de puissance paternelle, de capacité, de droits successoraux.

(1) M. K. Wessely, dans ses *Mittheilungen*. IV, 1888, page 51 et suivantes, cite les papyrus de la collection de l'archiduc Regnier dans lesquels pareille mention se rencontre : μετα κυριου του εαυτης ανδρου dans les numéros 44 (a⁰ 235-238), 1444 (a⁰ 226), 1491 (a⁰ 83-4), 1513 (a⁰ 190), 1528 9 (a⁰ 184), 1532 (a⁰ 191) et 1540-2 (a⁰ 190), auxquels nous ajouterons le papyrus 7 du Louvre ; μετα κυριου του εαυτης αδελφου 1444 (a⁰ 226), 1514-6 (sous Hadrien), 1527 (a⁰ 184) et 1573 (a⁰ 138) ; μετα κυριου του εαυτης υιου 1485 (a⁰ 221) et 2004 (a⁰ 182) enfin, plus curieux μετα κυριου του μετοικου 2002 (a⁰ 134).

(2) Dans le papyrus 1492 (*a*⁰ 124) de la collection de l'archiduc Regnier, cette expression s'oppose à κατα Ρωμαιων εθη ; elle se rencontre encore dans le numéro 1428 (*a*⁰ 124).

(3) Wilhelm, *Mittheilungen des archaeologischen Institutes*. Athen, XV, 1890, pages 305-306.

(4) *Bulletin de Correspondance hellénique*. V, page 344 : *Inscription de Tralles*.

Telle était encore la situation à l'avènement de Caracalla.

En 212 est promulguée la constitution Antonine qui méconnaissait l'existence des droits pérégrins, et leur substituait le droit romain, seul désormais applicable. La portée de la constitution nous est définie par Ulpien :

In orbe Romano qui sunt, ex constitutione imperatoris Antonini ciues Romani effecti sunt (1).

L'ancien respect des coutumes locales devait disparaître. En effet, le droit de cité, qui, jusque-là, n'était accordé qu'individuellement, fut octroyé à tous les citoyens de l'Empire appartenant à une cité (2). Dès lors il ne devait plus y avoir que des citoyens romains soumis au droit romain.

Cependant l'existence des coutumes locales nous est attestée. C'est ainsi qu'il résulte d'un texte d'Ulpien qu'aux yeux des contemporains, la mesure n'avait pas pour effet de supprimer toute divergence locale dans la jurisprudence : ainsi, en matière de stipulation, à défaut de la volonté exprimée des parties, il faut s'en rapporter à ce qui est habituel dans la région.

VLPIANVS libro quadragensimo quinto ad Sabinum *Semper in stipulationibus et in ceteris contractibus id sequimur, quod actum est : aut si non pareat quid actum est, erit consequens, ut id sequamur, quod in regione in qua actum est fre-*

(1) VLPIANVS (*libro uicensimo secundo ad edictum*) l. 17 *de statu hominum.*

(2) Telle est, du moins, l'opinion généralement admise. Voir MOMMSEN, *Hermes*, XVI, page 474 et suivantes.

quentatur. quid ergo, si neque regionis mos appareat, quia uarius fuit? ad id, quod minimum est, redigenda summa est (1).

D'abord, une foule de peuples habitant les confins de l'Empire étaient sujets de Rome sans être citoyens (2).

Ensuite les empereurs accordaient parfois à certaines cités des dispenses de se conformer au droit. Dans un rescrit de Dioclétien et Maximien, il est fait allusion à pareil privilège en ce qui concerne la forme des testaments.

Impp. Diocletianus et Maximianus AA. Patrocliae. *Si non speciali priuilegio patriae tuae iuris obseruatio relaxata est et testes non in conspectu testatoris testimoniorum officio functi sunt, nullo iure testamentum ualet* (a° 293) (3).

De même, Sévère et Antonin, en matière de ventes faites par les communes, admettent qu'une loi propre de la cité puisse déroger à la règle générale, qui ne permet pas qu'on revienne, sous prétexte de surenchère, sur une vente parfaite.

Impp. Seuerus et Antoninus AA. Herculiano. *Si sine ulla condicione praedia uendente re publica comparasti, perfecta uenditione nulla ratione uereris, ne adiectione facta auferri tibi dominium possit. tempora enim adiectionibus praestituta ad causas fisci pertinent, nisi si qua ciuitas propriam legem habeat* (4).

(1) C. 34 *de R. I.*

(2) MOMMSEN, *Ostgothische Studien.* dans *Wattenbach's Neue Archiv.*, XIV, page 526 et suivantes.

(3) C. 9 *de testamentis : quemadmodum.*

(4) C. 1 *de uendendis rebus ciuitatis.*

Enfin Alexandre Sévère reconnaît, d'une manière générale, l'usage juridique provincial, en ordonnant aux gouverneurs de province de se conformer à la *longa consuetudo*.

Imp. Alexander A. Apro euocato. *Praeses prouinciae probatis his, quae in oppido frequenter in eodem genere controuersiarum seruata sunt, causa cognita statuet. nam et consuetudo praecedens et ratio quae consuetudinem suasit, custodienda est, et ne quid contra longam consuetudinem fiat ad sollicitudinem suam reuocabit praeses prouinciae* (a° 224) (1).

Il est bien vrai que Constantin, un empereur révolutionnaire, *nouator turbatorque priscarum legum* (2), a voulu enlever à la coutume le rôle essentiel qu'elle avait eu jusque-là dans le droit romain.

Imp. Constantinus A. ad Proculum. *Consuetudinis usus-que longaeui non uilis auctoritas est, uerum non usque adeo sui ualitura momento, ut aut rationem uincat aut legem* (a° 319 (3).

Mais cette mesure devait avoir bien peu d'effet; la pratique judiciaire continuait à admettre la théorie contraire formulée par Julien (4).

Ivlianvs libro LXXXIIII digestorum *De quibus causis scriptis legibus non utimur, id custodiri oportet, quod mori-*

(1) C. 1 *quae sit longa consuetudo.*
(2) Ammien Marcellin, XXI, 10, 8.
(3) C. 2 *eodem titulo.*
(4) En effet, le fragment de Julien cité est extrait des Pandectes, et Justinien, dans les instructions pour la confection de son Digeste, disait c. Deo avctore § 10 *haec tantummodo obtinere uolumus, quae uel iudiciorum frequentissimus ordo exercuit uel longa consuetudo huius almae urbis comprobauit.*

bus et consuetudine inductum est : et si qua in re hoc deficeret, tunc quod proximum et consequens ei est : si nec id quidem appareat, tunc ius, quo urbs Roma utitur, seruari oportet. — 1. Inueterata consuetudo pro lege non immerito custoditur, et hoc est ius quod dicitur moribus constitutum. nam cum ipsae leges nulla alia ex causa nos teneant, quam quod iudicio populi receptae sunt, merito et ea, quae sine ullo scripto populus probauit tenebunt omnes : nam quid interest suffragio populus uoluntatem suam declaret an rebus ipsis et factis? quare rectissime etiam illud receptum est, ut leges non solum suffragio legis latoris, sed etiam tacito consensu omnium per desuetudinem abrogentur (1).

Justinien, enfin, non seulement nous affirme son propre respect de la coutume, mais encore nous apprend qu'à Rome, (et par là il faut entendre aussi Constantinople, la Rome nouvelle), sous ses prédécesseurs, et malgré la constitution de Constantin, l'usage avait même abrogé les lois :

Sed et si quae leges in ueteribus libris positae iam in desuetudinem abierunt, nullo modo uobis easdem ponere permittimus, cum haec tantummodo obtinere uolumus, quae uel iudiciorum frequentissimus ordo exercuit uel longa consuetudo huius almae urbis comprobauit, secundum Saluii Iuliani scripturam quae indicat debere omnes ciuitates consuetudinem Romae sequi, quae caput est orbis terrarum, non ipsam alias ciuitates. Romam autem intelligendum est non solum ueterem,

(1) C. 32 *de legibus.*

sed etiam regium nostram, quae deo propitio cum melioribus condita est auguriis (1).

Aussi peut-on citer maints rescrits qui déclarent ne pas admettre des usages inconnus au droit romain, et qui seraient sans objet, si la constitution Antonine avait eu la portée que semblent lui attribuer le texte d'Ulpien, les affirmations de certains auteurs anciens (2) et l'opinion assez générale des romanistes modernes. Rechercher tous les cas où pareil fait se produit, est précisément l'étude de détail qu'il faudrait entreprendre. Ici, nous nous bornerons à citer, à titre d'exemple, un rescrit de Dioclétien et Maximien déclarant que la présence d'un garant dans la vente n'est pas exigée à peine de nullité.

Impp. Diocletianus et Maximianus AA. et CC. Aurelio Paciano. *Non idcirco minus emptio perfecta est, quod emptor fideiussorem non accepit uel instrumentum testationis uacuae possessionis omissum est : nam secundum consensum auctoris in possessionem ingressus recte possidet. Pretium sane, si eo nomine satisfactum non probetur, peti potest : nec enim licet in continenti facta paenitentiae contestatio consensu finita rescindit* (3).

Par contre les constitutions d'empereurs postérieurs à

(1) C. DEO AVCTORE § 10.

(2) L'unité complète du droit est affirmée au 3e siècle par GRÉGOIRE THAUMATURGE, *Discours de remerciement à Origène* ; au IVe siècle par THÉMISTIOS, χαριστήριον ὑπὲρ Σατορνίνου. édition Dindorff, page 257 ; enfin, de nouveau au Ve siècle par THÉODORET, Ἑλληνικὴ πάθηματος θεραπευτική, traité 9, édition Gaisf., page 337 et suivantes.

(3) C. 12 *de contrahenda emptione*.

Caracalla renvoient à la coutume locale dont elles affirment ainsi la valeur légale. Nous ne ferons ici que donner un exemple en citant un rescrit d'Alexandre Sévère qui, en matière de risques locatifs à supporter par le fermier, met à sa charge les dommages causés aux récoltes à moins de convention contraire ou d'usages régionaux.

Imp. Alexander Sabiniano Hygino. *Licet certis annuis quantitatibus fundum conduxeris, si tamen expressum non est in locatione aut mos regionis postulat, ut, si qua labe tempestatis uel alio caeli uitio damna accidissent, ad onus tuum pertinerent, et quae euenerunt sterilitates ubertate aliorum annorum repensatae non probabuntur, rationem tui iuxta bonam fidem haberi recte postulabis eamque formam qui ex appellatione cognoscet sequetur.* (a° 231) (1).

Enfin les actes appartenant à cette période montrent la persistance de ces coutumes étrangères au droit romain : en effet, certaines clauses y insérées et certaines formes observées sont inconnues au droit officiel, au point de vue duquel elles sont inopérantes et parfois même interdites.

Dans cette catégorie d'actes rentrent ceux où le paiement était stipulé en monnaie frappée à l'effigie du souverain régnant. Nous en avons reproduit plusieurs dans la partie générale de ce travail.

Rappelons encore la série de papyrus où est stipulée l'exécution parée, tous postérieurs à la constitution de Caracalla et quelques-uns à celle de Constantin.

(1) C. 8 *de locato.*

Une des causes de cet état de choses était l'ignorance des provinces en matière de droit(1).

Justinien, avons-nous vu, dut supprimer plusieurs écoles, *stationes iuris*, parce que des doctrines anti-juridiques y étaient enseignées, *quia audiuimus quosdam imperitos homines deuagare et doctrinam discipulis adulterinam tradere* (3).

Nous voyons que l'usage juridique dans les provinces s'écartait parfois du droit officiel. Les tribunaux, à Rome même, ne l'appliquaient pas toujours; et, dans un passage souvent invoqué, Justinien déclare vouloir tenir compte de leur pratique pour son œuvre de compilation. *Haec tantummodo obtinere uolumus, quae uel iudiciorum frequentissimus ordo exercuit uel longa consuetudo comprobauit* (4).

Le droit appliqué avait donc d'autres bases que le droit officiel; celui-ci n'en était qu'une des sources, il est vrai la plus importante.

Aussi peut-il être constaté, par les actes faits en province et appartenant à la dernière période de l'Empire, que l'élément romain, parfois mal compris, a presque entiè-

(1) Contiennent cette clause les papyrus de la collection de l'archiduc Regnier numéros 3 (aº 297), 751 (aº 216), et 1487 (aº 251) ; ensuite ceux que reproduit M. Wessely, page 31 de ses *Mittheilungen* (aº 238) et page 254 des *Wiener Studien*, IX (aº 299). Hartel, *Wiener Studien*, V, pages 1 et 30 en donne deux encore dont le premier date de 480. Wessely, *Wiener Studien*, IX, page 266 cite un papyrus du British Museum, postérieur à 395.

(2) Mitteis. *Reichsrecht und Volksrecht*. pages 189-203, détermine les causes de cette ignorance. La bibliographie y est renseignée.

(3) C. Omnem § 7.

(4) C. Deo avctore § 10.

rement supplanté l'élément national. Pour s'en convaincre, il suffit de comparer un contrat sous forme de lettre, que nous conserve un papyrus gréco-égyptien de l'an 593 de notre ère, avec un papyrus démotique datant du règne d'Amasis.

Voici d'abord l'acte gréco-romain :

† εν ονομ[ατιου] κυριου και δεσποτου
Ιησου Χριστου του θεου και
σωτηρος ημων βασιλειας του
Ευσεϐ- ημον [δεσποτ]ου φλ-
Μαυρικιου Τιβεριου ετους ια παυνι κα ια ιν• επ αρ-
Αυρηλιος Ιωαννης υιος Ανουπ
απο κωμης Μητροδωρων
του Αρσινοιτου νομου Αυρηλιω
Κυριχω υιω Φοιβαμμωνος
ονελατη απο της Αρσινοιτων
πολεως χ-. ομολογω και νυν
εσχηναι με παρα σου δια χειρος
εις ιδιαν μου χρειαν χρυσιον
νομισματιον εν παρα κερ/
επτα ημισυ τεταρτον
χρυσιου ν° ι π/ ȝ ξ s d. κεφαλαιό
ον παρ εμοι ες τιμην (1).

Quant à l'acte démotique il est traduit par M. Revillout :

« An 19, 28 parmouthi, du roi Ahmès.
« Le gardien de la demeure de vérité Pkhert suten, fils
« du choachite Petuamen api, dont la mère est Hotep-
« amen, dit au choachyte Djet, fils de Nesmont :

(1) K. Wessely, *Revue égyptologique*, IV, 1886. *Lettre à M. E. Revillout sur les Contrats grecs provenant du Faioum.* page 58. Papyrus XVII.

« Tu m'as donné — et mon cœur en est satisfait — ma «part de la redevance de mon champ que l'on nomme « le *champ du gardien de la demeure de vérité* et qui est « au sud du terrain de la demeure de vie, champ que tu « as cultivé. C'est la redevance de l'an 17 à l'an 18. J'ai « reçu cela — et mon cœur en est satisfait — sans qu'il y « ait de reliquat.

« A écrit l'intendant de la nécropole Nekhfntaf, fils de « Petuamen api.

« A écrit Petuamen api, fils de Petuhor ankhf (1) ».

II

Quels éléments autres que ce droit officiel entrent dans la composition du droit appliqué dans les provinces? Telle est la question à l'étude de laquelle sont consacrées les dernières pages de cet essai.

Nous avons vu que, dans certains cas, le droit national continuait à être admis par les Romains jusqu'à la constitution de Caracalla.

Après lui encore, nous constatons souvent un renvoi aux usages provinciaux.

Il est permis, dès à présent, d'affirmer que l'ancien droit national fut appliqué, dans certains cas, après la constitution Antonine.

C'est que, en effet, ces coutumes locales, dont le *praeses*

(1) E. Revillout, *La Propriétés en Droit égyptien*. page 380.

aura parfois à tenir compte, ne sont pas seulement du droit romain corrompu ; elles sont, en général, saturées de droit autochtone.

Une remarque préalable s'impose, pour écarter l'objection tirée de ce qu'il y a d'étrange qu'un empereur romain renvoie, pour la solution de certaines questions, à un droit pérégrin : successeur des magistrats de la République, le prince ne faisait que continuer une antique tradition ; ces fonctionnaires préféraient parfois laisser juger une série de contestations par le droit local, lequel seul peut-être les prévoyait et devait moins blesser la conscience juridique de leurs administrés. Cette division de l'Édit paraît le plus nettement dans une lettre de Cicéron, déjà invoquée, dont nous extrayons le passage suivant :

Breue autem edictum est propter hanc meam διαίρεσιν, *quod de duobus generibus edicendum putaui, quorum unum est prouinciale, in quo est de rationibus ciuitatum, de aere alieno, de usura, de syngraphis, in eodem omnia de publicanis, alterum quod sine edicto satis commode transigi non potest, de hereditatum possessionibus, de bonis uendendis, magistris faciendis, quae ex edicto et postulari et fieri solent ; testium de reliquo iure dicundo* ἄγραφον *reliqui : dixi me de eo genere mea decreta ad edicta urbana accommodaturum.*

Cette division, Cicéron l'explique en disant : *multaque sum secutus Scaeuolae, in iis illud, in quo sibi libertatem censent Graeci datam, ut Graeci inter se disceptent suis legibus* (1).

Le droit pérégrin ainsi appliqué par les magistrats

(1) Cicéron, *ad Atticum*. VI, 1, 15.

romains et devenu partie intégrante de l'édit provincial, put même pénétrer le droit officiel, composé, en certaines matières, de fragments de cet édit.

Peut-être en avons-nous un exemple moins connu dans le texte des Pandectes qui attribue au locataire le produit de l'amende à laquelle il fait condamner le voleur de la chose donnée en location.

Gaivs libro decimo ad edictum prouinciale *Is qui rem conduxerit non cogitur restituere id quod rei nomine furti actione consecutus est* (2).

En effet, qu'il y ait là une disposition de droit grec, cela nous est prouvé notamment par les tables d'Héraclée.

αἰ δὲ τίς κα ἐπιβῆ ἢ νέμει ἢ φέρει τι τῶν ἐν τᾷ ἱαρᾷ
γᾷ ἢ τῶν δενδρέων τι κόπτῃ ἢ θραύῃ ἢ πριῷ ἢ ἄλλο τι σινῆται, ὁ μεμισθω-
[μένος ἐγδικαξῆ
ταὶ ὡς πολιστῶν, καὶ ὅτι κα λάβει, αὐτὸς ἑξεῖ·

Pour en revenir aux coutumes, comme il n'est pas possible, actuellement, d'en faire la preuve complète, nous nous bornerons à quelques considérations générales et à quelques exemples.

La persistance des coutumes à travers les siècles est un phénomène trop connu pour qu'il y ait lieu de s'y arrêter. Rien de plus conservateur que le droit ; les institutions politiques varient sans cesse, les institutions juridiques restent immuables. Le droit, en effet, fait partie de notre vie quotidienne. Il n'est guère de modification législative

(1) L. 6 *locati conducti*.
(2) Tables d'Héraclée, lignes 128-130.

qui ne porte atteinte à nos intérêts privés. De là opposition énergique à tout changement, longtemps même après que les idées l'ont réclamé.

Goethe s'en plaignait dans son Faust, quand il écrivait :

« Es erben sich Gesetz' und Rechte
« Wie eine ew'ge Krankheit fort ;
« Sie schleppen von Geschlecht sich zum Geschlechte,
« Und rücken sacht von Ort zu Ort.
« Vernunft wird Unsinn, Wohlthat Plage ;
« Weh dir, dass du ein Enkel bist !
« Vom Rechte, das mit uns geboren ist,
« Von dem ist leider ! nie die Frage » (1).

De nos jours encore cette persistance d'une coutume contraire au droit n'est pas sans exemple. Quoiqu'il y ait près d'un siècle que le Nouveau Wurtemberg fasse partie du royaume de ce nom, les habitants dérogent toujours conventionnellement au régime légal en matière de contrat de mariage pour adopter la communauté universelle qui était celui de leurs ancêtres avant l'annexion (2).

Sous la domination de Rome, même après la constitution Antonine, les annexés avaient peine à renoncer à leur droit traditionnel.

(1) GOETHE, *Faust*. 1er Theil.

(2) Cette situation, mise en lumière lors de l'enquête faite préparatoirement au « *Bürgerliches Gesetzbuch* », s'explique par la méfiance qui empêcherait de contracter avec un individu dans lequel la femme n'aurait pas la confiance nécessaire pour lui laisser l'administration de ses biens.

Ainsi nous voyons casser par Dioclétien et Maximien l'adoption comme frère faite par un de leurs sujets.

Impp. Diocletianus et Maximianus AA. Zizoni. *Nec apud peregrinos fratrem sibi quisquam per adoptionem facere poterat. cum igitur, quod patrem tuum uoluisse facere dicis, irritum sit, portionem hereditatis, quam is aduersus quem supplicas uelut adoptatus frater heres institutus tenet, restitui tibi curae habebit praeses prouinciæ* (a° 285) (1).

Mais n'y avait-il là que du droit romain mal compris, ou peut-on trouver dans l'adoption comme frère, la trace d'une autre législation ?

Cette notion est absolument étrangère à Rome, et l'empereur ne conçoit même pas qu'elle puisse exister chez les pérégrins : *nec apud peregrinos fratrem sibi quisquam per adoptionem facere poterat.*

Il faut toutefois remarquer que la demande émane d'un Slave, comme le nom Zizo l'indique. Or, les études comparatives récentes ont fait trouver chez les Slaves l'adoption comme frère, que, d'ailleurs, ils n'était pas seuls à connaître.

M. Dareste écrit, en effet, en étudiant le droit en Perse : « On trouve fréquemment chez les Perses deux guerriers « s'adopter comme le font encore aujourd'hui les Slaves « du Sud et les populations de l'Arabie » (2).

C'était donc une application de son droit national que le père de Zizo, un Slave, avait entendu faire.

(1) C. 7 *de heredibus instituendis.*

(2) R. Dareste, *Etudes d'Histoire du Droit.* La Perse. — Voir Ctésias, *Histoire persane.* Chapitre 8.

Il n'est pas non plus interdit de voir la condamnation d'une idée provinciale dans la loi empruntée à Gaius, qui n'admet pas d'action contre un esclave.

Gaivs libro primo ad edictum prouinciale *Cum seruo nulla actio est* (1).

Il s'agit probablement ici du droit applicable aux sujets asiatiques de l'Empire, puisqu'il est vraisemblable que Gaius professait en Asie, et qu'il commente un fragment de l'édit provincial.

Jamais le droit romain ne connut d'action contre un esclave, et pareille affirmation dans le Digeste paraît superflue.

En fait, elle ne l'était pas : en effet, précisément chez les Orientaux, les esclaves avaient une tout autre position juridique, et notamment dans le droit babylonien, il semble qu'ils pouvaient être partie dans les procès, puisqu'ils étaient sujets de droits.

Dans un acte babylonien datant du Nouvel Empire, un esclave s'engage vis-à-vis de son maître.

« Le jour où Nabu-nadin-ah, esclave d'Ina-Esaggil-« zir-ibni, se rendra pour travailler chez Ubar, fils de « Zambubu, ce jour là, il donnera comme prestation 12 « cab de blé (24 litres) à Ina-Esaggil-zir-ibni.

« Assistants : Akhunu, fils de Ben-zir-iddin, et le scribe « Bel-akhe-irib, fils de Bel-yusezib, de la tribu Dabibi.

« Babylone, le 6 Tebet de l'an 28 de Nabuchodonosor, « roi de Babylone » (2).

(1) L. 107 de *R. I.*
(2) J. Oppert, *La Condition des Esclaves à Babylone*. page 11.

Les esclaves contractaient tout à fait comme les hommes libres : personnellement ils devenaient créanciers et débiteurs, et le maître n'est cité que pour spécifier la personne des parties. Si une difficulté était suscitée dans l'exécution, c'était l'esclave même qui devait agir.

Le contrat suivant en est un exemple : il est, en outre, curieux en ce qu'un esclave en reçoit un autre en nantissement.

« 1/3 mine 8 2/5 shekels d'argent sont la créance de « Nabu-utirri, esclave de d'Itti-Marduk-balat, de la tribu « d'Egibi, contre Silim-Bel, fils de Rimut. Au mois de « Nisan de l'an 12 de Nabonid, roi de Babylone, il rem« boursera l'argent en capital. Luussi-ana-nur, son « esclave sera le gage de Nabu-utirri. Aucun autre posses« seur n'aura de privilège sur lui, jusqu'à ce que Nabu« utirri ait touché l'argent, à savoir, 1/3 mine 8 2/5 « shekels.

« L'argent est le reliquat d'une créance de 2/3 mine, « qu'il avait sur Rimut, père de Silim-Bel.

« Assistants : Rimut, fils de Nergal-edir ;
« Nabu-musezib-napsati, fils de Rimut ;
« Bel-edir, fils de Zirya, de la tribu de Dabibi ;
« Akhe-idin, fils de Bel-akhe-irib ;
« Nabu-akhe-bullit, fils de Rimut ;
« Et le scribe, Ea-ibani, des éleveurs de chevaux.

« Babylone, le 15 Ab de l'an 11 de Nabonid, roi de Babylone » (1).

(1) Strassmaier, *Nabonid* 526.

On ne peut évidemment conclure de l'existence, dans un droit asiatique, d'une disposition condamnée par un jurisconsulte enseignant en Asie — et cela à propos de l'édit provincial — au rejet d'une loi babylonienne par le fragment qui nous occupe. Il faudrait, pour cela, en prouver la persistance comme coutume à l'époque où Gaius écrivait. Mais il n'y a pas lieu de s'arrêter ici à une question que nous examinerons plus longuement dans la suite.

Les autres exemples, pour autant qu'ils eussent trait à la Grèce et fussent connus en 1891, sont reproduits dans l'ouvrage de M. Mitteis, qui eut le mérite d'en mettre lui-même quelques-uns en lumière.

L'auteur est ainsi amené à montrer dans la législation romaine l'écho des coutumes grecques; mais ce n'est que tout accessoirement qu'il examine les influences provinciales sur le droit romain.

« Weit entfernt daher zu verkennen, dass der Einfluss « des provinzialen Rechts auf die spätere römische Rechts« entwicklung ein sehr bedeutender gewesen ist, wollen « wir es selbst von unserer Aufgabe nicht ganz ausge« schlossen halten, diesen Einfluss, wo er sich deutlich « erkennen lässt, zu berühren. Doch ist hier grosse Vor« sicht geboten. Wenn ich mich früher gegen die willkür« liche Heranziehung provinzialer Institutionen zur « Erklärung des jüngeren römischen Rechts ausgespro« chen habe, so war es weniger die Absicht, die ich miss« billigte, als die unkritische Methode, welche die Amal-

« gamirung im Einzelnen annahm, ohne die Receptions-
« frage als Ganzes klargelegt zu haben (1). »

Que pareil examen puisse conduire à certains résultats, l'adoption comme frère, que nous citions précédemment comme exemple, permet de le supposer. L'utilité de cette étude paraît mieux encore dans le cas bien connu des amendes fiscales, sur lequel M. E. Revillout (2) a, le premier, dirigé les lumières du droit comparé.

Plusieurs textes juridiques romains parlent d'amendes stipulées au profit du fisc (3).

L'insertion dans le *Corpus iuris* de fragments déclarant nulle pareille clause, paraît bien inutile, puisque, à Rome, la règle fut toujours admise que « *alteri stipulari nemo potest* ».

Mais, en fait, en Égypte, il était coutumier d'insérer cette disposition dans les contrats : c'est, du moins, contre un tel abus qu'intervenait Tibérius Julius Alexander, augustal en l'an 68 de notre ère, lorsqu'il s'exprimait dans son édit en ces termes :

'Επειδὴ ἔνιοι προφάσει τῶν δημοσίων καὶ ἀλλότρια δάνεια παραχωρούμενοι εἴς τε τὸ πρακτόρειόν τινας παρέδοσαν καὶ εἰς ἄλλας φυλακάς, ἃς καὶ δι' αὐτὸ τοῦτο ἔγνων ἀναιρεθείσας, ἵνα αἱ πράξεις τῶν δανείων ἐκ τῶν ὑπαρχόντων ὦσι καὶ μὴ ἐκ τῶν σωμάτων, ἑπόμενος τῇ τοῦ θεοῦ Σεβαστοῦ βουλήσει, κελεύω μηδένα τῇ τῶν δημοσίων προφάσει παραχωρεῖσθαι παρ' ἄλλων δάνεια, ἃ μὴ αὐτός ἐξ ἀρχῆς

(1) L. Mitteis, *Reichsrecht und Volksrecht in den östlichen Provinzen des römischen Kaiserreichs*. page 9.

(2) E. Revillout. *Les Obligations en Droit égyptien*. page 205.

(3) Papinianvs libro secundo Responsum l. 42 *de receptis*; Callistratvs libro primo De iure fisci l. 1 pr. *de iure fisci*; Diocletianus et Maximianus Amphioni c. 3 *de iure fisci*; *Fragmenta Vaticana* § 13 *de iure fisci*.

ἐδάνεισεν, μηδ' ὅλως κατακλείεσθαι τινας ἐλευθέρους εἰς φυλακὴν ἡντινοῦν, εἰ μὴ κακοῦργον, μηδ' εἰς τὸ πρακτόρειον, ἔξω τῶν ὀφειλόντων εἰς τὸν κυριαρκὸν λόγον (1).

C'est donc bien un usage provincial que les jurisconsultes déclaraient contraire au droit, et que les empereurs condamnaient.

Que cette coutume eût bien en Égypte sa racine dans l'ancien droit national, cela résulte des textes des contrats démotiques et grecs de l'époque ptolémaïque ; nous nous contentons de reproduire ici la traduction que M. Revillout a donnée de l'une d'elles, nous bornant, pour le surplus, à renvoyer aux auteurs cités par M. Mitteis (2) comme s'étant occupés de la question.

... *Qui s'écartera des partages qui sont écrits ci-dessus, paiera pièces gravées d'argent 5, en shekels 25, en pièces gravées d'argent 5 en tout, pour les sacrifices des rois* (3).

S'il parait acquis ainsi que les dispositions du *Corpus iuris* visaient des abus existant en Égypte, nous estimons, sans vouloir rien préjuger, qu'il y aurait lieu pour déterminer l'origine première des amendes fiscales, de rapprocher de ces contrats égyptiens les actes très anciens de Babylone dans lesquels des stipulations analogues se rencontrent, par exemple celui-ci qui date du règne d'Ammizadugga :

(1) Bruns, *Fontes iuris romani antiqui.* page 234, *Edictum praefecti Aegypti a 68 p. C.* lignes 15-18.

(2) L. Mitteis, *Reichsrecht und Volksrecht.* pages 523-536.

(3) Papyrus démotique 26 de Vienne datant du règne de Ptolémée Evergète et de Cléopâtre, traduit par M. E. Revillout, *Nouvelle Chrestomatie démotique.* page 100.

« 300 KA Getreide vom Tempelschatz des Samas, sind « es welche von der Iltani, der Samaspriesterin, der « Prinzessin, zur Ernte Seritu, der Sohn des Ibni Martu, « geborgt hat. Bis zum Tage der Ernte im Monate Adar « wird er kommen; kommt er nicht, so ist er wie ein « Gespann des Königs ».

« Vor Idin-Marduk, dem Präfecten, dem Sohn des « Idin-ilisu; vor Ina-palisu, dem Sohn des Ibni-Marduk; « 25 Adar, im Jahr, da Ammi-zadugga, der König, den « goldenen Thron... » (1).

Rien n'est plus nécessaire, pour assurer l'efficacité des conventions chez les peuples primitifs, que d'intéresser le Pouvoir lui-même à l'exécution.

Le droit comparé a montré chez tous les peuples la même évolution juridique en matière contractuelle : à l'origine l'État se désintéresse des arrangements entre particuliers; ceux-ci, pour se défendre contre la mauvaise foi de leurs débiteurs, placèrent leurs conventions sous la protection des dieux (2), enfin, sous celle des rois (3),

(1) Tablette cataloguée V. A. TH. 630. Cette traduction est celle de M. Bruno Meissner, *Beiträge zum altbabylonischen Privatrecht*. numéro 22. — Il n'est peut-être pas sans intérêt, pour montrer combien sont précaires les commentaires, par suite des divergences des traducteurs, de rapprocher la traduction que M. F. E. Peiser en donne à la page 39 du tome IV de la *Keilinschriftliche Bibliothek* : « 1 Gur Korn (aus dem) Jahreseinkommen des « Samas für das Schneiden (ist), was von Iltani, der Priesterin des Samas, « der Königstochter, Siritum, der Sohn des Ibni-Martu, genommen hat. Am « Tage der Ernte des Addar wird er (als Diener) gehen. Wenn er nicht gehen « wird, (wird er) gleich dem Gespann des Königs (Frohnd leisten) u. s. w ».

(2) Pour la Chaldée citons la tablette cataloguée Bu 88-5-12, 45 traduite par M. Meissner sous le numéro 36.

(3) Et celle indiquée Strassmaier, *Warka* 9 traduite sous le numéro 41.

dont il était prudent de s'assurer le concours en les y intéressant.

Ces précautions répondaient si bien à un besoin naturel que l'usage s'en conserva à travers toute la durée de la domination romaine, alors que l'intervention de l'État se produisait nécessairement ; elle se généralisa dans la période troublée au milieu de laquelle devait sombrer l'empire d'Occident.

L'usage des amendes au profit du fisc s'étendit alors d'Égypte dans tout l'Empire, « so dass, comme le remarquait M. Julius Jung, von hier aus später noch die Ver-
« hältnisse in den anderen Provinzen beeinflusst erschei-
« nen » (1).

En effet, c'est ainsi qu'il faut interpréter les clauses comme *si quis contra hanc..... infrangere voluerit.....* soit *fisco auri libras cento et argento pondo ducenta quoactus exsolvat* (2) ou *fisco auri uncias* (?)... *quoactus desolvat* (3) ou même *duplum tantum fisco cogente sanctis Basilecis dissolvat* (4).

Dans les papyrus coptes datant de l'époque chrétienne, nous trouvons encore, dans le préambule, l'invocation du dieu conservée, quoique devenue une forme de style.

† εν ονοματι του κυριου και δεσποτου
Ιησου Χριστου του Θεου και

(1) Julius Jung, *Die römische Verwaltung in Aegypten.* dans les *Wiener Studien*, 1892, page 227.

(2) Papyrus Marini, numéro 96 (a° 690).

(3) Papyrus Marini, numéro 129 (a° 691).

(4) Papyrus Marini, numéro 77 (a° 690).

σωτηρος ημων (1).

D'une manière générale il peut être affirmé que cette formule initiale se rencontre presque sans modification dans tous les actes coptes.

III

Il n'est pas possible d'examiner la question des influences juridiques traditionnelles dans la jurisprudence provinciale de la dernière période de l'Empire romain, sans s'arrêter au *Livre de Droit syro-romain,* qui en est le monument le plus considérable.

La partie générale de ce travail expose les différentes théories qui ont été formulées relativement aux divergences que le *Livre de Droit* accuse avec le *Corpus iuris.*

M. Bruns les attribuait à la corruption du droit romain dans l'usage provincial.

M. Mitteis montre l'analogie que quelques-unes de ces dispositions ont avec le droit grec.

Enfin, nous croyons que l'étude comparative des constitutions syro-romaines avec les droits orientaux peut seule donner la solution des questions que les travaux récents ont dû laisser ouvertes.

Cette opinion, nous la basons sur l'étude des divergences que présentent les quatre seuls manuscrits traduits, et, par conséquent, accessibles du recueil.

(1) M. Wessely, *Lettre à M. Révillout.* dans la *Revue égyptologique,* Papyrus XVII (a° 593).

Il est bien vrai que M. Mitteis termine ses recherches sur les rapports des manuscrits édités par MM. Bruns en Sachau en disant « dass in unseren vier Handschriften « zeitliche und örtliche Variationen des Localrechts jener « Gegenden zu Tage treten ». Mais l'auteur se borne à signaler quelques différences entre le manuscrit de Londres, qui est du VIe siècle, et les manuscrits de Paris, arabe et arménien, appartenant au XIIe siècle. En outre, il fait sienne la remarque de M. Sachau que « diese drei jüngeren Handschriften aus einer selbständigen, d. h. nicht « mit L. identischen zweiten Redaction des Rechtsbuchs « geflossen sind » (1). C'était rejeter au second plan les divergences de pratique locale que les manuscrits présentent.

Nous allons essayer de montrer que sur certains points cependant les manuscrits syriaques de Paris et de Londres donnent une même solution, qui n'est pas admise par les auteurs des versions arabe et arménienne, quoique celles-ci soient contemporaines du manuscrit syriaque de Paris, et, d'après M. Sachau, « aus einer « selben selbständigen zweiten Redaction geflossen ».

Il en est ainsi du droit d'un des contractants de renoncer à une vente.

Voici d'abord les dispositions qui se rapportent à la question. Remarquons seulement que L. désigne le manuscrit de Londres et P. celui de Paris de la version syriaque, Ar. la version arabe et Arm. le manuscrit arménien.

(1) Mitteis, *Reichsrecht und Volksrecht*. page 544.

Nous empruntons nos textes à la traduction de M. Sachau lui-même, sauf celle de L. § 38, où nous préférons celle de M. Land.

L. § 38. Si statuta et confirmata est domuum uel seruorum uel cuiuscunque rei uenditio e pacto quod factum est inter uenditorem et emptorem et de pretio rei uenditae inter eos conuenit, arrhabo datur, etsi pretium statutum non datur, eo tantum consilio ut ne primus (emptor) quasi inuitus emerit se excuset, dum cogitur uenditor καταγραφην primi illius nomine scribere et pretium solui et (res) tradi.

Sin arrhabo non datur nec datur pretium de quo conuenit, sed pactum tantum fit, iubet lex, uenditorem alteri cuiquam uendere non posse nisi primo illi quocum de rei pretio pactus est, et debet uenditor καταγραφην primi illius nomine scribere et ille pretium soluere et emta res ei tradi (1).

(1) La traduction de M. Sachau, que nous croyons pouvoir rejeter pour des motifs juridiques, est ainsi conçue : L. § 38 Wenn festgestellt und gültig ist der Verkauf von Häusern oder Landereien oder Sklaven oder jeder (anderen) Sache durch einen Vertrag zwischen dem Verkäufer und dem Käufer, und sie stimmen überein mit einander über die τιμή der verkauften Sache, und eine Arrha ist gegeben, und die festgestellte τιμή ist noch nicht bezahlt, (so befiehlt das Gesetz, dass der Verkäufer keinem anderen die Sache verkaufen könne, als dem ersten, der den Preis der Sache versprochen hat ;) Wenn nun aber der erste sich weigert, so ist dem Verkäufer ἀλλὰ ὠνεακά (?) eine καταγραφή zu schreiben auf den Namen des ersteren ; die τιμή wird ganz bezahlt und er übergibt ihm die verkaufte Sache, aber nicht wird die Arrha (zurück) gegeben.

(Wenn aber nicht wird eine Arrha gegeben) und die festgestellte τιμή nicht bezahlt ist, sondern, nur ein Vertrag existirt, so befiehlt das Gesetz, dass der Verkäufer dennoch keinem anderen (die Sache) verkaufen könne als

L. § 51. Wenn ein Mann eine Sache kauft und gibt als Arrha eine Summe Geldes, und der Verkäufer tritt zurück, so befiehlt das Gesetz, dass er die Arrha, die er bekommen, verdoppele gemäss der Summe Geldes. Wenn aber der Käufer zurücktritt, so verliert er seine Arrha.

P. § 18. Ueber den Käufer und Verkäufer.

Das Gesetz befiehlt, dass der Verkäufer keinem anderen verkaufen darf als dem ersten, der die τιμή eines Hauses oder Grundstückes (wörtlich Besitzes) oder irgend einer anderen Sache versprochen hat.

Wenn aber etwa der erste Käufer von seiner (früheren) Absicht zurücktritt und spricht, dass ihm der Kauf nicht erwünscht sei, und wenn der erste Käufer die τίμή der Sache nicht vollständig besitzt, so schreibt ihm der Verkäufer eine καταγραφή auf den Nahmen des Käufers, und der Käufer zahlt (dann) dem Verkäufer die τιμή vollständig gemäss dem Pact zwischen ihnen beiden. Und dann übergibt der Verkäufer die Sache dem Käufer, der von ihm gekauft hat in reiner Weise.

P. § 21. Ueber dem Kauf einer Sache und die Miethe eines Besitzes.

Wenn ein Mann eine Sache kauft oder miethet einen Besitz und gibt als Arrha eine beliebige Summe Geldes, so ist dem Käufer oder Verkäufer nicht erlaubt, dass er zurücktritt.

dem ersten, der den Preis der Sache versprochen hat. Wenn aber der erste sich weigert, freiwillig zu kaufen, so ist dem Verkäufer ἀλλὰ ὠνεακά (?) eine καταγραφή zu schreiben auf den Namen des ersten; und er (der zweite Käufer) zahlt die τιμή und er (der Verkäufer) übergibt ihm die verkaufte Sache.

Wenn aber zurücktritt der Verkäufer, so gibt er das Doppelte von der Arrha, die er bekommen hat. Und wenn der Käufer nicht kaufen will, so wird ihm die Arrha, die von ihm genommen, nicht (zurück) gegeben.

Ar. § 20. Wenn zwischen zwei Männern ein Handel stattfindet, oder der Ankauf von einer Wohnung oder von einem Thier oder Stück Land oder von einem anderen Kaufsobject und sie einigen sich über einer bestimmten Preis und sind damit einverstanden, wenn sie dann sich trennen, ohne dass der Käufer dem Verkäufer eine Arrha gibt, noch auch den Baarbetrag des Preises oder einen Theil desselben, wenn nichts weiter geschehen ist, als die Vereinbarung und Abmachung,—dann heisst unser Gesetz den Verkäufer diese Sache nicht früher einem anderen zu verkaufen, als bis er sie nochmals seinem Kunde angetragen, mit dem er gehandelt, um sie ihm zu verkaufen.

Wenn dieser aber den Handel rückgängig zu machen wünscht und den Kauf nicht will, dann verkauft er seine Sache, wem er will, aber es soll sein zwischen ihnen ein Document, worin der Verkäufer angibt, was zwischen ihm und dem ersten Käufer vorgefallen, und den Preis, über den sie sich geeinigt. Dann nimmt er (den Preis) von dem zweiten Käufer und übergibt ihm seine Sache vor Zeugen.

Ar. 32. Wenn ein Mann einem anderen ein Angebot macht für eine Sache, die er verkauft und gibt ihm als Arrha eine bestimmte Zahl Drachmen, bis dass er wieder komme mit dem ganzen Preise, wenn dann der Verkäufer ihm hintergeht und (die Sache ihm) nicht verkauft, so befiehlt unser Gesetz, dass er die Arrha zurückgebe und noch einmal so viel. Wenn aber der Käufer nicht mehr zu kaufen wünscht, so hat er seine Arrha verloren.

Ar. 98. Wenn ein Mann von einem anderen eine Sache kauft und ihm als Arrha Drachmen gibt, bis dass er zurückkomme und ihm den Rest des Preises ganz bezahle, wenn nun der Verkäufer die Arrha an sich nimmt, aber ihn hintergeht und ihm die (gekaufte) Sache nicht übergibt, so verpflichtet ihn unser Gesetz zu dem doppelten der Arrha, welche der Käufer ihm gegeben hatte. Wenn aber der Kaüfer zurücktritt, so verliert er seine Arrha.

Arm. § 14. Wenn ein Mann Häuser oder Sklaven will oder etwas anderes, was auf dem Markt verkauft wird, wenn sie die Höhe der Rechnung bestimmen, aber keine Arrha geben und den vereinbarten Preis nicht bezahlen, sondern nur mündlich die Sache abmachen, so befiehlt das Gesetz, dass der Verkäufer die Sache keinem anderen als dem ersten, der mit ihm den Preis vereinbart, übergeben darf. Wenn aber der erste freiwillig zurücktritt, so lässt sicht der Besitzer der Sache von ihm ein Schreiben geben, worin es die Sachen mit Namen nennt, und übergibt dies Schreiben dem Mann, der sie in Wirklichkeit kauft.

Arm. 27. Wenn Jemand etwas verkauft und bekommt eine Arrha und nimmt nun die Sache wieder zurück, so befiehlt das Gesetz, dass er dem Geber der Arrha dieselbe in doppeltem Betrage zurückerstatten soll.

Arm. 97. Wenn ein Mann Sachen zu verkaufen wünscht und er nimmt von dem Käufer eine Arrha, so befiehlt das Gesetz, dass er die Arrha dem Käufer doppelt zurückgeben soll. Wenn aber der Käufer, der die Arrha gegeben, vom Kaufe zurücktreten will, so verliert er nur die gegebene Arrha, die dem Verkäufer verbleibt.

La préférence donnée à la traduction de M. Land sur celle de M. Sachau se justifie parce que, au dire de M. Bruns lui-même, on constate dans cette dernière deux lacunes que rien ne viendrait justifier dans ce manuscrit, le plus complet des quatre. M. Land a fait œuvre de philologue pur, tandis que M. Sachau, dans la savante édition qu'il avait entreprise avec un romaniste, a peut-être été influencé par des théories juridiques qu'aurait renversées la traduction toute simple. Il s'agissait, en effet, d'opposer à la version du VIe siècle les manuscrits du XIIe.

Or, nous constatons que les lacunes dont se plaint M. Bruns, qui commentait le texte de M. Sachau, n'existent pas dans celui de M. Land. C'était (1) :

1° L'interdiction de vendre. « Es war ohne Zweifel so, « da eine Arrha war gegeben. Was Zweifel unterlag, war « dass der Käufer nicht zurücktreten darf beim verzichten auf der Arrha ».

En fait, l'interdiction de vendre est bien exprimée dans le texte, puisqu'il est dit « cogitur uenditor καταγραφην primi

(1) Bruns, *Commentar*. page 206.

illius nomine scribere et pretium solui et (res) tradi » ; il faut que le vendeur écrive une καταγραφη, que le prix soit payé, et la chose livrée. Cette dernière obligation imposée au vendeur exclut évidemment son droit de la céder à un autre.

Même solution, dans des termes analogues, dans l'autre manuscrit syriaque P § 18. « und dann übergibt der Verkäufer die Sache dem Kaüfer... »

2° La non-restitution des arrhes. Il est vrai que le texte comme le traduit M. Land, ne parle pas des arrhes à ce point de vue.

Mais ce que les éditeurs du *Syrisch-römisches Rechtsbuch* cherchaient, c'était d'établir que les arrhes ne devaient pas être rendues : pour cela ils ajoutaient les mots : « aber nicht wird die Arrha zurückgegeben ».

Pourtant, en droit romain, en dehors du cas de la *lex commissoria*, les arrhes ne servaient qu'à marquer la perfection du contrat.

Gaivs libro decimo ad edictum prouinciale *Quod saepe arrae nomine pro emptione datur, non eo pertinet, quasi sine arra conuentio nihil proficiat, sed ut euidentius probari possit conuenisse de pretio* (1).

Gai Institutiones. *Emptio et uenditio contrahitur, cum de pretio conuenerit, quamuis nondum pretium numeratum sit, ac ne arra quidem data fuerit ; nam quod arrae nomine datur, argumentum est emptionis et uenditionis contractae* (2).

Ivstiniani Institutiones. *Emptio et uenditio contrahitur,*

(1) L. 35 pr. *de contrahenda emptione.*
(2) Gaius, III, § 139.

simulatque de pretio conuenerit, quamuis nondum pretium numeratum sit ac ne arra quidem data fuerit, nam quod arrae nomine datur, argumentum est emptionis et uenditionis contractae (1).

Elles ne pouvaient, par conséquent, avoir d'effet pénal. M. Bruns admettait cependant indirectement pareille action, en disant que celui qui réclamerait les arrhes après avoir voulu revenir sur l'engagement qu'elles fortifiaient, pourrait être écarté par l'*exceptio doli*.

Cette théorie est contraire à la notion des arrhes dans le droit romain, qui les définit *argumentum emptionis et uenditionis contractae* ; d'ailleurs l'exception de dol ne se conçoit guère quand il y a eu exécution, forcée il est vrai, telle que la prévoit § L. 38, la question ne se posant qu'après que « cogitur pretium solui et res tradi ».

Remarquons, d'ailleurs, qu'il faut, pour bien établir la questions des arrhes, combiner le § 38 avec le § 51 du manuscrit de Londres : ils reproduisent alors le P § 21. Mais ce sujet sera examiné plus longuement dans la suite.

Ce qui est certain, c'est que L § 38 ne présente pas de lacune au sujet des arrhes, cette question étant examinée au § 51. Il s'ensuit que l'adjonction des mots « aber nicht « wird die Arrha zurückgegeben », que rien ne justifie, est juridiquement impossible.

La supériorité de la traduction de M. Land, sans les conjectures de MM. Bruns et Sachau, expliquée, il faut

(1) Inst., III, 23, pr.

examiner dans les quatre versions, le droit des parties de renoncer à une vente, afin de pouvoir établir les divergences et les concordances que présentent les différents textes.

1. Les quatre manuscrits sont d'accord pour apprendre que la vente est parfaite dès que les parties ont convenu de la chose et du prix, quand bien même des arrhes n'auraient pas été données et qu'un commencement d'exécution n'aurait pas eu lieu ; en effet, ils disent tous quatre que le vendeur ne peut plus vendre la chose à un tiers.

L § 38. Sin arrhabo non datur nec datur pretium de quo conuenit, sed pactum tantum fit, iubet lex, uenditorem alteri cuiquam uendere non posse nisi primo illi quocum de rei pretio pactus est...

P. § 18. Das Gesetz befiehlt, dass der Verkäufer keinem anderen verkaufen darf als dem ersten, der die τιμή irgend einer Sache versprochen hat (1).

Ar. § 20. Wenn zwischen zwei Männern ein Handel stattfindet, oder Ankauf, und sie einigen sich über einem bestimmten Preis und sind damit einverstanden, wenn sie dann sich trennen, ohne dass der Käufer dem Verkäufer eine Arrha gibt, noch auch den Baarbetrag des Preises oder einen Theil desselben, wenn nichts weiter geschehen ist, als die Vereinbarung und die Abmachung, — dann heisst unser Gesetz den Verkäufer diese Sache

(1) Dans P § 18 il n'est pas question d'arrhes ; le cas où des arrhes ont été données est étudié au § 21.

nicht früher einem anderen zu verkaufen, als bis er sie nochmals seinem Kunde angetragen, mit dem er gehandelt, um sie ihm zuverkaufen.

Arm. § 14. Wenn ein Mann kaufen will, wenn sie die Höhe der Rechnung bestimmen aber keine Arrha geben und den vereinbarten Preis nicht bezahlen, sondern nur mündlich die Sache abmachen, so befiehlt das Gesetz, dass der Verkäufer die Sache keinem anderen als dem ersten, der mit ihm den Preis vereinbart, übergeben darf.

2. L'hypothèse contraire, où c'est l'acheteur qui veut revenir sur la vente, est tranchée avec certaines divergences dans les différentes versions.

Seuls, les manuscrits syriaques lui dénient ce droit dans le cas où des arrhes n'ont pas été remises : ils donnent tous deux la même solution : le vendeur doit faire un écrit, καταγραφή, et l'acheteur devra payer le prix convenu contre livraison de la chose.

L. § 38 (primo illi quocum de rei pretio pactus est) et debetuenditor, καταγραφή primi illius nomine scribere et ille pretium soluere et empta res ei tradi.

P. § 18. Wenn aber etwa der erste Käufer von seiner früheren Absicht zurücktritt und spricht, dass ihm der Kauf nicht erwünscht sei, und wenn der erste Käufer die τιμή der Sache nicht vollständig besitzt, so schreibt ihm der Verkäufer eine καταφραφή auf den Name des Käufers und der Käufer zahlt (dann) dem Verkäufer die τιμή vollständig gemäss dem Pacht zwischen ihnen beiden.

Und dann übergibt der Verkäufer die Sache dem Käufer, der von ihm gekauft hat in reiner Weise. (1)

L'obligation de rédiger un écrit est fréquente dans les lois et coutumes orientales, qui ont exercé une si grande influence sur la pratique du droit dans les provinces asiatiques de l'Empire, droit dont le *Syrisch-Römisches Rechtsbuch* est un monument. Elle ne présente donc rien de bien remarquable à notre point de vue ; mais, en se plaçant au point de vue exclusivement romaniste, qui est celui de M. Bruns, elle avait quelque chose d'extraordinaire : « Auffallend ist es, dass eine Urkunde gefordert wird, « da das römische Recht diese bei Verträgen ja eigentlich « nie verlangt. Allerdings war die Ausstellung von Ur- « kunden factisch in der Kaiserzeit sehr häufig.... Die « Schrift wird hier fast bei allen Rechtsgeschäften ge- « fordert, so bei Kauf L. § 64, Darlehn §§ 55, 56, 97, 111, « 112, 124, Schenkung §§ 22, 69, Vergleich § 85, Gesell- « schaft § 86, Erbtheilung § 70, Emancipation § 3, Adop- « tion § 52, dos, donatio und parapherna §§ 13, 93 ».

Quant aux versions arabe et arménienne, elles accordent à l'acheteur le droit de renoncer à la vente quand des arrhes n'ont pas été données. Le vendeur n'a, dans ce cas, d'autre droit que celui de vendre la chose à un tiers, et encore faut-il prendre certaines garanties au profit du second acheteur. L'annulation de la première vente doit être constatée par un écrit (fait par le premier acheteur, dit Arm. § 14), qui contienne l'indication de la chose

(1) P. § 18 ne parle pas d'arrhes, ce cas faisant l'objet de P. § 21.

d'après Arm. § 14; qui indique le prix antérieurement convenu, selon Ar. § 20; qui exige, en outre, que la remise de la chose au second acheteur et le paiement du prix par lui se fassent par devant témoins.

Ar. § 20. Wenn dieser aber den Handel rückgängig zu machen wünscht und den Kauf nicht will, dann verkauft er seine Sache, wem er will; aber es soll sein zwischen ihnen ein Document, worin der Verkäufer angibt was zwischen ihm und dem ersten Käufer vorgefallen, und den Preis über den sie sich geeinigt. Dann nimmt er (den Preis) von dem zweiten Käufer und übergibt ihm seine Sache vor Zeugen.

Arm. § 14. Wenn aber der erste freiwillig zurücktritt, so lässt sich der Besitzer der Sachen von ihm ein Schreiben geben, worin er die Sachen mit Namen nennt, und übergibt dies Schreiben dem Mann, der sie in Wirklichkeit kauft.

Ici aussi un acte écrit est exigé conformément aux idées grecques et orientales, alors que le droit romain n'en exigeait pas.

En somme, en cas de vente sans arrhes, le vendeur ne peut jamais revenir sur son consentement et vendre la chose à autrui. Seuls, les manuscrits syriaques étendent pareille interdiction à l'acheteur et lui imposent l'obligation de payer le prix ; les versions arabe et arménienne se bornent, dans ce cas, à concéder au vendeur le droit de vendre sa chose à un tiers. Il y a donc concordance entre les manuscrits de Paris et de Londres, divergence entre les versions syriaque, arabe et arménienne.

Ces mêmes analogies et oppositions se rencontrent dans le cas de vente où des arrhes ont été données.

Les deux manuscrits syriaques maintiennent encore le principe de droit romain qui, même dans ce cas, ne permettait pas aux parties de revenir sur leur consentement.

P. § 21. Wenn ein Mann eine Sache kauft oder miethet einen Besitz und gibt als Arrha eine beliebige Summe Geldes, so ist es dem Käufer oder Verkäufer nicht erlaubt, dass er zurücktritt.

L. § 38. Si statuta et confirmata est uenditio e pacto quod factum est inter uenditorem et emptorem et de pretio rei uenditae inter eos conuenit, arrhabo datur, etsi pretium statutum non datur, eo tantum consilio ut ne primus (emptor) quasi inuitus emerit se excuset, dum cogitur uenditor καταγραφην primi illius nomine scribere et pretium solui et (res) tradi.

Il résulte, en effet, de ce texte que le vendeur ne pouvait vendre à autrui, puisque, dans le cas même de refus de la part de l'acheteur de s'exécuter, le vendeur « cogitur καταγραφην scribere et res tradi ». D'autre part, l'acheteur « cogitur pretium solui ». En fait L. § 38, premier alinéa et L. § 51 reproduisent P. § 21.

Quant à L. § 51 et P. § 21, deuxième alinéa, ils n'examinent pas la perte des arrhes comme peine de l'inexécution, et n'ont donc pas directement trait à notre objet, qui est de rechercher si l'une des parties pouvait revenir sur un contrat. M. Bruns estimait, en effet, que « so kann dies nur « bedeuten dass der Gegner die Wahl hat, entweder auf

« Erfüllung des Vertrages zu dringen oder aber der Rück-
« tritt zu zulassen und dann die Arrha zu lucrieren ».

Dans les versions arabe et arménienne, au contraire, tombe l'interdiction de refuser d'exécuter un contrat en abandonnant les arrhes.

Ar. 98. Wenn ein Mann von einem anderen eine Sache kauft und ihm als Arrha Drachmen gibt, wenn nun der Verkäufer die Arrha an sich nimmt, aber ihn hintergeht und ihm die (gekaufte) Sache nicht übergibt, so verpflichtet ihn unser Gesetz zu dem doppelten der Arrha, welche der Käufer ihm gegeben hatte. Wenn aber der Käufer zurücktritt, so verliert er seine Arrha.

Arm. 97. Wenn ein Mann Sachen zu verkaufen wünscht und er nimmt von dem Käufer eine Arrha, wenn er den Kauf rückgängig macht, so befiehlt das Gesetz, dass er die Arrha dem Käufer doppelt zurückgeben soll. Wenn aber der Käufer, der die Arrha gegeben, vom Kaufe zurücktreten will, so verliert er nur die gegebene Arrha, die dem Verkäufer verbleibt.

Malgré ces oppositions profondes exprimant une conception juridique toute différente de celle du droit romain, M. Bruns écrit « An ein Ueberbleibsel des alten griechis-
« chen oder orientalischen Rechts zu denken haben wir
« nicht den geringsten Anhalt » !

Ce serait sortir de l'étude comparative des versions du *Livre de Droit syro-romain*, et prolonger outre mesure l'exposé de cette question, que de suivre M. Bruns dans la discussion des textes par lesquels il croit pouvoir montrer que, dans tout ceci, il devrait y avoir du droit romain anté-justinianéen, qu'aurait passé sous silence Justinien lui-même, tandis que ses successeurs l'auraient repris.

Les notions mises en lumière par les recherches récentes sur le droit des peuples primitifs, rapprochées des différentes versions de notre livre, les montrent toutes à des degrés divers imprégnées de l'idée ancienne, qui consistait à ne reconnaître que la situation de fait, sans tenir compte de la volonté des parties.

Originairement, la vente n'était que la substitution d'un état de fait à un autre par un échange soumis à certaines conditions de forme. Mais ce contrat ne donnait lieu à aucune obligation : l'État respectait le nouvel état de fait, mais n'accordait jamais d'action.

Le contrat juridique n'était reconnu par la loi que pour autant qu'il était entièrement exécuté.

Dans le droit romain pleinement développé, la vente était parfaite dès qu'on était convenu de la chose et du prix : mais, une phase intermédiaire consistait à ne considérer une convention comme légalement obligatoire qu'après un commencement d'exécution.

Les peuples appartenant à un niveau de culture juridique inférieur, comme les habitants des parties excentriques de l'Empire romain, revenaient à cette conception primitive des contrats.

Cela se manifestait par une tendance à considérer une vente comme inexistante, tant qu'elle n'avait pas commencé à être exécutée.

Cette théorie est condamnée par les quatre manuscrits L. § 38, P. § 18, Ar. § 20, Arm. § 14, qui considèrent la vente comme parfaite par le seul consentement des parties.

Mais ce principe n'est pas appliqué également rigoureusement, dans ses conséquences, par les différentes versions du *Livre de Droit syro-romain*.

Pour ce qui est du vendeur, elles sont, il est vrai, d'accord pour lui dénier, en règle générale, le droit de céder la chose à un autre que le premier acheteur. Les manuscrits syriaques n'admettent jamais qu'il puisse en être autrement ; Ar. § 20 et Arm. § 14, par contre, subordonnent cette interdiction à l'exécution de ses engagements par l'acheteur.

Quant à l'acheteur, seule la version syriaque lui refusait de revenir sur une vente que son consentement avait rendue parfaite, et déterminait la procédure par laquelle le vendeur pouvait le contraindre à s'exécuter.

Au XIIe siècle, les antiques notions de droit romain étaient fortement adultérées de coutumes locales, au point d'être devenu méconnaissables ; le copiste auquel nous devons le manuscrit de Paris, savait encore comprendre le texte syriaque ancien, écrit dans sa propre langue. Il en était tout autrement des traducteurs qui furent les auteurs des versions arabe et arménienne : pour eux, l'action concédée au vendeur était chose inintelligible ; et ils substituèrent au texte, qu'ils ne comprenaient plus, la règle de droit primitif restée seule dans leur coutume barbare, qui ne permet pas d'actionner l'acheteur, et ne laisse au vendeur que le droit de revendre la chose, c'est-à-dire de considérer, ainsi que dans les droits archaïques, le contrat inexécuté comme non-existant.

Evolution analogue et, en quelque sorte, connexe, en matière d'arrhes.

Nous avons vu que l'époque primitive est caractérisée par l'absence complète d'action : les arrhes étaient un commencement d'exécution ; elles étaient données dans l'intérêt exclusif du vendeur, qu'elles garantissaient contre un changement dans les dispositions de l'acheteur. Les arrhes remises, l'acheteur ne devait pas plus être obligé à compléter le prix, qu'il n'y avait d'action pour les faire restituer par le vendeur. La livraison de la chose était assurée par l'intérêt qu'avait le vendeur à l'exécution du contrat ; l'acheteur devait souvent, d'ailleurs, l'avoir en sa puissance, ou s'emparer d'une chose qu'il pouvait légitimement considérer comme sienne.

La fonction des arrhes, à un niveau supérieur de l'évolution juridique, (ce stade que nous caractérisions précédemment en disant qu'on ne considérait la convention comme légalement obligatoire qu'après un commencement d'exécution) consistait précisément à être un commencement d'exécution, la preuve *sine qua non* de la conclusion d'un contrat, qui est marquée à Rome dans les *negotia per aes et libram*.

Quand la théorie des obligations eut été pleinement développée, longtemps encore, — et ce fut toujours le cas à

Rome, — on continua de considérer les arrhes comme un indice qu'il y avait bien eu effectivement conclusion du contrat de vente. Dans les Institutes de Gaius, comme dans celles de Justinien, les arrhes se définissent *argumentum emptionis et uenditionis contractae*.

Aussi ancienne, la fonction pénale des arrhes remonte à une époque également primitive, impliquant absence complète d'action quand elle s'est formée ; puisque l'acheteur qui ne s'exécutait pas, n'avait pas de moyen légal pour rentrer en possession des arrhes qu'il avait données.

La notion d'une peine corrélative pour le vendeur, obligé, en cas d'inexécution de payer le double des arrhes, est toute moderne. Gaius ne la connaissait pas encore ; mais les Institutes la consacrent pour le droit nouveau :

ita tamen impune recedere eis concedimus, nisi iam arrarum nomine aliquid fuerit datum : hoc etenim subsecuto, siue in scriptis siue sine scriptis uenditio celebrata est, is qui recusat adimplere contractum, si quidem emptor est, perdit, quod dedit ; si uero uenditor, duplum restituere compellitur, licet nihil super arris expressum est (1).

Déjà à cette époque existait une tendance à abandonner parfois la notion de la vente comme contrat consensuel. Justinien s'en écartait résolument dans les cas de vente par écrit : au lieu d'admettre que, dès que les parties avaient convenu de la chose et du prix, la vente était parfaite, et d'accorder une action pour obliger le co-con-

(1) Inst., III, 23, pr.

tractant à la confection de l'acte, il permet aux deux parties de renoncer à la vente tant que toutes les formalités n'ont pas été remplies :

in his autem (uenditionibus) quae scriptura conficiuntur non aliter perfectam esse emptionem et uenditionem constituimus, nisi et instrumenta emptionis fuerunt conscripta uel manu propria contrahentium, uel ab alio quidem scripta, a contrahente autem subscripta et, si per tabellionem fiunt, nisi et completiones acceperint et fuerint partibus absoluta. donec enim aliquid ex his deest, et poenitentiae locus est et potest emptor uel uenditor sine poena recedere ab emptione. ita tamen impune recedere eis concedimus, nisi iam arrarum nomine aliquid fuerit datum (1)

C'était précisément lorsque Justinien abandonna, en 528, dans la constitution 17 de son code, au titre *de fide instrumentorum*, le principe de la consensualité de la vente, qu'il dut développer ainsi la fonction pénale des arrhes, qu'il n'avait pas été nécessaire de formuler jusqu'alors.

Plus on s'éloignait du centre de l'Empire, plus la conception de contrat consensuel de vente était ignorée; l'action du temps qui remettait le pouvoir aux mains de peuples barbares et ramenait leurs notions juridiques primitives, tendait également à la faire disparaître.

La notion archaïque d'arrhes pénales devait peu à peu triompher.

La combinaison de L. § 38 et L. § 51 montre qu'au VIe siècle, en cette matière, les principes du droit romain

(1) *eodem loco.*

étaient encore consacrés dans le *Livre de Droit Syro-romain*. La vente était parfaite par le consentement des parties, et l'une d'elles ne pouvait annuler le contrat en perdant ses arrhes.

Le copiste du manuscrit syriaque de Paris, dans son § 21, ne pouvait se tromper en reproduisant cette règle rédigée dans la même langue, et conservait encore le point de vue du droit romain.

Mais la coutume locale de l'Arabie et de l'Arménie devait pénétrer dans Ar. § 32, 98 et Arm. 97, 27 ; le traducteur ne pouvant plus comprendre les principes d'un droit qui n'était plus appliqué dans son propre pays ; comme dans le cas de l'action du vendeur en exécution de la vente contractée sans arrhes, il substitua ici encore la coutume locale à des règles d'un droit inintelligible pour lui.

Cette évolution juridique des dispositions du *Livre de Droit syro-romain* dans les différentes versions, procède d'une seule et même idée maitresse : l'abandon progressif de la notion du contrat consensuel.

Dans les manuscrits syriaques, il est toujours dit qu'un contrat de vente lie les parties dès qu'elles y ont consenti ; peu importe que des arrhes aient été remises ou non.

Dans les versions arabe et arménienne, cette règle a disparu tant pour les ventes avec arrhes que pour celles sans arrhes : dans l'un et l'autre cas, il n'y a plus d'action contre la partie qui se refuse à exécuter le contrat auquel elle a consenti. Quand des arrhes ont été données l'acheteur qui ne s'exécute pas, les perd ; le vendeur qui se refuse de livrer la chose, doit payer le double de la somme ainsi remise. S'il n'y a point eu d'arrhes, le vendeur a seulement le droit, en cas de non-paiement, de céder la chose à un tiers.

Dans le cas de vente avec arrhes les manuscrits syriaques s'écartent déjà du point de vue romain classique : le vendeur, en effet, peut à son choix poursuivre l'exécution du contrat, ou, le considérant comme nul, garder les arrhes.

A Rome pareil choix n'existait pas : le droit de conserver les arrhes à défaut d'exécution était restreint aux cas tels que celui de l'*arra sponsalitia* et celui qui fait l'objet de la constitution 17 *de fide instrumentorum*, où il n'y avait pas d'action pour en poursuivre l'exécution.

Mais dès le VIe siècle ce point de vue trop avancé fut abandonné.

Nous pensons avoir montré ainsi ce qu'il y avait d'hypothétique dans les affirmations des éditeurs du *Syrisch-römisches Rechtsbuch* lorsqu'ils disaient que « diese drei « jüngeren Handschriften aus einer selbständigen d. h. « nicht mit L. identischen zweiten Redaction des Rechts- « buchs geflossen sind » ou que « an ein Ueberbleibsel « des alten griechischen oder orientalischen Rechts zu « denken wir nicht den gerinsten Anhalt haben. »

Nous croyons avoir les premiers illustré l'appréciation de M. Mitteis : « dass in unseren vier Handschriften

« zeitliche und örtliche Variationen des Localrechts
« jener Gegenden zu Tage treten. »

IV

L'existence d'éléments empruntés aux anciens droits locaux, dans la jurisprudence des tribunaux provinciaux, ne fait désormais plus doute.

La preuve qu'une disposition nouvelle du droit civil, qui se retrouve dans les antiques coutumes anté-romaines, leur a été directement empruntée, est subordonnée à celle de leur persistance.

En d'autres termes, la question se pose, à propos de chaque prétendue influence, de savoir quel est le droit national des pérégrins.

L'histoire nous a gardé le souvenir de bien des empires qui se sont succédé sur une même terre, dont plusieurs ont duré assez longtemps pour laisser leur empreinte dans les institutions et le droit.

Les Perses soumirent à leurs armes toute l'Asie occidentale et même l'Égypte. Leur domination, malgré sa longue durée, ne put modifier sensiblement le caractère des institutions existantes, l'élément perse étant trop peu nombreux pour coloniser les pays conquis. C'est peut-être en Égypte que leur action fut la plus grande, malgré les nombreuses solutions de continuité de leur pouvoir, parce qu'elle vint s'ajouter à d'antiques influences asiatiques. D'ailleurs, la pénurie des sources qui sont à notre disposition, ne permettrait d'arriver encore à aucune solution définitive.

Dans les provinces orientales de l'Empire romain, l'influence de l'hellénisme a été suffisante pour pouvoir, sur bien des points, se substituer aux coutumes nationales.

La monarchie fondée par Alexandre et qui dura jusqu'à la conquête romaine, transforma l'Orient en État grec au même titre que, plus tard, il devint Empire romain.

Mais il ne faut pas perdre de vue que la race des Hellènes n'était pas confinée dans l'Attique et le Péloponèse : d'innombrables colonies remplacèrent par des Ioniens et des Doriens les populations autochtones des îles de la mer Égée, des côtes de l'Asie-Mineure, de la Thrace et de l'Illyrie ; celles du sud de l'Italie et de la Sicile, qui furent la Grande-Grèce ; enfin, sur bien des points, celles de la Cyrénaïque et de l'Égypte.

Les Diadoches, continuant l'œuvre d'Alexandre, fondèrent des centaines de villes grecques dans leurs États.

C'est, d'ailleurs, la seule question de réception d'un droit anté-romain qui ait été étudiée. Quelque nombreux que soient les problèmes encore à résoudre, il est permis, dès maintenant, de considérer certains faits comme constants.

Il est acquis désormais que, d'une manière générale, les côtes de la Méditerranée étaient hellénisées dans toute sa partie orientale.

En Asie-Mineure, dans les provinces maritimes, là même où il avait subsisté, l'élément national avait subi à ce point l'influence grecque que Cicéron put se servir du terme *Graeci* pour en désigner tous les habitants ; l'intérieur des terres l'avait sentie infiniment moins, et la persistance de la civilisation autochtone nous est affirmée pour les Phygiens, les Lyciens et surtout les Galates (1), au sujet desquels Gaius écrivait, au deuxième siècle : *nec me praeterit Galatarum gentem credere in potestate parentum liberos esse* (2) ; et St-Jérome, au quatrième siècle : *Galatas excepto sermone Graeco, quo omnis Oriens loquitur, propriam linguam eanden paene habere quam Treuiros* (3).

Pour la Syrie, les témoignages sont contradictoires : la question reste donc ouverte. M. Nöldeke assied sur de sérieux arguments sa solution négative (4), que combat M. Mommsen : celui-ci invoque en faveur d'une influence hellénique importante les nombreuses colonies grecques, l'organisation municipale des villes et la numismatique (5). M. Mitteis abonde dans ce sens en se basant sur l'analogie que présente souvent le *Livre de Droit syro-romain*

(1) M. Mitteis, *Reichsrecht und Volksrecht.* page 23 en donne, comme preuve, les inscriptions. Depuis lors, le nombre s'en accroît de jour en jour. Les textes d'auteurs anciens, à citer en ce sens, sont Philostratus, *Vita Apollinii.* VIII, 7, 2 ; les *Actes des Apôtres.* XIV, 11 ; Pausanias, X, 36, 1 et Lucien, *Alexandre.* 51.

(2) Gaius, 1, 55.

(3) St-Jérome, *à Paula et Eutochia* : *Sur le Commentaire de l'Épitre de St-Paul aux Galates.* II, 3.

(4) Th. Mommsen, *Römische Geschichte.* V, page 451.

(5) Nöldeke, *Zeitschrift der deutschen morgenländischen Gesellschaft,* pages 382-334.

avec des dispositions de droit grec, ce qui n'est pas tout à fait convaincant, le texte syriaque lui-même étant traduit d'un original grec. D'ailleurs, d'autres auteurs y trouvent des traces de droit assyro-babylonien (1) et arabe (2).

En Palestine, l'action du droit grec fut presque nulle ; son existence est cependant attestée par le grand nombre de mots helléniques qui se trouvent dans la Mischna.

L'Égypte, en revanche, la subit fortement : le droit national et le droit grec y coexistèrent pendant toute la durée de l'époque lagide. Cette dualité se manifeste dans les tribunaux : les Chrématistes sont des juges grecs qui appliquent principalement le droit grec, πολιτικὸς νόμος, tandis que les Laocrites, juges nationaux, appliquaient surtout le droit égyptien, ὁ της χώρας νόμος. La dualité existe encore en matière notariale : les actes démotiques sont faits par le monographe égyptien, tandis que les actes grecs étaient authentiqués par les agoranomes.

Le droit continuait à se développer au moyen des προσταγμα royaux qui lui donnèrent un caractère de plus en plus grec. Les Laocrites disparurent probablement avant la conquête romaine, et la nécessité de traduire les actes en grec, pour l'enregistrement au γραφιον, assura le triomphe des agoranomes. Mais, longtemps encore, existèrent des

(1) D. Feuchtwang, *Studien zum babylonischen Rechtswesen.*, dans la *Zeitschrift für Assyriologie*, V, page 137 ; VII, page 117.

(2) Tewes, *Zeitschrift für Privat und öffentliches Recht*. XIII, pages 543 et suivantes.

contrats désignés comme συμβόλαιον ἀιγυπτίον ou συγγραφὴ ἀιγυπτία (1).

Le νόμος τῶν Ἀιγυπτίων était invoqué dans un acte de l'an 124 de notre ère, contrat que nous avons cité, lorsque nous avons établi la persistance de certaines coutumes juridiques égyptiennes et leur condamnation par les empereurs.

D'ailleurs, les découvertes récentes de papyrus et la publication en voie de continuation de ceux qui enrichissent nos musées, ouvrent journellement des sources nouvelles pour déterminer d'une manière plus complète et plus certaine les limites de cette réception. La comparaison des actes de l'époque lagide avec les contrats démotiques de l'époque antérieure établira le *quantum* de droit national qui restait dans la législation des Ptolémées ; comme leur comparaison avec les actes grecs mettra en lumière le degré de pénétration de ce droit en Égypte.

Les anciennes coutumes autochtones d'un pays furent donc successivement modifiées par la loi des vainqueurs qui, tour à tour, s'en emparèrent ; en dernier lieu, par celle des Romains, dont l'action fut si importante qu'il a été longtemps cru qu'ils avaient réalisé l'unité de droit dans l'Empire.

V

Exercèrent, en outre, leur influence, tant avant qu'après la conquête romaine, et cela d'une façon prépondérante,

(1) Mitteis, *Reichsrecht und Volksrecht*. pages 35-39.

– soit pour conserver des institutions bien adaptées au milieu, soit plus souvent pour les modifier — des accidents fortuits, les nécessités économiques, les théories philosophiques et les idées religieuses.

Il serait oiseux de répéter ici l'action que les circonstances peuvent exercer sur la formation du droit, et surtout d'insister sur leur importance à Rome, où la plupart des règles, où un certain nombre de principes juridiques même, ne furent formulés qu'à l'occasion de contestations et de difficultés qui s'étaient effectivement produites.

Nous nous bornerons à citer un texte dans lequel s'affirme, sous la plume d'empereurs chrétiens, l'aversion de la législation romaine pour toute réglementation abstraite.

Impp. Arcadius et Honorius Eutychiano Pf. P. *Rescripta ad consultationem emissa uel emittenda, in futurum iis tantum negotiis opitulentur, quibus effusa docebuntur* (a° 398) (1).

A Rome, le législateur prenait des précautions afin que des solutions prises à l'occasion de cas particuliers ne reçussent pas une application générale.

Ainsi était écarté le danger de transformer une mesure de circonstance en loi générale : *cum Traianus numquam libellis responderit, ne ad alias causas facta referentur, quae ad gratiam composita uiderentur* (2).

Si les circonstances pouvaient influer sur les décisions

(1) C. 11 C. Th. *de diuersis rescriptis* (1, 2).
(2) Macrin Capitolin, 13.

des empereurs au point de pouvoir créer de dangereux précédents, combien plus facilement ne devaient-elles pas agir sur l'application du droit dans les provinces, qui le connaissaient à peine, et où il dépendait du hasard que telle des anciennes solutions fût connue plutôt que telle autre.

Justinien qualifie fort sévèrement, d'ailleurs, cette ignorance du droit, qui le décida à faire sa compilation.

Et antea quidem, quemadmodum et uestra scit prudentia, ex tanta legum multitudine, quae in librorum quidem duo milia, uersuum autem tricies centena extendebatur, nihil aliud nisi sex tantummodo libros et ipsos confusos et iura utilia in se perraro habentes a uoce magistra studiosi accipiebant, ceteris iam desuetis, iam omnibus inuiis..... : quis ea quae recitabant enumerare malet, computatione habita uix uersuum sexaginta milia eos suae notionis perlegere, omnibus aliis deuiis et incognitis constitutis et tunc tantummodo ex aliqua minima parte recitandis, quotiens uel iudiciorum usus hoc fieri coegerit uel ipsi magistri legum aliquid ex his perlegere festinabatis, ut sit uobis aliquid amplius discipulorum peritia (1).

Aussi la jurisprudence ne tenait-elle pas compte du droit romain, mais des décisions d'un petit nombre d'auteurs dont seuls les solutions étaient connues.

Mirabile autem aliquid ex his libris emersit, quod multitudo antiqua praesente breuitate paucior inuenitur. homines etenim, qui antea lites agebant, licet multae leges fuerant positae, tamen ex paucis lites perferebant uel propter inopiam librorum,

(1) C. Omnem § 1.

quos comparare eis impossibile erat, uel propter ipsam inscientiam et uoluntate iudicum magis quam legitima auctoritate lites dirimebantur. in praesenti autem consummatione nostrorum digestorum e tantis leges collectae sunt uoluminibus, quorum et nomina antiquiores homines non dicimus nesciebant, sed nec umquam audiebant (1).

Ainsi dépendait du hasard, qui faisait connaître telle ou telle disposition, la jurisprudence d'une province.

Il en était *a fortiori* ainsi des anciens droits nationaux, qui, depuis des siècles, n'étaient plus enseignés ni appliqués officiellement. La tradition sans cesse s'en obscurcissait, et le respect qui leur était témoigné dépendait de l'arbitraire des juges, *uoluntate iudicum magis quam legitima auctoritate lites dirimebantur ;* et cela donc dans les cas mêmes où la loi romaine y renvoyait. Aussi Ulpien, ayant dit qu'il faut donc dans certains cas consulter la coutume locale, prévoit-il qu'elle pouvait n'apparaître pas clairement.

VLPIANVS libro quadragensimo quinto ad Sabinum *Semper in stipulationibus et in ceteris contractibus id sequimur, quod actum est : aut, si non pareat quid actum est, erit consequens, ut id sequamur, quod in regione in qua actum est frequentatur. quid ergo, si neque regionis mos appareat. quia uarius fuit? ad id, quod minimum est, redigenda summa est* (2).

Ce furent les circonstances, et non une application d'une ancienne règle de droit, qui introduisirent le principe de

(1) C. TANTA § 17.
(2) L. 34 *de R. I.*

l'inexigibilité des créances venant d'un prêt fait à un fils de famille, ou qui permirent au débiteur de se libérer en partageant son fonds avec son créancier au prorata du chiffre de la créance et de la valeur du fonds avant la guerre.

C'était aussi une coutume étrangère à leur ancien droit qui baissait de 12 0/0 la valeur des solides à l'effigie des anciens souverains.

C'est encore une loi qu'on chercherait vainement à rattacher à quelque principe juridique ancien, qui permit d'épouser la fille de son frère, tandis qu'il était interdit de s'unir à la fille de sa sœur.

Fratris filiam uxorem ducere licet, idque primum in usum uenit, cum diuus Claudius Agrippinam fratris sui filiam uxorem duxisset ; sororis uero filiam uxorem ducere non licet (1).

Mais il faut, dans ces dispositions nouvelles, séparer avec prudence ce qui peut remonter à une source traditionnelle de ce qui est nouveau.

Il en est ainsi dans le cas de mention de l'année de l'indiction, qui fit partie du formulaire des actes dans le dernier état du droit. Quoique certains auteurs la fassent remonter au deuxième siècle (2), il n'est pas certain qu'on la trouve inscrite dans aucun acte antérieur au troisième siècle (3) : à partir d'alors cet usage se géné-

(1) Gaius, I, 62.

(2) J. Jung, *Die römische Verwaltung in Aegypten.*

(3) J. Krall, *Die aegyptische Indiction*, dans les *Mittheilungen aus der Sammlung der Papyri Erzherzog Rainer*. I, page 12.

ralisa, dans les actes égyptiens d'abord, et universellement dans tous les contrats de la période byzantine, quand une constitution de Justinien en eut fait une mention obligatoire.

Ce qui nécessita cette indication, en Égypte, à la fin du IIIe siècle, ce furent les réformes de Dioclétien, qui mirent un terme à la situation politique privilégiée de cette région, laquelle ne fut plus, désormais, qu'une simple province d'Empire (1). La datation des actes, qui s'était faite par années de règne, dut désormais être faite par consuls (2).

Nous en avons un exemple dans le papyrus 1508 de la collection de l'archiduc Regnier :

Lγ αυτοκ. κ. Γ. Ουαλ. Διοκλ. καὶ β. κ. Μ. Α. Μαξιμιανου ε. ε. σ.

De là, difficulté à établir la relation chronologique entre deux années. Elle se fit sentir vivement dans l'Égypte, qui n'était pas habituée à ce mode de computation.

L'ancienne tradition se maintint vivace, puisque, à l'époque arabe, quand il n'y eut plus de consuls, certains actes furent datés par années de Dioclétien, le dernier des empereurs sous lesquels on avait officiellement compté par années du prince (3).

Il n'avait, d'ailleurs, pas été sans exemple de continuer à compter d'après les années d'un empereur après sa mort. C'est ainsi que l'on a de Septime Sévère les

(1) K. Wessely, *Programm.* page 4.

(2) K. Wessely, *Die Daten griechischer Papyrus aus der römischen Kaiserzeit.* dans les *Mittheilungen aus der Sammluny der Papyrus Erzherzogv Rainer,* II et III, 1887, page 1 et suivantes.

(3) Voir *Philologische Rundschau,* 1889, no 5.

années ετους Lκα-Lκγ, c'est-à-dire 213-215, quoique depuis 212 Caracalla régnât seul. (Par exemple, les papyrus de l'archiduc Regnier 757, 1713, 1714, 723/5, 1511, 1411, 774/6, 1715).

Ce système, trop arbitraire, ne pouvait se perpétuer. Les Égyptiens y suppléèrent par l'indication de l'année de l'indiction.

φλ· [Ηρακλειου του αιωνου
Αυγουστο[υ και αυτο]κρ/ ετους
ς Θωθ ια ε ιν· επ αρ/ (1).

A titre d'illustration des deux systèmes de datation en Égypte avant et après la réforme de Dioclétien, l'on peut comparer deux contrats de louage, le premier de l'an 225 où on lit :

εις τον σπορον του ενεστωτος ε ετους αυτοκρατος M. Aυρ. E. Αλεξανδρου.

et le second de 305, où l'indication se fait au moyen de l'indiction :

εις τον σπόρον της ιΔς νεας ινδικτιωτος (2).

Les grandes facilités que ce système présentait n'eurent pas de peine à le généraliser dans tout l'Empire.

Mais il avait fallu, pour qu'il pût naître en Égypte et être viable, qu'il se rattachât à une antique institution nationale.

M. Krall, au moyen des papyrus d'El-Fayoum, a montré que l'indiction commençait en Égypte à une date autre

(1) K. Wessely, *Lettre à M. Revillout.* dans la *Revue égyptologique,* IV, 1886, page 50 et suivantes. Papyrus XVIII.

(2) K. Wessely, *Zur Nilindiction.* dans l'*Oesterreichische Monatschrift für den Orient,* du 15 septembre 1885, page 182.

que dans le reste de l'Empire (1er septembre) : c'était celle de la fête de Hbs, du commencement de la crue du Nil ; en outre, que l'ancienne indiction y était de 30 ans, puisque la Pierre de Rozette traduit « Seigneur du Hbs » par Κυριος τριακοντα ετηριδων. Constantin fit de 30 ans la durée d'un cycle qui fut réduit dans la suite à 15 ans.

Plus importantes que les circonstances, les nécessités économiques, essentiellement variables, viennent modifier les coutumes et les plier à leurs lois.

L'idée que les obligations légales sont subordonnées aux conditions naturelles, se fait jour dans une constitution relative au droit public, qui fait dépendre de l'aire des terres recouvertes par les crues du Nil, le montant du tribut à payer en Égypte.

Imppp. Arcadius Honorius et Theodosius AAA. Caesario pp. *Hi, quos inundatio Nili fluminis redditit ditiores, pro terris quas possident tributorum praestationem agnoscant. et qui suum deplorant patrimonium imminutum, alieno saltem functionis onere liberentur et nostrae serenitatis largitate defensi, locorum etiam possessione contenti, pro agitandi census examine respondeant deuotioni* (1).

Sont encore imposées par des conditions économiques locales les mesures frappant d'une amende de 5 livres d'or le fait d'acheter un arbre dans une oasis.

Impp. Arcadius et Honorius AA. Siluano comiti rerum priuatarum. *Si quis Daphnensis luci in Syria uel Persei in*

(1) C. 2 *de adluuionibus.*

Aegypto arborem comparauerit, quinque libris auri nouerit se esse multandum : non minore dispendio et illo feriendo, qui uendere arbores ausus est, quas non licet emptoribus comparare (1).

Les anciens Pharaons avaient dû protéger, au moyen de peines rigoureuses, les digues et les canaux, de la conservation desquels dépendaient la fertilité et la vie de l'Égypte ; ces mêmes nécessités économiques obligèrent encore les empereurs romains à édicter une législation sévère contre quiconque y toucherait.

Impp. Honorius et Theodosius AA. Anthenio pp. *Si quis posthac per Aegyptum intra duodecim cubitum fluminis Nili ulla fluenta de propriis ac uetustis usibus praeter fas praeterque morem antiquitatis usurpauerit, flammis eo loco consumatur, in quo uetustatis reuerentiam et propremodum ipsius imperii appetierit securitatem : consciis et consortibus eius deportatione constringendis, ita ut numquam supplicandi eis uel recipiendi ciuitatem uel dignitatem uel substantiam licentia tribuatur* (2).

Bien plus général est l'établissement du colonat, auquel les empereurs durent recourir, par suite de l'état déplorable de l'agriculture, pour assurer au IIIe siècle la rentrée des impôts.

Les nombreuses constitutions relatives aux décurions ont aussi un but fiscal, et leur raison d'être est dans la situation économique de l'Empire.

(1) C. 1 *de cupressis.*
(2) C. 1 *de Nili aggeribus.*

Le manque d'ouvriers obligea d'introduire le régime des corporations héréditaires.

Mais il faut réserver pour le jour où l'Antiquité nous sera mieux connue, la question de savoir jusqu'à quel point les empereurs se sont inspirés de modèles orientaux.

Il en est notamment ainsi des facilités accordées, à la fin de l'Empire, aux associations, politique qui contrastait avec l'hostilité qui leur avait d'abord été manifestée. Après avoir signalé que l'esprit d'association inspira de la défiance pendant toute la période classique, M. Maurice Vauthier remarquait : « Deux siècles plus tard, la « législation impériale nous présente un tableau bien « différent. L'association, ou, si l'on veut, la corporation, « est devenue un objet de constante attention pour le lé- « gislateur, une portion intégrante du système poli- « tique » (1).

N'y a-t-il pas là un de ces cas où des besoins économiques ont pu décider les gouvernants à reprendre les traditions orientales, si libérales au point de vue commercial (2).

Cela est rendu d'autant plus vraisemblable que Gaius rapproche ces corporations des hétéries grecques, et fait dériver de l'antique législation de Solon les lois qui les régissent.

(1) M. Vauthier, *Étude sur les Personnes morales dans le Droit romain et dans le Droit français*. Bruxelles, 1887, page 38.

(2) E. Revillout, *Les Obligations en Droit égyptien*. et *La Créance et le Droit commercial.*, *passim*.

GAIVS libro quarto ad legem XII tabularum *Sodales sunt, qui eiusdem collegii sunt : quam Graeci* ἑτειρείαν *uocant. his autem potestatem facit lex pactionem quam uelint sibi ferre, dum ne quid ex publica lege corrumpant. sed haec lex uidetur ex lege Solonis tralata esse. nam illuc ita est* : ἐὰν δὲ δῆμος ἢ φράτορες ἢ ἱερων ὀργίων ἢ ναῦται ἢ σύσσιτοι ἢ ὁμόταφοι ἢ θιασῶται ἢ ἐπὶ λέιαν οἰχόμενοι ἢ εἰς ἐμπορίαν, ὅτι ἂν τούτων διαθῶνται πρὸς ἀλλήλους, κύριον εἶναι, ἐὰν μὴ ἀπογορεύσῃ δημόσια γράμματα

Il a été dit précédemment combien le droit est un produit de la conscience juridique du législateur ; il paraîtra donc évident que les idées philosophiques, qui contribuent largement à former cet esprit juridique, ont un écho dans la législation même.

L'école historique avait déjà reconnu qu'elles sont, avec l'histoire, au nombre des plus importants facteurs générateurs du droit. « Le droit national, écrivait Savigny, « est le produit de l'essence même de la nation et de son « histoire ». Mais c'était aller trop loin que d'en faire les facteurs exclusifs. Par l'absence de méthode scientifique et par l'affectation de belles théories, l'école historique était bien de son temps : celui de la philosophie transcendante et de la métaphysique.

L'influence des idées philosophiques sur le droit des provinciaux, dès avant la conquête, nous est attestée.

Chez les Grecs, la ville de Crotone s'adresse à un

(1) L. 4 *de collegiis et corporationibus.*

philosophe, Pythagore, et accepte comme lois les enseignements de sa philosophie (1).

Les quelques chapitres du Pentateuque qui, jusqu'à la domination romaine, furent tout le droit des Israélites, étaient composés, en majeure partie, de principes de morale.

« Le droit, en Égypte, était toute une philosophie très « élevée, très large d'allures, très immatérielle » (2).

Rome ne confondit pas ces deux domaines, si différents, de la morale et du droit. Cependant cette distinction n'excluait pas une certaine influence des idées philosophiques sur sa législation même.

On a souvent répété que « les doctrines des stoïciens « renouvelèrent le droit en pénétrant dans les écoles des « jurisconsultes, en acclimatant les préceptes du droit « naturel dans l'enseignement et les écrits (3).

M. Barilleau remarquait avec raison que : « Si la « doctrine de Zénon est d'origine grecque il n'y a rien « d'excessif à dire que l'État romain fut sa patrie d'a- « doption. Les Prudents, Marcien, Ulpien, l'incompara- « ble Papinien furent les disciples immédiats de Zénon « et de Chrysippe ».

Il paraît établi que les définitions du droit et de la justice sont empruntées à cette philosophie saturée d'hellénisme. Paraît également avoir la même origine la règle qui affirme que, de droit naturel, tout homme est libre.

(1) Maury, ouvrage citée, page 379 et suivantes.

(2) E. Revillout, *La Créance en Droit égyptien*. page ii.

(3) G. Barilleau, *Les Sources du Droit grec*. page 3.

iure enim naturali ab initio omnes homines liberi nascebantur (1).

Lui semble également due celle qui, par conséquent, déclare l'esclavage contre nature :

Seruitus est constitutio iuris gentium, qua quis dominio alieno contra naturam subicitur (2).

Mais le même scrupule qui nous empêchait, nonobstant les plus fortes présomptions, de conclure à une influence en matière de conditions économiques, nous oblige également à renvoyer, malgré les arguments nombreux en faveur d'une origine grecque, la solution de la question d'une tradition hellénique dans le corollaire des règles précitées, qui établit une présomption en faveur de la liberté, dans le cas de parité de témoins affirmant et déniant l'esclavage :

Sed et si testes non dispari numero tam pro libertate quam contra libertatem dixerint, pro libertate pronuntiandum esse saepe constitutum (3).

Nous ne pouvons pas, cependant, ne pas être frappés de trouver la même règle dans l'antique code de Gortyne. On y lit, en effet :

Αι δε κα μολει ο μεν ελευθε[ρ]ον
ο δ[ε δ]ολον καρτονανς εμεν
οττο]ι κ ελευθερον αποπονιον
τι (4).

(1) Inst. *de iure naturali* § 2.

(2) L. 4 § 1 de *statu hominum* (Florentinus libro non institutionum).

(3) L. 24 § 1 *de manumissionibus* (Hermogenianus libro primo iuris epitomarum).

(4) Loi de Gortyne, colonne I, lignes 14-17.

Gaius nous apprend qu'une mesure d'Antonin le Pieux permettait à l'esclave, en cas de cruauté du maître, de se réfugier dans un temple, et le faisait vendre à un autre maître :

nam ex constitutione imperatoris Antonini qui sine causa seruum suum occiderit, non minus teneri iubetur, quam qui alienum seruum occiderit ; sed et maior quoque asperitas dominorum per eiusdem principis constitutionem coercetur ; nam, consultus a quibusdam praesidibus prouinciarum de his seruis qui ad fana deorum uel ad statuas principum confugiunt, praecepit, ut si intolerabilis uideatur dominorum saeuitia, cogantur seruos suos uendere (1).

Le droit comparé nous dira si cette constitution doit être attribuée à une évolution naturelle du droit sous l'influence de l'adoucissement des mœurs et des idées, ou si nous devons pas plutôt y voir une coutume grecque assimilée par le droit romain. Nous trouvons, en effet, dans la loi de Gortyne, une disposition analogue :

Αι δε
κα ναευει ο δολος ο κα νικαθε
ι, καλιον αντι μαρταρον δυον δ
ρομεον ελευθερον αποδεικσατ
ο επι τοι ναοι οπε κα ναευει ε α
υτος ε αλος προ τουτο (2).

Enfin, la religion, vient souvent exercer une influence

(1) Gaius, I, 53.

(2) Loi de Gortyne, colonne I, lignes 38-43. La liste des textes de droit grec où pareille règle est répétée, a été dressée par M. Lipsius, *Attischer Prozess.* page 6424, et complétée par les éditeurs du *Recueil des Inscriptions juridiques grecques.* dans leur commentaire sur la loi de Gortyne.

décisive sur les institutions, que, parfois, elle modifie de fond en comble.

L'union était si intime entre le droit et la religion chez certains peuples annexés par Rome, que leur coutume locale considérée comme un reflet de leurs idées religieuses.

Il en était surtout ainsi dans les monarchies théocratiques, en Palestine et sous les Ptolémées.

A cette confusion en Orient, s'oppose le caractère nettement laïc de la loi romaine.

Les études de droit comparé nous ont révélé, que chez tous les peuples, l'administration de la justice a, dans une période archaïque, été considérée comme une fonction sacerdotale, et qu'alors se confondaient religion et morale. Ainsi, on sait qu'à Rome :

Ius ciuile per multa secula inter sacra caeremoniasque deorum immortalium abditum, solisque pontificibus notum (1).

En Égypte, non seulement à l'origine, mais encore tant que le pays fut libre, la connaissance et l'interprétation du droit furent réservées aux prêtres.

Hérodote les qualifiait déjà de θεοσεβέες δὲ περισσῶς ἐόντες μάλιστα πάντων ἀνθρώπων (2).

Cela nous est confirmé par les découvertes récentes : les plus anciennes dispositions d'immeubles furent des fondations pieuses. Un tiers de l'Égypte — terres et habitants — appartenait aux prêtres. Quand le fonctionnaire

(1) Valère Maxime, II, 5.
(2) Hérodote, II, 37.

rend la justice (et l'on ne distingue pas entre juge, magistrat, et administrateur), il porte au cou la statue de la déesse Vérité ; les anciennes règles religieuses sont aussi des lois civiles (1) ; les serments garantissent les contrats.

Ce caractère théocratique s'accentua lorsque Herhor, premier prophète d'Amon, se fut attribué le cartouche royal.

C'est Amon, c'est le dieu, qui décide par sa statue, dont tête et mains sont mobiles, de toute affaire administrative ou judiciaire. Comment pourraient se développer des principes de droit, comment même pourrait-il en être question quand Amon a jugé, souverainement, sans motifs, arbitrairement.

« Deux livres furent mis devant le dieu grand, lit-on dans le procès-verbal d'une action de l'époque. L'un de ces livres disait : « Amonrasonter, mon bon seigneur, il est « dit qu'il y a des choses à rechercher dans la main de « Thotmès, fils de Suaaamen, le grand du temple » : L'au- « tre livre disait : « Mon bon seigneur, il est dit qu'il n'y « a pas de chose à rechercher dans la main de Thotmès, « fils de Suaaamen ».

« Se présenta de nouveau le 1er prophète d'Amonra- « sonter, Pinodjem, devant le dieu grand en disant : « Mon bon seigneur, c'est toi qui nous juges, toi que cha-

(1) Par exemple, au chapitre 125 du *Rituel*, la confession : « J'ai donné du pain à celui qui avait faim, de l'eau à celui qui avait soif, des vêtements au nu, une barque à celui qui n'en avait pas » énumère des devoirs religieux consacrés par l'exemption de la confiscation sous Ramsès III (voir E. Revillout, *Notice*. page 100) et Bocchoris. (Diodore de Sicile).

« cun juge préférable à tous les trésors ». — Le dieu « approuva fortement.

« Les deux livres furent placés devant le dieu grand. « Le grand dieu prit l'un des livres où il était dit : « mon « bon seigneur, il n'y a pas chose à rechercher dans la « main de Thotmès fils de Suaaamen, le grand du tem- « ple », et il écarta l'autre livre où il était dit : « il y a « des choses à rechercher dans la main de Thosmès » (1).

Il en est de même dans le procès civil d'Honttaui, où à côté d'Amon parlent les dieux Chons et Maut :

« Il réitéra sa demande en disant : « O Amonra Sonter, « dieu grand, aîné du début de l'être, Maut et Chons, « dieux grands ! Tuez tout homme, tout existant du « monde entier, mâles ou femelles, qui parleront sur « tout bien, toute existence, qu'a rapportés Ramaka, la « royale fille de Pisebkhannut meriamen, en sa posses- « sion dans le midi et sur le (douaire) que lui ont donné « les gens du monde ou qu'elle a reçu comme (2) fille en « fait de biens. Ceux qui voudront diminuer quelque « chose dans ces biens à l'avenir, vous ferez vos esprits « grands s'appesantir sur eux, sans que vous leur accor- « diez la paix jamais ».

« Approuva beaucoup le dieu grand, ainsi que Maut et « Chons, les dieux grands.

« Dirent (donc) Amonrasonter, le dieu grand, l'aîné du « début de l'être, Maut et Chons, les dieux grands :

(1) E. Revillout, *Mélanges*. page 446 et suivantes.
(2) *Revue égyptologique* et *Mélanges*. page 467 et suivantes.

« Nous tuerons tous les hommes...... »

Comment pourrait-il être question d'un droit obligatoire quand le dieu lui-même fait connaître sa haute volonté ?

Il en fut encore de même du temps des Sheshonkides (1).

Déjà à cette époque se manifestait une tendance qui conserva au droit égyptien, d'une façon définitive, le caractère qui nous occupe : celle de diviniser les souverains. Dans un papyrus conservant une lettre de l'époque de Seti II, le roi est qualifié de « fils du soleil, seigneur des resplendissements, comme le dieu Tum, Setimeremptah — à lui vie ! santé ! force ! — qui aime le dieu Tum, seigneur des deux régions d'Heliopolis, (nouvel) Harkhuti doué de vie éternelle à toujours comme son père Ra Harkhuti » (2).

Plus tard, ce n'est plus fils du dieu, mais dieux vivants que seront les rois. C'est sous les Ptolémées que ce système arriva à son plein épanouissement, et que, non seulement les obligations de droit public, mais aussi les obligations civiles envers le roi devinrent des obligations religieuses.

« Le pastophore d'Amon, le Djème Phib, fils de Phib,
« dont la mère est Takhem, dit à Apollonius le fermier
« général des lieux de Thèbes et à Panas le topogram-
« mate du territoire de Thèbes : Je fais serment devant le

(1) *Inscription de Nimrod.*
(2) E. Revillout, *Notice.* Page 115.

« roi Ptolémée et la reine Cléopâtre, sa sœur, et la reine « Cléopâtre sa femme, les dieux évergètes, et les dieux « sauveurs, les dieux évergètes et dieux philopators, les « dieux épiphanes, les dieus eupators, les dieux évergètes, « et Isis et Osiris, et tout dieu et toute déesse, que je cul- « tiverai en sésame vingt aroures de terres royales (por- « tant tel nom, situés en tel endroit, qui ont pour voi- « sins......) au moyen de l'eau de l'an 37 à l'an 38. Que je « paie leur redevance à la porte du roi, selon ce qui est « sur les écrits du roi qui ont été écrits à ce sujet. Que je « sois me tenant debout sur ces champs, t'en montrant « les produits, sans que j'aille sur la place adjurer temple « divin, autel ou statue, comme font des compagnons « s'appuyant sur les temples, ceux qui entrent en lutte. « Je fais serment sur ces choses. Je resterai tranquille. « Je fais serment que j'apporterai le blé du serment (1) ».

Désormais, le droit édicté par le roi était un ordre du dieu : religion et droit se confondaient définitivement.

A Rome, au contraire, dès le début, l'administration de la justice appartenait aux rois :

τὸ μὲν ἀρχαῖον οἱ βασιλεῖς ἐφ' αὑτῶν ἔταττον τοῖς διομένοις τὰς δικὰς (2)

et le droit s'émancipa de bonne heure de la tutelle religieuse :

Cn. Flauius ciuile ius repositum in penetralibus pontificum euulgauit (3).

(1) E. Revillout, *Mélanges sur la Métrologie, l'Économie politique et l'Histoire de l'ancienne Égypte.* pages 144 et suivantes.

(2) Denys d'Halicarnasse, I, 25.

(3) Tite Live, IX, 46.

Désormais, il put se développer librement, sans devoir chercher ses solutions dans les décisions des prêtres. D'ailleurs, ce qui contribua beaucoup à cet affranchissement, c'est l'absence de caste sacerdotale en Italie. Le jurisconsulte, lorsqu'il introduisait des règles nouvelles dans la législation romaine, tenait compte avant tout de la *mos maiorum,* de la loi existante, ensuite du *ius gentium*. Les XII tables sont donc une loi toute laïque, la législation des empereurs chrétiens l'est encore. Juges ni légistes, magistrats ni jurisconsultes n'appartenaient au clergé.

Mais il est vrai aussi de dire que le droit fut profondément respectueux de la religion, et de rappeler que celle-ci est un des facteurs les plus importants dans la formation de la conscience juridique romaine. Aussi avons-nous signalé des lois favorables à l'Église, d'autres imprégnées des idées chrétiennes ; car les populations italiennes ont toujours été profondément religieuses.

Si Rome réalisa l'union du droit et de la religion, elle sut toujours éviter de les confondre.

Mais cette union même introduisait, dans l'application du droit, un élément des plus importants, dès que le christianisme — aux enseignements nouveaux, souvent même en contradiction avec les dogmes de la société romaine — eut été adopté par une partie des habitants de l'Empire.

Le christianisme, devenu religion d'État, amena des réformes dans la loi même.

Le nombre et la portée des mesures qui lui doivent

leur origine n'ont pas encore été déterminés ; son influence a souvent été exagérée ; elle se fait surtout sentir dans tout ce qui a trait au mariage, dans les lois relatives au célibat, aux seconds mariages, au divorce, à la légitimation.

C'est ainsi que le célibat cessa dès lors d'être considéré comme illicite :

Imp. Constantinus A. ad populum. *Qui iure ueteri caelibes habebantur, imminentibus legum terroribus liberentur atque ita uiuant, ac si numero maritorum matrimonii foedere fulcirentur, sitque omnibus aequa condicio capessendi quod quisque mereatur. nec uero quisquam orbus habeatur : proposita huic nomini damna non noceant. Quam rem et circa feminas aestimamus earumque ceruicibus imposita iuris imperia uelut quaedam iuga soluimus promiscue omnibus* (a° 320) (1).

L'hostilité aux seconds mariages se marque clairement dans la constitution qui enlève au père qui se remarie l'usufruit des biens de sa femme défunte (2) ; ensuite, dans celle qui enlève au *parens binubus* la propriété de ceux qui lui viennent de son premier conjoint, biens dont les enfants auront désormais la nue-propriété :

Imppp. Gratianus Valentinianus et Theodosius AAA. Floro pp. *Feminae, quae susceptis ex priore matrimonio filiis ad secundas post tempus luctui statutum transierint nuptias, quidquid ex facultatibus priorum maritorum sponsalium iure,*

(1) C. 1 *de infirmandis poenis.*
(2) C. 3 C. Th. *de bonis maternis* (VIII, 18).

quidquid etiam nuptiarum sollemnitate perceperint, aut quidquid mortis causa donationibus factis aut testamenti iure directo aut fideicommissi uel legati titulo uel cuiuslibet munificae liberalitatis praemio ex bonis, ut dictum est, priorum maritorum fuerint adsecutae, id totum, ita ut perceperint, integrum ad filios, quos ex praecedente coniugio habuerint, transmittant uel ad quemlibet ex filiis (dummodo ex his tantum, quos tali successione dignissimos iudicamus), in quem contemplatione meritorum liberalitatis suae iudicium mater crediderit dirigendum (1).

Le divorce par consentement mutuel fut même interdit par Justinien :

Justinianus Aug. Theodoto pp. *Quia uero et ex consensu aliqui usque ad praesens alterna matrimonia soluebant, hoc de cetero fieri nullo modo, nisi forte quidam castitatis concupiscentia hoc fecerint* (2).

Le mariage entre oncle et nièce, incestueux aux yeux des chrétiens, fut proscrit par Constantin et Constance :

Impp. Constantius et Constans AA. ad prouinciales Phoenices. *Si quis filiam fratris sororisue faciendam crediderit abominanter uxorem aut in eius amplexum, non ut patruus aut auunculus conuolauerit, capitalis sententiae poena teneatur* (3).

(1) C. 3 pr. *de secundis nuptiis. Iunge* Nov. 22, cap. 21-26. — Une autre constitution, qui porte le numéro six du même titre, auquel il faut joindre les chapitres 27 et 26 de la Novelle, interdit de disposer en faveur du conjoint de plus d'une part d'enfant légitime.

(2) Nov. 117, *ut liceat matri et auiae*, cap. 10.

(3) C. 1 C. Th. *de incestis nuptiis* (III, 12).

D'ailleurs, certaines réformes dans cette voie ne purent vaincre la tradition restée puissante malgré les enseignements ecclésiastiques.

Le christianisme put faire interdire le mariage entre cousins :

Impp. Arcadius et Honorius AA. Entychiano Pf. P. *Manente circa eos sententia, qui post latam dudum legem quoquomodo absoluti sunt aut puniti, si quis incestis posthac consobrinae suae uel sororis aut fratris filiae uxorisue uel eius postremo, cuius uetitum damnatumque coniugium est, sese nuptiis funestarit, designato quidem lege supplicio, hoc est ignium et proscriptionis, careat, proprias etiam, quamdiu uixerit, teneat facultates: sed neque uxorem neque filios ex ea editos habere credatur*... (1) (396).

Cette interdiction cependant dut bientôt être abrogée par les mêmes empereurs, pour en revenir à l'ancien droit :

Impp. Arcadius et Honorius AA. Entychiano pp. *Celebrandis inter consobrinos matrimoniis licentia huius legis salubritate indulta est, ut reuocata prisci iuris auctoritate restinctisque calumniarum fomentis matrimonium inter consobrinos habeatur legitimum, siue ex duobus fratribus siue ex duabus sororibus siue ex fratre et sorore nati sunt, et ex eo matrimonio editi legitimi et suis patribus successores habeantur* (2) (405).

(1) C. 3 *hoc titulo,* citée dans C. 1 Th. *si nuptiae ex recripto petantur* (III, 10).

(2) C. 19 *de nuptiis* confirmée par les INST. *de nuptiis* § 4.

Institutions aussi de la période chrétienne les nombreuses fondations pieuses, *uniuersitates bonorum* (1), auxquelles était accordée la personnification civile, qu'elles n'avaient pas, antérieurement à cette époque, selon l'opinion la plus généralement admise. En effet, celle-ci veut qu'appartenaient à l'État les biens des temples païens tant sous la République que sous l'Empire. Peut-être toutefois lui trouvera-t-on un précédent dans une règle d'Ulpien, qui semble personnifier certains d'entre eux :

Deos heredes instituere non possumus praeter eos, quos senatus consulto constitutionibusue principum instituere concessum est, sicuti Iouem Tarpeium, Apollinem Didymaeum Mileti, Martem in Gallia, Mineruam Iliensem, Herculem Gaditanum, Dianam Ephesiam, Matrem deorum Sipylenen, Nemesin quae Smyrnae colitur, et Caelestem Salinensem Carthagini (2).

Mais ici encore, il importe de serrer de bien près les analogies et les divergences, car les droits orientaux, notamment en Grèce (3), admettent les fondations pieuses; et seule une étude comparative, conduite avec méthode,

(1) Voir les constitutions 15, 19, 22, 23, 25 (26), *de sacrosanctis ecclesiis*, et 20, 32 (33), 34 (35), 41 (42), § 12, 13, *de episcopis*.

(2) Ulpien, *Regulae*. XXII, 6.

(3) Sous les numéros 2448 et 5785 le *Corpus Inscriptionum Graecarum* donne des exemples de fondations précises par testament, qu'il faut compléter par Cauer, *Delectus*. II, 148, et Schulin, *Das griechische Testament*. page 44 et suivantes. — Le commentaire de la loi d'Éphèse expose en résumé la situation juridique des temples dans le *Recueil des Inscriptions juridiques grecques*.

dira où le christianisme, lorsqu'il est venu modifier, en faveur de ses églises, la législation existante, a cherché ses modèles.

VI

Notre étude nous a montré l'erreur de la théorie qui consiste à voir dans le droit romain la raison écrite.

Elle nous a, d'autre part, révélé un organisme merveilleusement adapté aux rapports qu'il devait régir, rapports si variés dans un Empire qui embrassait tout le monde connu, que l'on peut dire, sans crainte d'être taxé d'exagération, que le droit romain réalisa le mieux la notion d'un droit universel.

C'est ce qui explique que, aujourd'hui encore, il peut régir, dans bien des domaines, la plupart des peuples civilisés.

Mais il ne faut pas perdre de vue que, dans bien des cas aussi, la raison d'être de certaines dispositions était dans un état de civilisation bien différent du nôtre ; et ce serait violer les principes qui ont présidé à la formation du droit romain, que de vouloir l'appliquer *ne varietur* de nos jours. Ce serait le pétrifier sous prétexte de le glorifier. C'est ce qui est arrivé, en Allemagne, lors de la réception du droit romain.

L'étude de l'évolution des êtres a, dans le domaine physiologique, montré la persistance de certains organes devenus inutiles et parfois nuisibles ; l'étude scientifique et comparée des origines de notre droit fera découvrir la conservation, dans nos institutions, de dispositions, restes d'une civilisation disparue, dans laquelle ils avaient leur raison d'être.

Connaître l'évolution du droit est donc chose essentielle : cette évolution s'accomplit partout suivant certaines lois qui se dégagent et apparaissent par la comparaison.

En marchant dans la voie du droit comparé, la science juridique ne fait donc qu'obéir à une incontestable nécessité.

Mais le travail reste à faire. « Ces vues — disait, en effet, « M. Dareste — ne sont pas nouvelles. Si elles n'ont pas « conduit plus loin, c'est qu'on manquait de données po- « sitives. Mais les temps ont bien changé. Autrefois les « documents étaient rares ; aujourd'hui ils abondent. « Dans tous les pays de l'Europe, et jusque dans l'Ex- « trême-Orient, on exhume, on met à la portée de tous, « les anciens monuments du droit ; on observe, on fixe « par écrit les anciennes coutumes. Les matériaux s'ac- « cumulent. Il ne reste plus qu'à en faire usage. — Rien « ne saurait, disait-il encore, arrêter le mouvement de la « science, et s'il reste encore beaucoup à faire, on aper- « çoit dès à présent de grands résultats acquis. »

Il est désormais constant : 1° que la parenté des langues est moins étroite que celle des législations ; 2° qu'aucune législation n'a son explication complète en elle-même ; 3° qu'aucun peuple ne peut prétendre à la création originale d'institutions.

Nous pourrons, en faisant usage des documents déjà publiés, suivre le droit à Rome depuis sa phase de droit naturel, c'est-à-dire celle où l'individu ne reconnaît comme règles que celles qui sont communes à tous les êtres vivants et où l'État se désintéresse des rapports entre particuliers, qui croient alors trouver une garantie en plaçant leurs conventions sous la protection des dieux ; puis passer à la période du droit civil, c'est-à-dire des règles que l'usage local a établies et que l'État fait respecter ; pour finir par celle où il devint un vrai droit des gens, s'inspirant des besoins de tout le monde ancien.

D'ailleurs, cette étude comparative est essentielle au point de vue de la formation de notre esprit juridique au contact des textes : quelle torture intellectuelle pour comprendre l'évolution logique d'un principe quand, en réalité, il y a enregistrement d'un usage ; ou pour faire la concordance de deux lois, qui constituent une antinomie, parce qu'elles réflètent des notions juridiques différentes. De pareils tours de force, auxquels les siècles passés aimaient à s'exercer, enlèvent toute confiance dans notre discipline, à l'esprit critique qui s'y livre.

Le droit romain n'est pas parfait, mais il est moins imparfait, et pour cela plus durable, que tout autre droit, parce qu'il s'est formé d'une façon conservatrice et ennemie de toute révolution.

L'étude abstraite du droit romain est fatigante comme

celle d'un problème de métaphysique, ennuyeuse comme celle d'une chose morte et sans rapports avec nous : le droit romain était essentiellement utilitaire et pratique, ce n'était ni un pédant, ni un maître d'école qui en gravait les règles ; le législateur vivait dans la rue, sur le marché et les quais à Rome, mais aussi dans tout l'Orient, où il tenait compte des besoins locaux quand il le pouvait sans renier ses principes.

C'est donc méconnaître et calomnier son œuvre que d'en faire une *raison* écrite, quand elle était une *coutume* écrite.

Ce qu'il faut faire ressortir, c'est la vie quotidienne de ce droit, qui édictait des règles, mais qui en faisait l'application avec un tact et une prudence qui n'ont pas été surpassées.

A Rome, les ouvrages dogmatiques étaient rares au regard des recueils de sentences. C'est ce qui en fait l'excellence : un philosophe peut, sans grand crime, soutenir un sophisme ; un juge ne peut, à peine de forfaiture, faire une fausse application du droit. Les disputes théoriques habiles font des esprits subtils, et parfois captieux ; les jugements consciencieux élèvent le moral, et nous font comprendre que le droit romain n'a pu nous léguer les sophismes d'un Épiménide, mais nous a donné l'exemple d'un Papinien mis à mort *quia parricidium Getae excusare noluisset*.

APPENDICE

LES CONSTITUTIONS DU CODE

ADRESSÉES

A DES PRÉFETS DU PRÉTOIRE

APPENDICE

LES CONSTITUTIONS DU CODE

ADRESSÉES

A DES PRÉFETS DU PRÉTOIRE

M. Bartolomeo Borghesi avait fait, dans ses *schede*, l'inventaire de toutes les constitutions impériales adressées à des préfets du prétoire. Les éditeurs de ses œuvres ont complété les notices consacrées à chaque préfet, par la série des constitutions qui lui avaient été adressées, classées chronologiquement.

Le tableau qui suit est la liste des constitutions du Code, dans l'ordre qu'elles y occupent, dont le destinataire, à tort ou à raison, est qualifié préfet du prétoire. L'indication des dates servira, parfois, à préciser l'époque où elles ont été édictées ; la mention de la partie de l'Empire, où les préfets exerçaient leurs fonctions, peut être un élément de détermination du milieu visé par la mesure.

Remarque. — Les chiffres et noms en italique manquent dans le Code et ont pu être restitués au moyen des *Préfets du Prétoire*. Le signe * devant l'indication d'un ressort pour les préfets du règne de Constantin, indique le caractère hypothétique que revêt la mention : il n'est pas certain, en effet, que dès alors, des régions déterminées leur fussent attribuées.

CODEX —			Praefecti Praetorio. —
SVMMA REI PVBLICAE	Menas	529	*Orientis.*
I, 1, 2	Eutropius	381	*Illyrici.*
3	Ὁρμίσδας	448	*Orientis.*
4	Palladius	452	*Orientis.*
2, 3	Cynegius	386	*Orientis.*
5	Melitius	412	?
6	Philippus	421	Illyrici.
7	Asclepiodotus	423	*Orientis.*
8	Isidorus	424	Illyrici.
10	Florentius	439	*Orientis.*
11	Taurus	445	*Orientis.*
12	Palladius	451	*Orientis.*
13	Palladius	455	*Orientis.*
14	Armasius	470	*Orientis.*
16	Sebastianus	477	*Orientis.*
19	Menas	528	*Orientis.*
21	Demosthenes	529	*Orientis.*
22	Demosthenes	529	*Orientis.*
23	Iulianus	530	*Orientis.*
24	Ἰουλιανὸς	530	*Orientis.*
25 (26)	Ἰουλιανὸς	530	*Orientis.*
3, 3	Taurus	360	*Italiae.*
4	Taurus	361	*Italiae.*
5	Secundus	*363 ?*	*Orientis.*
9	Tatianus	390	*Orientis.*
10	Theodorus	398	*Italiae.*
11	Eutychianus	398	*Orientis.*
12	Eutychianus	398	*Orientis.*

CODEX			Praefecti Praetorio.
14	Hadirianus	400	*Italiae.*
16	Anthemius	409	*Orientis.*
17	Monaxius	416	*Orientis.*
18	Monaxius	418	*Orientis.*
19	Palladius	420	*Italiae.*
20	Taurus	434	*Orientis.*
21	Thomas	442	*Orientis.*
22	Florentius	445	*Orientis.*
23	Palladius	452	*Orientis.*
24	Palladius	455	*Orientis.*
25	Constantinus	456	*Orientis.*
26	Viuianus	459	*Orientis*
27	Erythrius	*471 ?*	*Orientis.*
28	Nicostratus	468	*Orientis.*
30 (31)	Armasius	469	*Orientis.*
31 (32)	Dioscurus	472	*Orientis.*
32 (33)	Erythrius	472	*Orientis.*
33 (34)	Erythrius	472	*Orientis.*
34 (35)	Dioscurus	472	*Orientis.*
36 (37)	Sebastianus	484	*Orientis.*
37 (38)	Sebastianus	484	*Orientis.*
40 (41)	Archelaus	524	*Orientis.*
41 (42)	Ἀταρβίος	528	*Orientis.*
43 (44)	Μήνας	529	*Orientis.*
44 (45)	Ἰουλιανός	530	*Orientis.*
45 (46)	Ἰουλιανός	530	*Orientis.*
46 (47)	Ἰουλιανός	530	*Orientis.*
47 (48)	Ἰωάννης	531	*Orientis.*
48 (49)	Iohannes	531	*Orientis.*
49 (50)	Iohannes	531	*Orientis.*
50 (51)	Iohannes	531	*Orientis.*
51 (52)	Iohannes	531	*Orientis.*
52 (53)	Ἰωάννης	531	*Orientis.*
54 (56)	Iohannes	*534*	*Orientis.*
55 (57)	Iohannes	534	*Orientis.*
4, 3	Neoterius	385	*Italiae.*
4	Rufinus	394	*Orientis.*
6	Rufinus	398	*Orientis.*
7	Eutychianus	398	*Orientis.*

CODEX			Praefecti Praetorio.
8	Theodorus	408	*Italiae.*
9	Caecilianus	409	*Italiae.*
10	Caecilianus	409	*Italiae.*
11	Theodorus	*408*	*Italiae.*
12	Florentius	428	*Orientis.*
13	Constantinus	456	*Orientis.*
15	Nicostratus	468	*Orientis.*
16	Erythrius	472	*Orientis.*
19	Eustathius	505	*Orientis.*
21	Menas	528	*Orientis.*
22	Μήνας	529	*Orientis.*
23	Μήνας	529	*Orientis.*
24	Demosthenes	529	*Orientis.*
25	Δημοσθένης	529	*Orientis.*
26	Ἰουλιανὸς	530	*Orientis.*
27	Iulianus	530	*Orientis.*
28	Iulianus	530	*Orientis.*
29	Ἰουλιανὸς	530	*Orientis.*
30	Ἰωάννης	531	*Orientis.*
31	Iohannes	531	*Orientis.*
5, 2	Hesperius	379	*Italiae.*
4	Senator	407	*Italiae.*
5	Florentius	428	*Orientis.*
7	Florentius	438	*Orientis.*
8	Palladius	455	*Orientis.*
10	Erythrius	*471-472*	*Orientis.*
19	Demosthenes	529	*Orientis.*
21	Iohannes	531	*Orientis.*
22	Iohannes	531	*Orientis.*
6, 2	Anthemius	413	*Orientis.*
3	Florentius	428	*Orientis.*
7, 1	Thalassius	357 [?]	*Orientis.*
2	Hypatius	383	*Italiae, Illyrici et Africae.*
3	Flauianus	391	*Italiae, Illyrici et Africae.*
4	Bassus	426	*Italiae.*
5	Florentius	438	*Orientis.*
6	Palladius	455	*Orientis.*

CODEX			Praefecti Praetorio.
8, 1	Eudoxius	427 [?]	?
9, 3	Euagrius	315	* *Orientis*
5	Hypatius	383	*Italiae, Illyrici et Africae.*
6	Cynegius	388	*Orientis.*
8	Eutychianus	398	*Orientis.*
10	Eutychianus	399	*Orientis.*
11	Anthemius	408	*Orientis*
12	Iouius	409	*Italiae.*
13	Iohannes	412	*Italiae.*
14	Philippus	412	*Illyrici.*
15	Aurelianus	415	*Orientis.*
16	Asclepiodotus	423	*Orientis.*
18 (19)	Florentius	439	*Orientis.*
10, 1	Euagrius (*pp.*)	*329*	* *Orientis*
11, 1	Taurus	354	*Italiae.*
8	Cynegius	385	*Orientis.*
6	Asclepiodotus	423	*Orientis.*
7	Palladius	451	*Orientis.*
8	Dioscurus	*472*	*Orientis.*
12, 2	Iouius	409	*Italiae.*
3	Ἀντιόχος	431	?
4	Hierius	432	*Orientis.*
6	Erythrius	*471-472*	*Orientis.*
14, 4	Volusianus	429	*Italiae.*
5	Florentius	439	*Orientis.*
6	Florentius	439	*Orientis.*
7	Cyrus	440	*Orientis.*
9	Palladius	454	*Orientis.*
12	Demosthenes	529	*Orientis.*
15, 1	Eusignius	383	*Proconsul Africae.*
18,11	Valerianus	330	Agens uic. praef,
12	Flauianus	391	Illyrici et Italiae.
13	Erythrius	472	*Orientis.*
19, 4	Florus	382	*Orientis.*
5	Volusianus	365	*P. V.*
8	Florentius	429	*Orientis.*
20, 2	Menas	529	*Orientis.*

CODEX			Praefecti Praetorio.
23, 7	Sebastianus	477	*Orientis.*
24, 1	Theodorus	398	*Italiae.*
2	Aetius	425	?
3	Florentius	439	*Orientis.*
22, 6	Matronianus	*491*	*Orientis.*
25, 1	Cynegius	386	*Orientis.*
26, 3	Tatianus	389	*Orientis.*
5	Anthemius	405	*Orientis.*
27, 1	Archelaus	534	Africae.
29, 1	Eusignius	386-387	*Illyrici et Ita iae.*
3	Sebastianus	*477-480*	*Orientis.*
36, 1	Pusaeus	465	*Orientis.*
37, 2	Rufinus	395	*Orientis*
38, 1	Antonius	377	*Galliarum*
2	Hesperius	377	*Italiae.*
40, 6	Cynegius	385	*Orientis.*
7	Cynegius	386	*Orientis.*
8	Cynegius	386	*Orientis.*
9	Polemius	*389*	Illyrici.
11	Theodorus	408	*Italiae.*
12	Monaxius	412	*Orientis.*
14 (13)	Constantinus	471	*Orientis.*
15 (14)	Constantinus	*471*	*Orientis.*
45, 1	Curtius	408	*Italiae.*
2	Anthemius	409	*Orientis.*
46, 2	Monaxius	416	*Orientis.*
47, 1	Anthemius	406	*Orientis.*
48, 3	Constantius	389	Galliarum.
49, 1	Sebastianus	479	*Orientis.*
50, 1	Domitius	240	*sine regione.*
2	Antiochus	427	*Orientis.*
51, 2	Bassus	320	· *Italiae.*
3	Messala	399	*Italiae.*
5	Seleucus	415	*Italiae.*
7	Eustathius	422	*Orientis.*
8	Asclepiodotus	423	*Orientis.*
9	Taurus	433	*Orientis.*
10	Florentius	439	*Orientis.*
11	Zoïlus	444	Orientis.

CODEX			Praefecti Praetorio.
12	Palladius	450 uel 455	*Orientis.*
14	Demosthenes	529	*Orientis.*
52, 1	Florentius	439	*Orientis.*
53, 1	Menas	528	*Orientis.*
54, 4	Eutropius	380	*Illyrici.*
5	Praetextatus	384	*Italiae.*
6	Messala	399	*Italiae.*
55, 2	Probus	*368-373*	*Italiae, Illyrici et Africae.*
6	Tatianus	392	*Orientis.*
7	Caecilianus	*409*	*Italiae.*
8	Caecilianus	409	*Italiae.*
9	Caecilianus	409	*Italiae.*
10	Cyrus	441	*Orientis.*
11	Eustathius	505	*Orientis.*
56, 1	Florentius?	323	?
2	Germanianus(*pp.*)	366	*Galliarum.*
II, 3,29	Iohannes	531	*Orientis.*
30	Iohannes	531	*Orientis.*
4,40	Eutropius	381	*Illyrici.*
41	Rufinus	395	*Orientis.*
42	Erythrius	472	*Orientis.*
43	Thomas	500	Illyrici.
6, 8	Nicostratus	468	*Orientis.*
7, 2	Antonius	378	*Galliarum.*
4	Eustathius	422	*Orientis.*
6	Florentius	439	*Orientis.*
7	Thalassius	439	per Illyricum.
8	Cyrus	440	*Orientis.*
9	Apollonius	442	*Orientis.*
10	Palladius	452	*Orientis.*
11	Viuianus	460	*Orientis.*
12	Eusebius	463	Illyrici.
14	Callistrates	469	Illyrici.
15	Dioscurus	472	*Orientis.*
17	Paulus	474	per Illyricum.
21 (8,2)	Thomas	500	per Illyricum.
22 (8,3)	Constantinus	505	*Orientis.*

CODEX			Praefecti Praetorio.
23 (8,4)	Eustathius	506	*Orientis.*
24 (8,5)	Sergius	517	*Orientis.*
25 (8,6)	Marinus	519	*Orientis.*
27 (8,8)	Archelaus	524	*Orientis.*
29 (8,9)	Iohannes	531-534	*Orientis.*
12,23	Secundus	363	*Orientis.*
25	Tatianus	392	*Orientis.*
26	Anthemius	406	*Orientis.*
13 (14), 2	Iohannes ?	422	*Italiae.*
14 (15), 1	Messala	400	*Italiae.*
15 (16), 1	Flauianus	408	*P. V.*
2	Florentius	439	*Orientis.*
18 (19),24	Iulianus	530	*Orientis.*
19 (20),11	Euagrius	326	*· Orientis.*
21 (22), 9	Aelianus	480	*Orientis.*
40 (41), 5	Iohannes	531	*Orientis.*
41 (42), 2	Iohannes	531	*Orientis.*
44 (45), 3	Menas	529	*Orientis.*
46 (47), 3	Iohannes	531	*Orientis.*
50 (51), 8	Menas	529	*Orientis.*
52 (53), 7	Iohannes	531	*Orientis.*
55 (56), 4	Demosthenes	529	*Orientis.*
5	Iulianus	530	*Orientis.*
6	Iohannes	531	*Orientis.*
57 (58), 2	Hierius	428	*Orientis.*
58 (59), 1	Demosthenes	529	*Orientis.*
2	Iulianus	531	*Orientis.*
III, 1, 8	Dionysius	314	*Vice praef. ag.*
13	Iulianus	530	*Orientis.*
14	Iulianus	530	*Orientis.*
15	Iulianus	531	*Orientis.*
16	Iulianus	531	*Orientis.*
17	Iohannes	531	*Orientis.*
18	Iohannes	531	*Orientis.*
2, 3	Iulianus	530	*Orientis.*
4	Ἰουλιανός	530	*Orientis.*
5	Ἰουλιανός	530	*Orientis.*
3, 5	Secundus	362	*Orientis.*

CODEX			Praefecti Praetorio.
4, 1	Cyrus	440	*Orientis.*
10, 3	Iohannes	532	*Orientis.*
11, 7	Messala	399	*Italiae.*
12, 7 (8)	Tatianus	392	*Orientis.*
8 (10)	Anthemius	408	*Orientis.*
9 (11)	Armasius	469	*Orientis.*
13, 5	Vincentius	397	Galliarum.
6	Anthemius	413	*Orientis.*
7	Constantinus	502	*Orientis.*
22, 6	Menas	528 uel 529	*Orientis.*
23, 2	Cyrus	440	*Orientis.*
24, 3	Arcadius	*486*	*Orientis.*
25, 1	Florentius	439	*Orientis.*
26, 8	Taurus	358	*Italiae.*
10	*Principius?*	385	*Italiae.*
27, 2	Hadirianus	403	*Italiae.*
28,29	Sebastianus	479	*Orientis.*
30	Menas	528	*Orientis.*
31	Menas	528	*Orientis.*
32	Menas	529	*Orientis.*
33	Demosthenes	529	*Orientis.*
34	Iohannes	531	*Orientis.*
35	Iohannes	531	*Orientis.*
36	Iohannes	531	*Orientis.*
37	Iohannes	531	*Orientis.*
31,12	Iohannes	531	*Orientis.*
33,12	Iulianus	530	*Orientis.*
13	Iulianus	530	*Orientis.*
14	Iulianus	530	*Orientis.*
15	Iulianus	530	*Orientis.*
16	Iulianus	530	*Orientis.*
17	Iohannes	531	*Orientis.*
34,13	Iohannes	531	*Orientis.*
14	Iohannes	531	*Orientis.*
36,26	Bassus (*pp.*)	321	'*Italiae.*
39, 4	Bassus	330	?
5	Neoterius	385	*Italiae.*
6	Rufinus	392	*Orientis.*
40, 1	Secundus	362	*Orientis.*

CODEX			Praefecti Praetorio.
2	Secundus	364	*Orientis.*
43, 1	Demosthenes	529	*Orientis.*
44,14	Cynegius	386	*Orientis.*
IIII, 1,11	Demosthenes	529	*Orientis.*
12	Demosthenes	529	*Orientis.*
13	Iohannes	531	*Orientis.*
2, 16	Theodorus	408	*Italiae.*
17	Menas	528	*Orientis.*
3, 1	Rufinus	394	*Orientis.*
4, 1	Iohannes	422	*Italiae.*
5, 10	Iulianus	530	*Orientis.*
11	Iulianus	530	*Orientis.*
11, 1	Iohannes	531	*Orientis.*
18, 2	Iulianus	531	*Orientis.*
3	Iohannes	531	*Orientis*
19,24	Antonius	378	*Galliarum.*
25	Florus	382	*Orientis.*
20,11	Caecilianus	409	*Italiae.*
14	Arcadius	486	*Orientis.*
17	Menas	528	*Orientis.*
18	Menas	528	*Or entis.*
19	Iulianus	530	*Orientis.*
20	Iulianus	530	*Orientis.*
21,17	Menas	528	*Orientis.*
18	Menas	529	*Orientis.*
19	Demosthenes	529	*Orientis.*
20	Iulianus	530	*Orientis.*
21	Iulianus	530	*Orientis.*
26,13	Iohannes	422	*Italiae.*
27, 2 (3)	Iulianus	530	*Orientis.*
3 (2)	Iohannes	*531*	*Orientis.*
28, 7	Iulianus	530	*Orientis.*
29,22	Iulianus	530	*Orientis.*
23	Iulianus	530	*Orientis.*
24	Iulianus	530	*Orientis.*
30,14	Menas	528	*Orientis.*
15	Menas	528-529	*Orientis.*
16	Iohannes	531-532	*Orientis.*

CODEX			Praefecti Praetorio.
31,14	Iohannes	531	*Orientis.*
32,26	Menas	528	*Orientis.*
27	Menas	529	*Orientis.*
28	Demosthenes	529	*Orientis.*
34,11	Demosthenes	529	*Orientis.*
12	Iohannes	531-532	*Orientis.*
35,21	Volusianus	*321*	?
22	Eustathius	506	*Orientis.*
23	Iohannes	531-532	*Orientis.*
37, 6	Iohannes	531	*Orientis.*
7	Iohannes	531	*Orientis.*
38,14	Flauianus	391	Illyrici.
15	Iulianus	530	*Orientis.*
39, 9	Iohannes	531	*Orientis.*
40, 4	Faustinus	*410*	*Italiae.*
41, 2	Constantinus	*456-457*	*Orientis.*
42, 2	Viuianus	*459-460*	*Orientis.*
44,15	Hypatius	383	*Italiae. Illyrici et Africae.*
17	Messala	399	*Italiae.*
47, 3	Secundus	363	*Orientis.*
51, 7	Iohannes	*531*	*Orientis.*
54, 9	Iohannes	531	*Orientis.*
60, 1	Probus	*364-367 ?*	?
61, 5	Menander (*pp.*)	321	?
10	Anthemius	*404-408*	*Orientis.*
11	Lampadius	398	*P. V.*
13	Flauianus	*431-432*	*Italiae, Illyrici et Africae.*
62, 4	Felix	*335*	?
63, 3	Theodorus	408 uel 409	*Italiae.*
4	Anthemius	408 uel 409	*Orientis.*
65,30	Florentius	439	*Orientis.*
33	Sebastianus	484	*Orientis.*
66, 1	Sebastianus	*477-480*	*Orientis.*
2	Demosthenes	529	*Orientis.*
3	Iulianus	530	*Orientis.*
V, 1, 3	Eutropius	380	*Illyrici.*

CODEX			Praefecti Praetorio.
4	Marinianus	422	*Italiae.*
5	Erythrius	472	*Orientis.*
2, 1	Eutropius	380	*Illyrici.*
3, 17	Hierius	428	*Orientis.*
18	Sebastianus	479	*Orientis.*
19	Archelaus	*523-528*	*Orientis.*
20	Iohannes	531-533	*Orientis.*
4, 19	Eutychianus	405	*Orientis.*
20	Theodorus	*408*	*Italiae.*
21	Bassus	426	*Italiae.*
22	Hierius	428	*Orientis.*
23	Demosthenes	*521*-523	*Orientis.*
25	Iulianus	530	*Orientis.*
26	Iulianus	530	*Orientis.*
27	Iohannes	531 uel 532	*Orientis.*
28	Iohannes	531 uel 532	*Orientis.*
5, 5	Cynegius	393 ?	?
6	Eutychianus	396	*Orientis.*
7	Palladius	454	*Orientis.*
8	Epinicus ?	475	*Orientis.*
9	Sebastianus	*477-480*	*Orientis.*
6, 8	Erythrius	*472*	*Orientis.*
7, 1	Neoterius	380	*Orientis.*
8, 1	Theodorus	409	*Italiae.*
2	Basilius	*486*	*Orientis.*
9, 1	Eutropius	380	*Illyrici.*
2	Eutropius	381	*Illyrici.*
3	Florus	382	*Orientis.*
4	Marinianus	422	*Italiae.*
5	Florentius	439	*Orientis.*
6	Erythrius	472	*Orientis.*
7	Sebastianus	478	*Orientis.*
8	Menas	528	*Orientis.*
9	Menas	529	*Orientis.*
10	Demosthenes	529	*Orientis.*
10, 1	Tatianus	392	*Orientis.*
11, 6	Hierius	428	*Orientis.*
7	Iohannes	531	*Orientis.*
12,28	Aelianus	480	*Orientis.*

CODEX			Praefecti Praetorio.
29	Menas	528	*Orientis.*
30	Demosthenes	529	*Orientis.*
31	Iulianus	530	*Orientis.*
14, 8	Hormisdas	450	*Orientis.*
9	Nicostratus	468	*Orientis.*
10	Menas	529	*Orientis.*
11	Iohannes	*531*	*Orientis.*
15, 3	Menas	528	*Orientis.*
16,25	Menas	528	*Orientis.*
26	Menas	529	*Orientis.*
27	Iohannes	*531*	*Orientis.*
17, 8	Hormisdas	449	*Orientis.*
9	Theodorus (*pp.*)	497	*Orientis.*
10	Menas	528	*Orientis.*
12	Ἰωάννης	534	*Orientis.*
18,11	Marinianus	422	*Italiae.*
19, 1	Marinianus	422	*Italiae.*
20, 1	Cynegius	381	?
2	Iulianus	530	*Orientis.*
27, 2	Anthemius	405	*Orientis.*
3	Apollonius	443	*Orientis.*
4	Armasius	470	*Orientis.*
5	Sebastianus	477	*Orientis.*
6	Sergius	517	*Orientis.*
7	Marinus	519	*Orientis.*
8	Menas	528	*Orientis.*
9	Menas	528	*Orientis.*
10	Demosthenes	529	*Orientis.*
11	Iulianus	530	*Orientis.*
12	Iohannes	531	*Orientis.*
28, 8	Florentius	439	*Orientis.*
29, 4	Iulianus	530	*Orientis.*
30, 3	Erythrius	472	*Orientis.*
4	Polycarpus	498	*Orientis.*
5	Demosthenes	529	*Orientis.*
31,11	Dioscurus	*475?*	*Orientis.*
34,12	Eutropius	381	*Illyrici.*
35, 2	Tatianus	390	*Orientis.*
3	Iulianus	530	*Orientis.*

CODEX			Praefecti Praetorio.
37,21	Maximus ?	316	?
23	Felix *(pp.)*	333	?
24	Eutychianus	396	*Orientis.*
25	Iulianus	531	*Orientis.*
26	Iohannes	531	*Orientis.*
27	Iohannes	531	*Orientis.*
28	Iohannes	531	*Orientis.*
51,13	Iulianus	530	*Orientis.*
59, 4	Iulianus	531	*Orientis.*
5	Iohannes	531	*Orientis.*
60, 3	Menas	529	*Orientis.*
70, 6	Iulianus	530	*Orientis.*
7	Iulianus	530	*Orientis.*
74, 3	Menas	529	*Orientis.*
75, 6	Aelianus	480	*Orientis.*
VI, 2,20	Iulianus	530	*Orientis.*
21	Iulianus	530	*Orientis.*
22	Iulianus	530	*Orientis.*
3, 13	Probus	371	*Italiae, Illyrici et Africae.*
4, 3	Demosthenes	529	*Orientis.*
7, 4	Bassus	426	*Italiae.*
13, 2	Asclepiodotus	424	*Orientis.*
17, 2	Rufinus	393	*Orientis.*
18, 1	Hierius	428	*Orientis.*
20,17	Erythrius	472	*Orientis.*
18	Constantinus	502	*Orientis.*
19	Menas	528	*Orientis.*
20	Menas	529	*Orientis.*
21	Iohannes	532	*Orientis.*
21,16	Hierius	496	*Orientis.*
17	Menas	529	*Orientis.*
18	Iohannes	532	*Orientis.*
22, 5	Rufinus	352	*Italiae et Illyrici.*
6	Volusianus *(pp.)*	355	*Italiae ?*
8	Demosthenes	521	*Orientis.*
9	Iulianus	530	*Orientis.*
10	Iulianus	531	*Orientis.*

CODEX			Praefecti Praetorio.
11	Iohannes	531	*Orientis.*
12	Iohannes	531	*Orientis.*
23,16	Eutropius	380	*Illyrici.*
19	Iohannes	413	*Italiae.*
21	Florentius	439	*Orientis.*
22	Sebastianus	480	*Orientis.*
23	Archelaus	524	*Orientis.*
24	Menas	528	*Orientis.*
25	Menas	528	*Orientis.*
26	Menas	528	*Orientis.*
27	Iulianus	530	*Orientis.*
28	Iulianus	530	*Orientis.*
29	Iulianus	531	*Orientis.*
30	Iohannes	531	*Orientis.*
31	Iohannes	534	*Orientis.*
24,11	Hierius	428	*Orientis.*
12	Erythrius	*472*	*Orientis.*
13	Menas	529	*Orientis.*
14	Iohannes	531	*Orientis.*
25, 8 (7)	Iohannes	531	*Orientis.*
9 (8)	Iohannes	531	*Orientis.*
10 (9)	Iohannes	531	*Orientis.*
26, 9	Menas	528	*Orientis.*
10	Iohannes	531	*Orientis.*
11	Iohannes	531	*Orientis.*
27, 4	Iulianus	530	*Orientis.*
5	Iohannes	531	*Orientis.*
6	Iohannes	531	*Orientis.*
28, 3	Iulianus	531	*Orientis.*
4	Iohannes	531	*Orientis.*
29, 3	Iulianus	530	*Orientis.*
4	Iulianus	530	*Orientis.*
30,17	Anthemius	407	*Orientis.*
19	Demosthenes	529	*Orientis*
20	Iohannes	531	*Orientis.*
21	Iohannes	531	*Orientis.*
31, 6	Iohannes	532	*Orientis.*
32, 4	Hesperius	379	*Italiae.*
33, 3	Iulianus	*530*	*Orientis.*

CODEX			Praefecti Praetorio.
35,11	Iohannes	531	*Orientis.*
12	Iohannes	532	*Orientis.*
36, 7	Maximus	332	?
8	Asclepiodotus	424	*Orientis.*
37,22	Menas	528	*Orientis.*
23	Iulianus	530	*Orientis.*
24	Iohannes	531	*Orientis.*
25	Iohannes	531	*Orientis.*
26	Iohannes	532	*Orientis.*
38, 3	Iulianus	531	*Orientis.*
4	Iohannes	531	*Orientis.*
5	Iohannes	532	*Orientis.*
40, 2	Iulianus	531	*Orientis.*
3	Iohannes	*531*	*Orientis.*
41, 1	Menas	528	*Orientis.*
42,30	Demosthenes	529	*Orientis.*
31	Iohannes	531	*Orientis.*
32	Iohannes	531	*Orientis.*
43, 1	Demosthenes	529	*Orientis.*
2	Iulianus	531	*Orientis.*
3	Iohannes	531	*Orientis.*
46, 6 (7)	Iohannes	*531*	*Orientis.*
7 (6)	Iohannes	531	*Orientis.*
49, 6	Dioscurus	489?	*Orientis.*
7	Iohannes	530	*Orientis.*
8	Iohannes	532	*Orientis.*
50,18	Iohannes	531	*Orientis.*
19	Iohannes	532	*Orientis.*
52, 1	Hormisdas	450	*Orientis.*
55, 9	Constantinus	389	Galliarum.
12	Menas	528	*Orientis.*
56, 4	Eutropius	380	*Illyrici.*
6	Florentius	439	*Orientis.*
7	Menas	528	*Orientis.*
57, 4	Hilarianus	383	*Italiae, Illyrici et Africae.*
5	Demosthenes	529	*Orientis.*
6	Iulianus	530	*Orientis.*
58,10	Florentius	439	*Orientis.*

CODEX			Praefecti Praetorio.
11	Constantinus	502	*Orientis.*
12	Iohannes	532	*Orientis.*
13	Iohannes	531	*Orientis.*
14	Iohannes	531	*Orientis.*
15	Iohannes	534	*Orientis.*
59,11	Demosthenes	529	*Orientis.*
60, 4	Callicrates	468	per Illyricum.
61, 2	Hierius	428	*Orientis.*
3	Florentius	439	*Orientis.*
4	Erythrius	472	*Orientis.*
6	Demosthenes	529	*Orientis.*
7	Iulianus	530	*Orientis.*
8	Iohannes	531	*Orientis.*
62, 3	Rufinus	349	*Illyrici.*
4	Florentius	429	*Orientis.*
VII, 2,14	Florentius	439	*Orientis.*
15	Iohannes	531-532	*Orientis.*
3, 1	Menas	528	*Orientis.*
4,14	Iulianus	530	*Orientis.*
15	Iulianus	530	*Orientis.*
16	Iulianus	530	*Orientis.*
17	Iulianus	530	*Orientis.*
5, 1	Iulianus	530	*Orientis.*
6, 1	Iohannes	531	*Orientis.*
7, 1	Iulianus	530	*Orientis.*
2	Iulianus	530	*Orientis.*
13, 4	Syagrius	380	*Italiae.*
15, 1	Iulianus	530	*Orientis.*
2	Iulianus	530	*Orientis.*
3	Iohannes	531	*Orientis.*
17, 1	Menas	528	*Orientis.*
2	Iohannes	531	*Orientis.*
22, 3	Dionysius	314	*uice praef. agens.*
25, 1	Iulianus	530-531	*Orientis.*
31, 1	Iohannes	531	*Orientis.*
32,12	Iohannes	531-532	*Orientis.*
33, 1	Iulianus	*202*	*sine regione.*
11	Menas	528	*Orientis.*

CODEX			Praefecti Praetorio.
12	Iohannes	531	*Orientis.*
35, 8	Menas	529	*Orientis.*
38, 1	Probus	*380?*	Galliarum.
39, 3	Asclepiodotus	424	*Orientis.*
4	Matronianus	491	*Orientis.*
5	Thomas	*500*	per Illyricum.
6	Leontius	*500-518*	*Orientis.*
7	Archelaus	525	*Orientis.*
8	Menas	528	*Orientis.*
9	Demosthenes	529	*Orientis.*
40, 1	Iulianus	530	*Orientis.*
2	Iohannes	531	*Orientis.*
3	Iohannes	531	*Orientis.*
41, 2	Caesarius	*402?*	*Orientis.*
3	Cyrus	440	*Orientis.*
42, 1	Thalassius	439	Illyrici.
44, 2	Probus	371	*Italiae, Illyrici et Africae.*
3	Probus	374	*Italiae, Illyrici et Africae.*
45,13	Demosthenes	529	*Orientis.*
14	Demosthenes	*529-530*	*Orientis.*
15	Ἰουλιανός	*530*	*Orientis.*
16	Iulianus	530	*Orientis.*
47, 1	Iohannes	531	*Orientis.*
51, 3	Asclepiodotus	423	*Orientis.*
54, 2	Menas	529	*Orientis.*
3	Iohannes	531	*Orientis.*
57, 7	Bassus	*319?*	*P. V.*
61, 2	Viuentius	368	*Galliarum.*
62,21	Lollianus	355	*Italiae.*
22	Volusianus	355	*Italiae.*
25	Syagrius	380	*Italiae.*
29	Eutychianus	398	*Orientis.*
30	Theodorus	399	*Italiae.*
31	Asclepiodotus	423	*Orientis.*
32	Cyrus	*440*	*Orientis.*
33	Cyrus	441	*Orientis.*
34	Demosthenes	*521-523*	*Orientis.*

CODEX			Praefecti Praetorio.
37	Menas	529	*Orientis.*
38	Demosthenes	*529-530*	*Orientis.*
39	Iulianus	530	*Orientis.*
63, 2	Cyrus	440	*Orientis.*
3	Apio	518	*Orientis.*
64,10	Menas	529	*Orientis.*
65, 3	Modestus	*370 uel 373*	*Orientis.*
67, 2	Germanianus	362	*comes Orientis ?*
69, 1	Eusignius	386	*Italiae et Illyrici.*
70, 1	Menas	528	*Orientis.*
71, 7	Iulianus	531	*Orientis.*
8	Iohannes	531-532	*Orientis.*
72,10	Iohannes	532	*Orientis.*
VIII, 4, 9	Sebastianus	477	*Orientis.*
10	Sebastianus	484	*Orientis.*
11	Iohannes	532	*Orientis.*
10, 6	Helpidius	321	*agens uicem pp.*
8	Modestus	377	*Orientis.*
10	Monaxius	420	*Orientis.*
11	Seuerinus ?	423	*P. V.*
13	Iohannes	531	*Orientis.*
14 (11,1)	Iohannes	532	*Orientis.*
11 (12), 7	Cynegius	384	*Orientis.*
8	Cynegius	385	*Orientis.*
10	Rufinus	394	*Orientis.*
12	Caesarius	396	*Orientis.*
13	Theodorus	398	*Italiae.*
15	Eutychianus	398	*Orientis.*
18	Anthemius	413	*Orientis.*
22	Erythrius	472	*Orientis.*
12 (13), 1	Arcadius	*486*	*Orientis.*
13 (14),27	Menas	528	*Orientis.*
14 (15), 6	Florentius	439	*Orientis.*
7	Iohannes	532	*Orientis.*
15 (16), 8	Iohannes	422	*Italiae.*
16 (17), 9	Menas	528	*Orientis.*
17 (18),11	Erythrius	472	*Orientis.*
12	Iohannes	531	*Orientis.*

CODEX			Praefecti Praetorio.
21 (22), 1	Menas	529	*Orientis.*
2	Iulianus	530	*Orientis.*
25 (26), 11	Iohannes	532	*Orientis.*
33 (34), 3	Demosthenes	530	*Orientis.*
36 (37), 3	Tatianus	380	*comes sacrarum largitionum ?*
5 (4)	Iohannes	532	*Orientis.*
37 (38), 10	Erythrius	472	*Orientis.*
11	Menas	528	*Orientis.*
12	Menas	529	*Orientis.*
13	Iulianus	530	*Orientis.*
14	Iohannes	531	*Orientis.*
15	Iohannes	532	*Orientis.*
39 (40), 4 (5)	Iohannes	531	*Orientis.*
40 (41), 26	Iulianus	530	*Orientis.*
27	Iulianus	531	*Orientis.*
28	Iohannes *uel Iulianus*	531	*Orientis.*
47 (48), 10	Iohannes	530	*Orientis.*
11	Iohannes	530	*Orientis.*
48 (49), 5	Constantinus	502	*Orientis.*
6	Iohannes	531	*Orientis.*
50 (51), 20	Theodorus	409	*Italiae.*
51 (52), 2	Probus	374	*Italiae, Illyrici et Africae.*
3	Demosthenes	529	*Orientis.*
53 (54), 25	Maximus (*pp.*)	316	*?*
28	Monaxius	417	*Italiae.*
29	Hierius	428	*Italiae.*
30	Constantinus	459	*Italiae.*
31	Sebastianus	478	*Orientis.*
32	Euphemius?	496	*Orientis.*
33	Menas	528	*Orientis.*
34	Demosthenes	529	*Orientis.*
35	Iulianus	530	*Orientis.*
36	Iohannes	531	*Orientis.*
37	Iohannes	*531-534*	*Orientis.*
55 (56), 7	Philippus	349	*Orientis.*
10	Iulianus	530	*Orientis.*

CODEX			Praefecti Praetorio.
56 (57), 4	Iohannes	530	*Orientis.*
58 (59), 2	Menas	528	*Orientis.*
VIIII,1, 20	Eutychianus	397	*Orientis.*
2, 14	Cynegius	385	*Orientis.*
15	Tatianus	390	*Orientis.*
3, 2	Eutropius	380	*Illyrici.*
4, 2	Euagrius (*pp.*)	326	* *Orientis.*
3	Acyndinus	340	*Orientis.*
4	Probus	371	*Italiae, Illyrici et Africae.*
5	Eutropius	380	*Illyrici.*
6	Μήνας	529	*Orientis.*
5, 1	Basilius	486	*Orientis.*
2	Μήνας	529	*Orientis.*
7, 1	Rufinus	393	*Orientis.*
8, 5	Eutychianus	397	*Orientis.*
9, 29 (30)	Euagrius (*pp.*)	326	* *Orientis ?*
31 (32)	Cynegius	385	*Orientis.*
32 (33)	Rufinus	392	*Orientis.*
33 (34)	Rufinus	393	Orientis.
34 (35)	Palladius	421	*Italiae.*
35 (36)	Iohannes	532	*Orientis.*
12, 9	Aurelianus	415	*Orientis.*
10	Nicostratus	468	*Orientis.*
16, 7 (8)	Probus	374	*Italiae, Illyrici et Africae.*
8 (9)	Cynegius	385	*Orientis.*
18, 4	Bassus	321	*P. V.*
7	Taurus	358	*Italiae*
8	Modestus	*370*	*Orientis.*
19, 3	Limenius	349	* *Italiae.*
22,23	Maximinus	376	*Galliarum.*
24, 3	Rufinus	393	*Orientis.*
27, 2	Florus	382	*Orientis.*
27, 6	Florentius	439	*Orientis.*
28, 1	Rufinus	415 ?	*?*
29, 3 (4)	Eutropius	385	*Italiae et Illyrici.*
30, 2	Erythrius	*471* ?	*Orientis.*

CODEX			Praefecti Praetorio.
—			—
31, 1	Antonius	378	*Galliarum.*
38, 1	Anthemius	409	*Orientis.*
39, 2	Palladius	451	*Orientis.*
40, 3	Palladius	421	*Italiae.*
41,16	Antonius	376	Galliarum.
17	Massala	399	*Italiae.*
18	Demosthenes	529	*Orientis.*
42, 3	Probus	369	*Italiae, Illyrici et Africae.*
44, 2	Caecilianus	409	*Italiae.*
3	Menas	529	*Orientis.*
46, 9	Florus	382	*Orientis.*
47,20	Flauianus	*383*	Illyrici.
21	Principius	385	*Italiae.*
22	Eutychianus	399	*Orientis.*
23	Anthemius	414	*Orientis.*
24	Monaxius	416	*Orientis.*
25	Monaxius	419	*Orientis.*
26	Μήνας	529	*Orientis.*
48, 1	Hierius	425	*Orientis.*
49, 7	Probus	369	*Italiae, Illyrici et Africae.*
8	Eutropius	380	*Illyrici.*
9	Caesarius	396	*Orientis.*
10	Hierius	426	*Orientis.*
X, 1,10	Palladius	421	*Italiae.*
3, 5	Viuentius	369	Galliarum.
5, 2	Palladius	451	Orientis.
6, 1	Probus	368 uel 370	*Italiae, Illyrici et Africae.*
8, 3	Menas	529	*Orientis.*
10, 4	Palladius	421	*Italiae.*
12, 1	Eutropius	380	*Illyrici.*
2	Zoilus	444	*Orientis.*
16, 7	Principius	385	*Italiae.*
16, 8	Cynegius	385	*Orientis.*
9	Cynegius	386	*Orientis.*
11	Hadirianus	401	*Italiae.*

CODEX			Praefecti Praetorio.
12	Isidorus	424	Illyrici.
13	Anthemius	496	*Orientis.*
17, 1	Palladius	416	*Italiae.*
2	Darius	436	*Orientis*
19, 4	Eustathius	349	?
5	Rufinus	393	*Orientis.*
6	Theodorus	398	*Italiae.*
7	Hadirianus	401	*Italiae.*
8	Nicostratus	468	*Orientis.*
9	Ἀνθέμιος	496	*Orientis.*
22, 1	Anthemius	410	*Orientis.*
3	Constantinus	456	*Orientis.*
5 (4)	Menas	528	*Orientis.*
23, 2	Anthemius	408	*Orientis.*
24, 1	Viuentius	369	*Galliarum.*
25, 2	Anthemius	412	*Orientis.*
26, 3	Anatolius	397	per Illyricum.
27, 1	Matronianus	491	*Orientis.*
28, 1	Hermocrates	444	*Orientis.*
29, 1	Hilarius	396	?
30, 2	Messala	400	*Italiae.*
3	Apollonius	442	*Orientis.*
4	Ἰουλιανός	530	*Orientis.*
32 (31),14	Euagrius (*pp.*)	313	?
17	Euagrius	326	?
26	Modestus	373 ?	*Orientis.*
29	Germanianus	365	Galliarum.
30	Modestus	370-371	*Orientis.*
31	Modestus	371	*Orientis.*
32	Neoterius	380	*Orientis.*
33	Eutropius	381	*Illyrici.*
34	Florus	382	*Orientis.*
35	Postumianus	383	*Orientis*
37	Postumianus	383	*Orientis*
38	Cynegius	384	*Orientis*
39	Eusignius	386	*Italiae et Illyrici.*
40	Cynegius	387	*Orientis.*
41	Cynegius	387	*Orientis.*
43	Rufinus	393	*Orientis.*

CODEX			Praefecti Praetorio.
44	Rufinus	393	*Orientis.*
46	Theodorus	395	*Galliarum.*
47	Caesarius	395	*Orientis.*
49	Theodorus	398	*Italiae.*
50	Eutychianus	398	*Orientis.*
51	Messala	399	*Italiae.*
54	Palladius	416	*Italiae.*
55	Isidorus	436	*Orientis.*
56	Isidorus	436	*Orientis.*
57	Isidorus	436	*Orientis.*
58	Isidorus	436	*Orientis.*
59	Isidorus	436	*Orientis.*
60	Thomas	442	*Orientis.*
61	Viuianus	*459*	*Orientis.*
62	Constantinus	*459*	*Orientis.*
64	Sebastianus	*477-480*	*Orientis.*
66 (65)	Polycarpus	*498-499*	*Orientis.*
67 (66)	Demosthenes	*529-530*	*Orientis.*
34 (33), 1	Cynegius	386	*Orientis.*
2	Florentius	428	*Orientis.*
3	Sebastianus	*477-480*	*Orientis.*
35 (34), 1	Florentius	428	*Orientis.*
2	Apollonius	443	*Orientis.*
3	Menas	528	*Orientis.*
36 (35), 1	Apollonius	442	*Orientis.*
38 (37), 1	Eutychianus	396	*Orientis.*
44 (43), 3	Pusaeus	465	*Orientis.*
4	Menas	*528-529*	*Orientis.*
45 (44), 1	Rufinus	393	*Orientis.*
48 (47), 8	Taurus	357	*Italiae.*
10	Hypatius	382	*Italiae.*
11	Syagrius	382	*Italiae.*
12	Hypatius	382	*Italiae.*
13	Neoterius	385	*Italiae.*
14	Tatianus	391	*Orientis.*
16	Melitius	412	?
49 (48), 1	Herculius	408	*Illyrici.*
2	Taurus	445	*Orientis.*
3	Dioscurus	*472-473*	*Orientis.*

CODEX			Praefecti Praetorio.
53 (52), 8	Probus	369	*Illyrici.*
11	Monaxius	414	*Orientis.*
65 (63), 5	Apodemius	392	Illyrici.
6	Monaxius	416	*Orientis.*
66 (64), 1	Maximus	337	?
2	Leontius	344	*Orientis.*
71 (68), 1	Catullinus	341	?
3	Hadirianus	401	*Italiae.*
4	Cyrus	*439-442*	*Orientis.*
72 (70), 2	Secundus	365	*Orientis.*
3	Mamertinus	364	*Italiae, Illyrici et Africae.*
7	Hypatius (*pp.*)	383	*Italiae, Illyrici et Africae.*
8	Cynegius	386	*Orientis.*
9	Cynegius	386	*Orientis.*
10	Cynegius	*387-388*	*Orientis.*
15	Volusianus	429	*Italiae.*
73 (71), 2	Mamertinus	363	*Italiae, Illyrici et Africae.*
74 (72), 1	Anthemius	409	*Orientis.*
75 (73), 3	Messala	399	*Italiae.*
76 (74), 1	Cynegius	384	*Orientis.*
77 (75), 1	Anthemius	409	*Orientis.*
78 (76), 1	Eutychianus	397	*Orientis.*
XI,2 (1), 2 (1,4)	Eusebius	396	*Italiae.*
4 (1,6)	Anthemius	409	*Orientis.*
5 (1,7)	Anthemius	409	*Orientis.*
6 (1,8)	Faustinus	410	*Italiae.*
3 (2), 3	Messala	399	*Italiae.*
4 (3), 1	Longinianus	406	*Italiae.*
2	Florentius	439	*Orientis.*
5 (4), 1	Rufinus	395	*Orientis.*
6 (5), 2	Modestus	372	*Orientis.*
4	Tatianus	391	*Orientis.*
6	Anthemius	409	*Orientis.*
7 (6), 3	Florus	382	*Orientis.*
4	Eusignius	386	*Italiae et Illyrici.*

CODEX			Praefecti Praetorio.
8 (7), 2	Felix *(pp.?)*	333	*?*
4	Auxonius	368	*Orientis.*
7	Hesperius	380	*Italiae.*
9	Principius	385	*Italiae.*
9 (8), 2	Florus	382	*Orientis.*
10 (9), 1	Tatianus	388	*Orientis.*
4	Anthemius	412	*Orientis.*
11 (10), 1	Germanus	*circa 365*	*comes sacrarum largitionum.*
2	Iulianus ?	*circa 367*	pf. annonae.
3	Arintheus ?	*379-384*	*Italiae.*
13 (12), 1	Auxonius	369	*Orientis.*
14 (13), 1	Trifolius	389	*Italiae.*
16 (15), 1	Viuianus	*359-360*	*Orientis.*
21 (20), 1	Philippus	421	Illyrici.
22 (21), 1	Hormisdas	448-450	*Orientis.*
23 (22), 3	Messala	399	*Italiae.*
25 (24), 2	Tatianus	392	*Orientis.*
28 (27), 1	Anthemius	412	*Orientis.*
2	Isidorus	436	*Orientis.*
29 (28), 1	Isidorus	436	*Orientis.*
32 (31) 3	Erythrius	*472*	*Orientis.*
41 (40), 4	Rufinus	394	*Orientis.*
5	Anthemius	409	*Orientis.*
6	Florentius	428	*Orientis.*
43 (42), 5	Cyrus	*439-442*	*Orientis.*
6	Cyrus	*439-442*	*Orientis.*
7	Eutychianus	*440-450*	*Orientis.*
11	Sergius	*517*	*Orientis.*
44 (43), 1	Maximus	325	*'P(ro)P?Orientis.*
46 (45), 1	Caesarius	396	*Orientis.*
48 (47), 1	Aemilianus	328	*?*
4	Modestus	*370-375*	*Orientis.*
6	Germanianus	366	Galliarum.
7	Maximus	*372-376*	*Galliarum.*
8	Probus	*372-375?*	*Illyrici?*
10	Cynegius	386	*Orientis.*
13	Vincentius	400	Galliarum.
14	Vincentius	400	Galliarum.

CODEX			Praefecti Praetorio.
16	Palladius	419	*Italiae.*
17	Iohannes	422	*Italiae.*
18	Bassus	426	*Italiae.*
20	Demosthenes	529	*Orientis.*
22	Iulianus	531	*Orientis.*
23	Iohannes	531-534	*Orientis.*
50 (49), 1	Maximus (*pp.*)	*325*	*Orientis.*
51 (50), 1	Cynegius	*384-388*	*Orientis.*
52 (51), 1	Rufinus	*392-395*	*Orientis.*
53 (52), 1	Probus	371	*Italiae, Illyrici et Africae.*
54 (53), 1	Nicostratus	468	Orientis.
55 (54), 2	Probus	368	Illyrici.
56 (55), 1	Nicostratus	468	*Orientis.*
58 (57), 2	Eutropius	381	*Illyrici.*
3	Cynegius	386	*Orientis.*
4	Rufinus	393	*Orientis.*
5	Rufinus	393	*Orientis.*
6	Eusebius	396	*Italiae.*
59 (58), 3	Mamertinus	364	*Italiae, Illyrici et Africae.*
5	Antonius?	*378*	*Galliarum.*
7	Cynegius	386	*Orientis.*
8	Tatianus	388-392	Orientis.
9	Rufinus	394	Orientis.
10	Eutychianus	398	*Orientis.*
11	Hadirianus	400	*Italiae.*
12	Seleucus	412	*Italiae.*
14	Aurelianus	415	*Orientis.*
17 (16)	Hermocrates	444	Orientis.
60 (59), 1	Licinius	385	*Galliarum.*
2	Asclepiodotus	423	*Orientis.*
61 (60), 1	Rufinus	365	*Italiae, Illyrici et Africae.*
62 (61), 5	Modestus	377	*Orientis.*
7	Cynegius	386	*Orientis.*
8	Clearchus ?	386	*Orientis.*
9	Eutychianus	398	*Orientis.*
10	Eutychianus	399	*Orientis.*

CODEX			Praefecti Praetorio.
12	Taurus	434	*Orientis.*
13	Florentius	439	*Orientis.*
14	Matronianus	491	*Orientis.*
63 (62), 3	Postumianus	*383*	*Orientis.*
4	Cynegius	*384-388*	*Orientis.*
64 (63), 1	Cynegius	*384-385*	*Orientis.*
2	Cynegius	386	*Orientis.*
3	Anthemius	408-415	*Orientis.*
65 (64), 5	Messala	399	*Italiae.*
66 (65), 6	Vincentius	400	Galliarum.
68 (67), 1	Constantius	*325*	' *Orientis*
5	Cynegius	*384-388*	*Orientis.*
69 (68), 2	Sebastianus	*477-480*	*Orientis.*
70 (69), 2	Secundus	*361-363*	*Orientis.*
4	Caesarius	*395-397*	*Orientis.*
5	Palladius	451	Orientis.
6	Aelianus	*480*	*Orientis.*
71 (70), 1	Florus	380-383	*Orientis.*
3	Hadirianus	400-405	*Italiae.*
5	Volusianus	*428-429*	*Italiae.*
72 (71, 1	Bassus	426	*Italiae.*
74 (73), 2	Messala	400	*Italiae.*
3	Petronius	*402-408*	*Galliarum.*
75 (74), 4	Asclepiodotus	423	*Orientis.*
5	Flauianus	431	*Italiae, Illyrici et Africae.*
76 (75), 1	Caesarius	395	*Orientis.*
XII, 1, 2	Volusianus	313-315	*P. V.*
3	Rufinus	319	' *Illyrici.*
4	Philippus	346-349	*Orientis.*
8	Sallustius	362	*Orientis.*
12	Neoterius	380	*Orientis.*
14	Bassus	426	*Italiae.*
16	Apollonius	442-443	*Orientis.*
17	Arcadius	*486*	*Orientis.*
3, 4	Sebastianus	*477-480*	*Orientis.*
5	Iohannes	531-533	*Orientis.*
5, 4	Pusaeus	*465-467*	*Orientis.*

CODEX			Praefecti Praetorio.
7, 1	Eutropius	380	*Illyrici.*
8, 1	Praetextatus	384	*Italiae.*
2	Cyrus	*439-442*	*Orientis.*
9, 1	Zoïlus	444	Orientis.
16, 1	Vrsus	415	pu.
	Aurelianus		comes Orientis.
	Strategius		per Illyricum.
2	Venantius	423	*Galliarum.*
3	Flauianus	432	*Italiae, Illyrici et Africae.*
5	Polycarpus	*498-499*	*Orientis.*
17, 1	Eusignius	387	*Italiae.*
18, 1	Monaxius	416	*Orientis.*
19, 1	Cynegius	386	*Orientis.*
2	Constantius	389	*Galliarum.*
5	Faustinus	413	*Italiae.*
21 (22), 1	Cynegius	386	*Orientis.*
5	Cyrus	*439-442*	*Orientis.*
7	Nicostratus	468	*Orientis.*
22 (23), 1	Lollianus	355	*Italiae.*
2	Taurus	357	*Italiae.*
23 (24), 4	Hesperius	379	*Italiae.*
6	Probus	384	*Italiae, Illyrici et Africae.*
10	Iohannes	413	*Italiae.*
14	Florentius	*438-439*	*Orientis.*
28 (29), 2	Rufinus	319	*Illyrici.*
3	Eutropius	381	*Illyrici.*
31 (32), 1	Mamertinus	364	*Italiae, Illyrici et Africae.*
33 (34), 4	Dioscurus	*472-477*	*Orientis.*
6	Menas	529	*Orientis.*
7	Iohannes	531	*Orientis.*
34 (35), 1	Menas	528-529	*Orientis.*
35 (36), 9	Aelius	323	?
10	Titianus	349	*Galliarum.*
11	Cynegius	384	*Orientis.*
16	Dioscurus	*472-477*	Orientis.
36 (37), 6	Zoïlus	*444*	*Orientis.*

CODEX			Praefecti Praetorio.
37 (38), 1	Helpidius	360	*Orientis.*
2	Secundus	363-364	*Orientis.*
4	Auxonius	369	*Orientis.*
5	Probus	370 uel 373	*Italiae, Illyrici et Africae.*
6	Modestus	377	*Orientis.*
7	Rufinus	393	*Orientis.*
8	Hilarius ?	396	?
9	Eutychianus ?	398	*Orientis ?*
10	Eutychianus ?	398	*Orientis.*
12	Anthemius	406	*Orientis.*
13	Anthemius	409	*Orientis.*
15	Asclepiodotus	423	*Orientis.*
17	Arcadius	*491-505*	*Orientis.*
38 (39), 2	Hadirianus	404	*Italiae.*
39 (40), 1	Auxonius	368	*Orientis.*
2	Modestus	377	*Orientis.*
4	Asclepiodotus	423	*Orientis.*
40 (41), 3	Vincentius	400	*Galliarum.*
5	Iohannes	413	*Italiae.*
6	Hadirianus	414	*Italiae.*
7	Eustathius	422	*Orientis.*
12	'Ιουλιανός	530	*Orientis.*
41 (42), 1	Leontius	*340*	*Orientis.*
42 (43), 1	Aelianus	323	?
43 (44), 1	Modestus	370	*Orientis.*
2	Eutropius	*381*	*Illyrici.*
44 (45), 1	Eustathius	420	*Orientis.*
45 (46), 1	Syagrius	380	*Italiae.*
2	Hadirianus	403	*Italiae.*
3	Longianus	406	*Italiae.*
46 (47), 2	Maximus	328	?
3	Euagrius	*326 ?*	*Orientis ?*
4	Eustathius	421-422	*Orientis.*
	Nestorius		Illyrici.
47 (48), 1	Euagrius	331	*Orientis.*
2	Neoterius	380	*Orientis.*
49 (50), 3	Rufinus	365	*Italiae, Illyrici et Africae.*

CODEX			Praefecti Praetorio.
5	Principius	385	*Italiae.*
7	Hierius	426	*Orientis.*
8	Protogenes	*448-449*	?
9	Dioscurus	*472-477*	*Orientis.*
10	Arcadius	*486*	*Orientis.*
12	Spartiatius	*491-518*	Illyrici.
50 (51), 2	Acyndinus	326	*pro p. p. Galliarum.*
3	Taurus	357	*Italiae.*
4	Mamertinus	362	*Italiae, Illyciri et Africae.*
7	Hesperius	377	*Italiae.*
8	Ausonius	378	*Italiae et Galliarum.*
9	Florus	382	*Orientis.*
11	Cynegius	384	*Orientis.*
12	Cynegius	385	*Orientis.*
13	Florus	390	*Galliarum.*
15	Dexter	395	*Italiae.*
17	Vincentius	398	*Galliarum.*
18	Messala	400	*Italiae.*
20	Anthemius	407	*Orientis.*
21	Cyrus	*439-442*	*Orientis.*
22	Pusaeus	*465-467*	*Orientis.*
23	Armenius (?)	*491-518*	*Orientis.*
51 (52), 1	Rufinus	392	*Orientis.*
52 (53), 1	Mamertinus	365	*Italiae, Illyrici et Africae.*
3	Zoïlus	*444*	*Orientis.*
53 (54), 1	Principius	385	*Italiae.*
2	Palladius	417	*Italiae.*
54 (55), 2	Mamertinus	*365*	*Italiae, Illyrici et Africae.*
3	Cyrus	441	*Orientis.*
55 (56), 3	Messala	399	*Italiae.*
56 (57), 1	Rufinus	394	Orientis.
57 (58), 2	Taurus	358	*Italiae.*
4	Probus	372	*Italiae, Illyrici et Africae.*

CODEX			Praefecti Praetorio.
5	Modestus	375	*Orientis.*
6	Neoterius	385	*Italiae.*
7	Tatianus	389	*Orientis.*
9	Clearchus	*395-401*	Illyrici.
10	Anthemius	407	*Orientis.*
11	Anthemius	415	*Orientis.*
12	Isidorus	436	*Orientis.*
13	Thomas	*442*	*Orientis.*
14	Constantinus	471	*Orientis.*
58 (59), 2	Messala	*399-400*	*Italiae.*
59 (60), 2	Eusignius	386	*Italiae, Illyrici et Africae.*
3	Eusignius	386	*Italiae, Illyrici et Africae.*
6	Hierius	426	*Orientis.*
10	Erythrius	*471-472*	*Orientis.*
60 (61), 2	Andromachus	395	*P. V.*
3	Palladius	416	*Italiae.*
4	Iohannes (?)	422	*Italiae.*
5	Volusianus	429	*Italiae.*
6	Arcadius	*486*	*Orientis.*
61 (62), 4	Hadirianus	*400-405*	*Italiae.*
63 (64), 1	Florus	383	*Orientis.*
2	Ἰουλιανός	530	*Orientis.*

TABLE DES MATIÈRES

PREMIÈRE PARTIE

Le Caractère international du Droit romain.

Pages

INTRODUCTION 7

I. — L'évolution du droit romain. — Théories contradictoires : pour les uns, il est toujours resté composé de règles qui n'étaient que les applications des anciens principes développés logiquement ; pour les autres, au contraire, il a fini par n'être plus qu'une mosaïque de dispositions empruntées aux autres législations de l'antiquité. — La notion de l'organisme : le droit romain est vivant, c'est-à-dire conserve des caractères permanents et personnels, tout en s'assimilant certaines dispositions juridiques des peuples incorporés dans l'Empire. — Importance de la question 8-12

II. — De la méthode scientifique. — Insuffisance des recherches qui s'en tiennent aux généralités : persistance de théories contradictoires. — Nécessité d'une étude comparative au double point de vue des caractères d'abord, des dispositions particulières ensuite. — Groupement des institutions juridiques d'une période aux fins de l'opposer à celles d'une autre époque 12-23

III. — Les droits de l'antiquité auxquels doit être comparé le *ius ciuile*. — Difficulté de pareille étude : jadis, la pénurie des sources ; aujourd'hui, l'incertitude résultant des contradictions des auteurs. — Le droit égyptien. — Les droits assyro-babyloniens. — Le droit israélite. — Le droit celtique. — Le droit germanique. — Le droit grec : son unité, longtemps contestée, aujourd'hui reconnue ; les documents récemment découverts. — Le caractère philosophique de la plupart de ces législations 23-38

IV. — De l'origine des lois romaines. — Introduction de règles nouvelles et, dans certains cas, leur analogie avec le droit des pérégrins. — Dispositions confirmatives condamnant les coutumes juridiques provinciales.. 39-53

V. — De la détermination des dispositions prises isolément, et de l'étude du droit appliqué dans l'Empire. — De l'observation à propos d'une institution : fixation de l'époque, du lieu et des circonstances qui l'ont vu naître. — De la connaissance des coutumes juridiques provinciales : le droit romain et sa réception ; persistance des anciens droits nationaux ; de la grécisation de l'Orient et des origines du *Syrisch-römisches Rechtsbuch ;* influences accidentelles et économiques, philosophiques et religieuses.................................. 53-68

DEUXIÈME PARTIE

Le Droit comparé et la Méthode scientifique.

CHAPITRE PREMIER

LA « MASSE » DU DROIT A UNE ÉPOQUE DÉTERMINÉE

I. — Nécessité d'un tel groupement au double point de vue des caractères généraux permanents et de la détermination de la portée des dispositions particulières. — Exemples d'interdépendance de règles juridiques.. 71-74

II. — Difficultés qu'il présente. — La pénurie de documents datant des périodes primitives... 75-77

III. — La multiplicité des sources de la période chrétienne : caractère provisoire d'un groupement. — A. Les Institutes : éléments nouveaux. — B. Les Pandectes : *a*) Hermogénien et Aristius Charisius ; *b*) les interpolations, leur existence et les différents indices qui les révèlent. — C. Le Code : *a*) Quinze cents constitutions d'empereurs chrétiens ; *b*) les tribonianismes et le code Théodosien. — D. Les constitutions de la période non recueillies dans le Code. — E. *Negotia* et autres restes de la littérature juridique ou non. — Persistance du *ius antiquum*.. 77-95

IV. — Les caractères du droit romain. — Besoins communs que régit et formes différentes que revêt le droit : la meilleure adaptation.. 95-97

CHAPITRE II

LA DÉTERMINATION D'UNE DISPOSITION

Les conditions extrinsèques de son existence.................... 98-99

I. — Détermination de l'époque à laquelle remonte une règle juridique. — Les lois étaient datées, mais la *praescriptio* en est généralement incomplète ou perdue ; le nom du *rogator* fournit des renseignements, mais est toujours difficile à identifier ; des évènements chronologiquement connus y sont parfois relatés.

A défaut de renseignements intrinsèques, la date d'un loi doit être déterminée par l'établissement de termes extrêmes, le moment où elle n'a pu exister et celui où elle a déjà nécessairement été promulguée. — Critique de l'application que M. Girard a fait de ce principe, à la loi Aebutia : le texte de Cicéron, *de oratore*, I, 36, n'implique pas nécessairement l'existence de la procédure formulaire et par suite de la loi Aebutia en 629/628 : il en est de même de Cicéron, *ad Herennium*, II, 13., dont il croyait pouvoir tirer, subsidiairement, 631. — Application du principe à la loi Furia *de sponsu*. — L'histoire et la littérature nous ont conservé certaines dates.

Spécialement de l'époque des textes du *Corpus iuris*. — A. L'œuvre de Justinien : *a*) Institutes ; *b*) interpolations ; *c*) constitutions. — B. Le Code ; la suscription ; l'ordre chronologique ; l'inscription ; le nom du législateur et celui du destinataire (*Les Préfets du Prétoire* de M. Bartolomeo Borghesi et notre *Appendice*). — C. Le Digeste.

Importance de la connaissance de l'époque. — Interdépendance des dispositions coexistantes. — Le caractère de la mesure. — L'évolution du Droit. — Le milieu.. 100-127

II. — Détermination du milieu où est née une règle juridique. — Le lieu dans lequel une disposition est prise et celui où elle doit être exécutée. Identité et opposition, pour certaines lois, dans l'édit des préteurs, chez certains jurisconsultes et empereurs. Est à examiner, dans les mesures prises spontanément, le siège du pouvoir ; dans les réponses et rescrits, généralement la région des impétrants. Traces de droit local dans leurs questions. — Le milieu des mesures législatives de la République et de l'Empire. Moyen de détermination tiré de la nature de la disposition, de la personne du législateur et de celle du destinataire. — Les indications de provinces orientales, dans les inscriptions des constitutions du Code, sont les plus fréquentes : la vie juridique y est plus intense. — Restitution de la mention du ressort du fonctionnaire destinataire dans les listes de M. Borghesi et notre *Appendice :*

la mention la plus fréquente est généralement omise. — La personne au sujet de qui la mesure est prise.

Importance de la connaissance du milieu. — L'usage auquel il faudra comparer la disposition. — Élément nouveau et élément traditionnel.......... 127-166

III. — Détermination des circonstances dans lesquelles a été formulée une règle juridique. — Éléments intrinsèques et extrinsèques de cette étude. — La bonne foi en matière de comptes de tutelle : Cicéron, *de oratore*, I, 36 et *de officiis*, III, 17.

Importance de la connaissance des circonstances. — Les mesures arbitraires et l'évolution du Droit. Les précédents de pareilles dispositions : César, *de bello ciuili*, III, 1 et la Loi d'Éphèse de 130/129 *a. C. n.*, 11-13.......... 166-171

CHAPITRE III

LE DROIT OFFICIEL ET LE DROIT APPLIQUÉ DANS L'ÉTAT ROMAIN

La théorie de l'unité du droit dans l'Empire et les travaux de MM. Voigt, Brunner et Mitteis.......... 174-175

I. — L'existence d'usages juridiques locaux. — A. Application du droit des pérégrins jusqu'à la réforme de Caracalla : *a*) Par les cours de justice provinciales : l'autonomie ; *b*) dans les actes des *peregrini* : χρηματιζειν κατα τους πατριους νομους ; *c*) au forum romain. — B. Les effets de la constitution Antonine. — *In orbe Romano qui sunt ciues Romani effecti sunt.* — L'unité du droit n'est pas réalisée. — Les non-citoyens. — Renvoi aux coutumes provinciales dans les *leges* impériales. — Condamnation des concepts juridiques pérégrins par les rescrits. — Forme et clauses non-romaines dans les contrats. — La jurisprudence de Rome.......... 175-190

II. — La persistance des anciens droits nationaux. — Reconnaissance des lois autochtones, lors de la conquête. — Respect des idées juridiques traditionnelles. - Les origines étrangères de quelques usages illégaux paraissent établies : l'adoption comme frère, la capacité juridique des esclaves, les amendes fiscales. — Introduction dans le *ius ciuile* de coutumes provinciales.......... 190-202

III. — Le *Livre de Droit syro-romain.* — La question de ses origines. — Les différents manuscrits. — La théorie généralement admise reconnait l'existence de deux versions, l'une du VIe siècle, l'autre du XIIe. — En certaines matières, il est peut-être plus exact de considérer qu'il y en a trois — syriaque, arménienne et arabe — en remarquant toutefois que les manuscrits de Londres et de Paris présentent de

notables différences, dans lesquelles l'action du temps est reconnaissable.
La traduction de M. Land et celle de MM. Bruns et Sachau. — Préférence donnée à la première, dans le cas de L. § 38. — Les lacunes que MM. Bruns et Sachau veulent combler n'existent pas : 1o L'interdiction de vendre à un tiers ; 2o la non-restitution des arrhes..... 208-211
A. Le droit de renoncer à une vente. — *a*) Lorsque des arrhes ont été données. — 1o Le vendeur ne peut céder la chose à un tiers, à partir du moment où les parties ont convenu de la chose et du prix. — 2o L'acheteur ne peut renoncer au contrat, d'après les manuscrits syriaques, tandis que les versions arménienne et arabe se bornent, dans ce cas, à concéder au vendeur le droit de céder la chose à un tiers. — *b*) Quand il y a eu remise d'arrhes. — Le droit des parties de revenir sur leur consentement n'est exclu que par L. § 38 et P. § 21, tandis qu'il est concédé par Arm. 98 et Ar. 97. — Signification de ces oppositions 211-219
B. La perte des arrhes. — *a*) A Rome : *recedere concedimus nisi iam arrarum nomine aliquid fuerit datum.* — *b*) Dans les manuscrits syriaques : le vendeur peut, en cas d'inexécution de l'obligation par l'acheteur, opter entre la poursuite de celui-ci ou la conservation des arrhes. — *c*) Dans les versions arménienne et arabe : les parties peuvent s'affranchir de leur obligation, en renonçant aux arrhes.... 219-224
IV. — La réception du droit grec en Orient. — Les différents empires, dans l'antiquité, et les traces de leur influence. — Hellénisme en : — *a*) Asie-Mineure. — *b*) Syrie. — *c*) Palestine. — *d*) Égypte 224-228
V. — Autres éléments constitutifs du droit appliqué. — A. Influence des circonstances fortuites. — *a*) Dans la législation. — *b*) Dans la pratique juridique : la connaissance des sources. — L'indiction. — B. Action des nécessités économiques. — C. Rôle des idées philosophiques. — D. Importance de la religion. — Les états théocratiques : l'Égypte. — Caractère laïc de la législation romaine. — Le christianisme. 228-251
VI. — Conclusions. — Notion et étude scientifique du droit romain. — Influence au point de vue dogmatique. — Importance au point de vue didactique 252-255

APPENDICE

LES CONSTITUTIONS DU CODE ADRESSÉES A DES PRÉFETS DU PRÉTOIRE

Le ressort de ces fonctionnaires 257-290

Laval. — Imprimerie parisienne L. BARNÉOUD & Cie

FSC
www.fsc.org
MIX
Papier | Fördert gute Waldnutzung
FSC® C083411

Kolibri 360 GmbH
Ferdinand-Jühlke-Straße 7
99095 Erfurt, Deutschland
produktsicherheit@kolibri360.de